KINDLER KOMPAKT
DEUTSCHE
LITERATUR
DER GEGENWART

Ausgewählt von
Christiane Freudenstein-Arnold

J.B. Metzler Verlag

Kindler Kompakt bietet Auszüge aus der dritten, völlig neu bearbeiteten Auflage von *Kindlers Literatur Lexikon*, herausgegeben von Heinz Ludwig Arnold. – Die Einleitung wurde eigens für diese Auswahl verfasst und die Artikel wurden, wenn notwendig, aktualisiert.

Christiane Freudenstein-Arnold koordinierte die 3. Auflage von Kindlers Literatur-Lexikon und verantwortet heute die regelmäßigen Ergänzungslieferungen der Online-Ausgabe *www.kll-online.de*.

Inhalt

CHRISTIANE FREUDENSTEIN-ARNOLD
Die deutsche Literatur der Gegenwart 9

PETER KURZECK
Das erzählerische Werk 23

PETER WATERHOUSE
Das poetische Werk 29

RALF ROTHMANN
Das erzählerische Werk 38

DURS GRÜNBEIN
Das lyrische Werk 44

MARCEL BEYER
Das lyrische Werk 54

BARBARA KÖHLER
Das lyrische Werk 58

DEA LOHER
Das dramatische Werk 62

HANS-ULRICH TREICHEL
Das erzählerische Werk 66

HERTA MÜLLER
Die Text-Bild-Collagen 74
Atemschaukel 77

ULRIKE DRAESNER
Das lyrische Werk 80

FELICITAS HOPPE
Das Prosawerk 83

MARLENE STREERUWITZ
Das erzählerische Werk 90

ALBERT OSTERMAIER
Das dramatische Werk 99

WOLFGANG HILBIG
Das Provisorium 104

BRIGITTE KRONAUER
Teufelsbrück 106

CHRISTIAN KRACHT
1979 109

DIRK KURBJUWEIT
Zweier ohne 111

KATHRIN RÖGGLA
really ground zero. 11. september und folgendes 113

ERNST-WILHELM HÄNDLER
Wenn ›wir‹ sterben 115

STEPHAN WACKWITZ
Ein unsichtbares Land. Familienroman 118

GERTRUD LEUTENEGGER
Pomona 120

TERÉZIA MORA
Alle Tage 123

ARNO GEIGER
Es geht uns gut 125

DANIEL KEHLMANN
Die Vermessung der Welt 127

MARTIN MOSEBACH
Das Beben 130

DIETMAR DATH
Dirac 133

THOMAS HETTCHE
Woraus wir gemacht sind 135

JULIA FRANCK
Die Mittagsfrau 138

MICHAEL LENTZ
Pazifik Exil 141

LUKAS BÄRFUSS
Hundert Tage 144

JENNY ERPENBECK
Heimsuchung 147

URSULA KRECHEL
Shanghai fern von wo 150

INGO SCHULZE
Adam und Evelyn 152

UWE TELLKAMP
Der Turm. Geschichte aus einem versunkenen Land 154

IIBYLLE LEWITSCHAROFF
Apostoloff 157

IILMA RAKUSA
Mehr Meer. Erinnerungspassagen 160

OSWALD EGGER
Die ganze Zeit 162

WOLFGANG HERRNDORF
Tschick 165

OLGA MARTYNOVA
Sogar Papageien überleben uns 168

MAJA HADERLAP
Engel des Vergessens 171

NAVID KERMANI
Dein Name 174

WOLFRAM LOTZ
Einige Nachrichten an das All 177

EUGEN RUGE
In Zeiten des abnehmenden Lichts 179

TERESA PRÄAUER
Für den Herrscher aus Übersee 181

CLEMENS J. SETZ
Indigo 184

ANNE WEBER
Tal der Herrlichkeiten 186

NORBERT GSTREIN
Eine Ahnung vom Anfang 189

EVA MENASSE
Quasikristalle 191

PATRICK ROTH
Sunrise. Das Buch Joseph 193

JUDITH HERMANN
Aller Liebe Anfang 196

REBEKKA KRICHELDORF
Homo Empathicus 198

LUTZ SEILER
Kruso 200

SAŠA STANIŠIĆ
Vor dem Fest 203

JAN WAGNER
Regentonnenvariationen 205

Die deutsche Literatur der Gegenwart

Christiane Freudenstein-Arnold

W enn man als Leserin oder Leser einen schmalen Band zur Hand nimmt, der die wichtigsten Werke der deutschsprachigen Literatur des bei seinem Erscheinen noch nicht so alten 21. Jahrhunderts vorstellt, dann möchte man gerne die Frage beantwortet wissen, womit sich die Literatur heute beschäftigt. Was sind die Themen, die in den aktuellen Romanen, Erzählungen, Theaterstücken und Gedichten behandelt werden? Ehe die Kriterien der Auswahl der porträtierten Bücher näher beleuchtet werden, soll überlegt werden, welche Fragestellungen und Probleme in ihnen aufscheinen, die in unserer Zeit brisant sind. Lassen sich vielleicht vorherrschende Tendenzen in der aktuellen Literatur bestimmen? Tatsächlich kann man thesenhaft vier Gruppen ausmachen, zu der auch die Mehrheit der ausgewählten Werke gehören, die in diesem Buch vorgestellt werden.

E ine gewichtige Gruppe innerhalb der Neuerscheinungen eines jeden Jahres machen historische Romane aus. Literarische Werke, in deren Zentrum historische Persönlichkeiten stehen, hat es immer gegeben, beispielsweise schon in der Renaissance mit Dante, der in *La divina commedia* (1472) seine einwöchige Reise durch die drei jenseitigen Reiche des christlichen Kosmos (Hölle, Fegefeuer und Himmel) zusammen mit seinem Begleiter Vergil unternimmt. Christa Wolfs *Kein Ort. Nirgends* (1979), ein Beispiel aus der Gegenwartsliteratur, beschreibt die fiktive Begegnung Karoline von Günderrodes mit Heinrich von Kleist im Juni 1804 in Winkel am Rhein im Hause Clemens Brentanos und seiner Schwestern. Auch andere Persönlichkeiten des kulturellen und politischen Lebens sind Teilnehmer dieser Teegesellschaft. – In diese Tradition reiht sich auch Daniel Kehlmanns *Die Vermessung der Welt* (2005) ein, in dessen Zentrum die Antagonisten Alexander von Humboldt und Carl Friedrich Gauß stehen. Dieser historische Roman, einer der größten Erfolge des deutschsprachigen Buchmarkts seit Ende des Zweiten Weltkriegs, der auch Charakteristika eines Reise- und Abenteuerromans trägt, ragt unter den in diesem Auswahlband vorgestellten Werken dieser Gruppe besonders heraus.

Als Beispiel für wenig gelungene Erzählungen mit einer historischen Persönlichkeit im Zentrum soll folgendes Zitat stehen:»Einen Tag nach der Lesung im Hause Schnitzler, am Dienstag, dem 25. Februar, kauft Thomas Mann in München das Grundstuck Poschingerstraße 1. Noch am selben Tag beauftragt er den Architekten Ludwig offiziell mit dem Bau einer Villa, die seiner würdig ist: ruhig, überlegen, etwas steif. Gemeinsam mit seinem Architekten wartet er direkt neben dem Baugrundstück auf die Tram Nr. 30 zur Innenstadt. Den Stock mit dem runden Griff hat Thomas Mann wie immer über dem linken Arm gehängt, und als er ein Staubkorn entdeckt, schlägt er es mir der Hand vom Paletot. Dann hört er die Tram von der Bogenhausener Höhe herunterkommen«.

Auch wenn diese Passage nicht aus einem historischen Roman stammt, sondern Florian Illies' überaus erfolgreichem Band »1913« aus dem Jahr 2012 entnommen ist, kann sie als typisch für die vielen erfolgreichen Unterhaltungsromane gelten, die eine historische Persönlichkeit ins Zentrum stellen. Dieser Ausschnitt wird hier deshalb beispielhaft zitiert, um solche Werke hier nicht nennen zu müssen, und weil der erfolgreiche, vieldiskutierte Band »1913« als »historisches Sachbuch« ohnehin in diesen Auswahlband nicht aufgenommen worden wäre, auch wenn der Autor mit literarischen Mitteln arbeitet, denn er erzählt »im Präsens und vom Standpunkt eines Wir-Erzählers, der zwar die Außensicht einnimmt, der aber nicht darauf verzichtet, sich mit Deutungen und Bewertungen einzumischen, wobei er Sinn für Ironie, Spannungsmomente, biographische Anekdoten und essayistische Reflexionen zeigt« (Peter Langemeyer).

In ihrem ästhetisch anspruchsvollen Buch *Ahnen. Ein Zeitreisetagebuch* aus dem Jahr 2015 (S. 61) denkt die Autorin Anne Weber erhellend darüber nach, wie historische Personen oder Ereignisse auf gelungene Weise darzustellen seien. Bei der Annäherung an Menschen vergangener Zeit bleibe »eine unüberwindliche Hürde, ein Berg oder ein Graben«. In ihren Überlegungen grenzt die Romanautorin ihr

Buch ab von Werken der Belletristik: Sei »da nicht ein Unterschied zwischen einem, der schulterzuckend am Grabenrand stehenbleibt, und einem, der den Graben unter größter Anstrengung und mit Hilfe aller möglichen Strategien zu überwinden versucht? Wenn die innere Anstrengung, ebenso wie die äußere, ein Fortbewegungsmittel ist, kommt Letzterer am Ende ein bisschen näher heran. Was ist aber von denjenigen zu halten – von denen es gar nicht wenige gibt –, die überhaupt nicht merken, dass da eine Hürde ist? Die gar nicht erst den Versuch machen, sich zurückzubegeben, wenn sie von früher erzählen, sondern umgekehrt – als wäre das möglich – die Verschwundenen in ihre Gegenwart holen? Als wäre die Zeit ein Fließband, dessen einziger Zweck es ist, alles, was je existiert hat, zu ihnen, den behaglich in ihren Sesseln Zurückgelehnten, hinzubefördern.« Derartige Romane der Unterhaltungsliteratur, für die auch das eingangs gewählte Zitat aus Illies' Buch steht, haben in einem Lexikon, das über kanonisch wertvolle Bücher informiert, nichts zu suchen. Anne Weber hingegen und auch Daniel Kehlmann in seiner *Die Vermessung der Welt* überwinden den Graben, die Kluft zwischen Gegenwart und Vergangenheit; letzterer, indem er die Haupthandlung vor allem in indirekter Rede und dementsprechend mit dem distanzierenden Konjunktiv gestaltet.

Eine weitere große Gruppe der Literatur vom Anfang des 21. Jahrhunderts stellt die Migrationsliteratur dar. Unter diesem Begriff versammeln sich Bücher von Autoren, die ihr Geburtsland verlassen haben und ihre Lebenserfahrung im Dazwischen in den Mittelpunkt ihres Schreibens stellen.

Sibylle Lewitscharoff ist in Bulgarien aufgewachsen, Terézia Mora in Ungarn, Herta Müller in Rumänien, Ilma Rakusa hat ihre Kindheit in Budapest, Ljubljana und Triest verbracht, bevor sie nach Zürich umgezogen ist. Olga Martynova stammt aus Russland und hat in Leningrad studiert, Maja Haderlap ist im zweisprachigen Teil Südkärntens aufgewachsen. Saša Stanišić wurde in der Kleinstadt Višegrad im östlichen Bosnien geboren. Auch Navid Kermani könnte man dieser Gruppe zuordnen, der zwar in Siegen geboren wurde, aber iranischstämmige Eltern hat. Weitere Autoren wären Emine Sevgi

Özdamar, Feridun Zaimoglu, Sherko Fatah, Rafik Schami und Ilija Trojanow.

Typisch für diese Autorinnen und Autoren sind der Sprachwechsel, »das Oszillieren zwischen den Kulturen«, »die mehrfachen Identitäten« (Sigrid Löffler). Damit verbunden ist oft eine gebrochene Sicht, der Blick der doppelten Außenseiter, die sich weder in ihrem Herkunftsland noch im Zufluchtsland ganz heimisch fühlen, sondern ihre Lebenserfahrung im Dazwischen einbringen können. Diese spezielle doppelte Sicht, diese Extraperspektive besitzen auch auf die vorgestellten Schriftstellerinnen und Schriftsteller, die – wenn auch in unterschiedlichem Maße – »ihre ambivalenten Erfahrungen in sprachmächtige Erzählungen verwandeln«, wie Sigrid Löffler formuliert. So vermutet der Literaturwissenschaftler und Theoretiker Homi K. Bhabha in seiner Essaysammlung *The Location of Culture* (1994) sogar, dass »transnationale Geschichten von Migranten, Kolonisierten oder politischen Flüchtlingen« mit ihrer Hybridität, einer Vermischung verschiedener ethnischer und kultureller Positionen, vorherrschend werden könnten innerhalb der Weltliteratur. Diese Gruppe der Autorinnen und Autoren mit nicht ausschließlich deutschem Hintergrund wird auch im deutschsprachigen Raum stetig anwachsen.

Als dritte Gruppe soll die Lyrik hervorgehoben werden. Eigentlich schien sie eine Gattung zu sein, die ein Schattendasein fristet, jedoch kann man seit einigen Jahren von einem regelrechten ›Lyrikboom‹ sprechen, der möglicherweise initiiert wurde durch den großen Erfolg des Dichters Durs Grünbein ab dem Ende der 1980er Jahre mit seinem Debüt *Grauzone morgens*. Sein Werk erzielt eine hohe, verblüffend kontinuierliche Resonanz. Das Interesse der deutschsprachigen Leserschaft an Lyrik zeigt sich nicht nur in der schieren Menge der neuen Gedichttitel, die jedes Jahr erscheinen. 2015 wurde Jan Wagners *Regentonnenvariationen* (2014) auf der Leipziger Buchmesse mit dem Deutschen Buchpreis prämiert – und damit zum ersten Mal in der 10-jährigen Geschichte dieses Preises ein Lyrikband, der daraufhin monatelang an der Spitze der Bestsellerlisten stand. Das war sogar der *Frankfurter Allgemeinen Zeitung* einen Leitartikel auf der ersten Seite wert.

Könnte es sein, dass diese Vorliebe für Gedichte der jungen Autorinnen und Autoren sowie bei ihren Lesern durch ihre Sozialisation mit den Raps der Hip Hop-Musik initiiert worden ist? Auch die oft kunstvollen Lyrics der Popmusik deutscher Sprache mögen junge angehende Dichter angeregt und zu eigenen Texten inspiriert haben. Dirk v. Petersdorff nennt in seiner *Literaturgeschichte der Bundesrepublik Deutschland* (2011) die Gruppe Blumfeld, dann Element of Crime mit den Texten von Sven Regner sowie Die Fantastischen Vier, deren Song »Sie ist weg« mit seinen intensiven End-, Binnen-, Anfangs- und unreinen Reimen v. Petersdorff besonders hervorhebt. Ergänzen könnte man die neue Hamburger Gruppe Swiss & Die Andern. Die phantasievollen metrischen Mittel eines Jan Wagner, der sich auch aus der angelsächsischen Poesie bedient, wenn er »Techniken der Halb- und Para-, auch konsonantischer Reime (in denen nicht die Vokale, sondern die Konsonanzen übereinstimmen)« benutzt (vergl. Heinrich Deterings Artikel über Wagner), und der auch durch metrische Mittel erzeugte komische Wirkungen nicht scheut, lassen darauf schließen.

Dass Werke wie die Lyrikbände der Performancekünstlerin Nora Gomringer hier nicht vorgestellt werden, liegt an der Oralität ihrer Texte – auch dies ist ein neues Phänomen in der aktuellen Literatur mit der Popularität von Poetry Slam und seinen Wettbewerben. Gomringer, die 2015 den Ingeborg-Bachmann-Wettbewerb gewonnen hat, überzeugt als hervorragende Vortragskünstlerin, während ihre Lesetexte weniger stark beeindrucken.

Auffällig viele Neuerscheinungen der letzten Jahre gehören der vierten und letzten Gruppe an, den Familienromanen. Diese Bücher, häufig handelt es sich um Mehrgenerationenromane, arbeiten die letzten Phasen der europäischen Geschichte auf, besonders die Vergangenheit unter dem NS- oder dem DDR-Regime. Im ersten Jahrzehnt des 21. Jahrhunderts gewannen gleich drei Familienromane den bis dahin erst viermal verliehenen Deutschen Buchpreis: 2005 *Es geht uns gut* von Arno Geiger, 2007 *Die Mittagsfrau* von Julia Franck und 2008 *Der Turm* von Uwe Tellkamp. Einige Romane, die sich mit der DDR-Wirklichkeit und der Zeit der Wende befassen, verdanken wir Autorinnen und Autoren, die noch von der DDR geprägt worden sind, aber erst nach der Wende schriftstellerisch reüssierten, z. B. Ingo Schulze, Uwe Tellkamp und Lutz Seiler. Weitere Beispiele für eine Vergangenheitsbewältigung in Romanform sind *Ein unsichtbares Land* (2003) von Stephan Wackwitz, *Heimsuchung* (2008) von Jenny Erpenbeck und *Engel des Vergessens* (2011) von Maja Haderlap, wobei Wackwitz' Roman als Beispiel gelten kann für die Tendenz zu der von Michael Ostheimer festgestellten »Selbsthistorisierung der 68er-Generation mit einer Neigung zur Versöhnung« mit der Elterngeneration – statt sie wie früher anzuklagen.

Möglicherweise werden in den kommenden Jahren auch nach und nach das Kampfgeschehen des Zweiten Weltkriegs und die traumatischen Wirkungen auf die überlebenden Soldaten, ihren Familien sowie auf die Angehörigen von Gefallenen in den Fokus des Erzählens geraten. W. G. Sebald, »der den Bombenkrieg gegen deutsche Städte mit einer dokumentarischen Genauigkeit geschildert hat, die jede emphatische Fiktionalisierung blass erscheinen ließe« (Roman Bucheli), wäre eine der Referenzgrößen. Ralf Rothmanns 2015 erschienener und von der deutschen Kritik hochgelobter Roman *Im Frühling sterben* lässt vermuten, dass in der Folge weitere Werke erscheinen werden, die den Zweiten Weltkrieg ins Zentrum stellen.

* * *

Die Aufgabe, eine Auswahl unter jenen Werken der deutschen Gegenwartsliteratur zu treffen, die möglicherweise einmal kanonische Geltung erlangen werden, gestaltet sich nicht gerade einfach. Hatte schon der Herausgeber des Kindler-Klassiker-Bandes *Die deutsche Literatur im 20. Jahrhundert* in seinem Vorwort einschränken müssen, dass die von ihm zusammengestellten Werktitel nicht die »einzigen Kanonwerke des 20. Jahrhunderts darstellen; aber [...] doch ein aussagekräftiger Teil davon«, so spitzt sich diese Problematik bei dieser Auswahl für das 21. Jahrhundert noch zu. Dabei handelt es sich um das notorische »Problem des ›letzten Kapitels‹ einer jeden neueren Literaturgeschichte« (Wilfried Barner).

So ist zum einen die grundsätzliche Frage, »Wie wird Gegenwart als literaturwissenschaftlicher Beobachtungsgegenstand konstruiert?« (Carlos Spoerhase), nicht leicht zu beantworten, denn sie impliziert die Problematik, definieren zu müssen, ab wann Gegenwart als Historie behandelt werden darf. Solche methodologischen Überlegungen kann dieses kurze Vorwort nicht leisten. Zum anderen wird es immer komplizierter, Epochenkonstruktion aus literarischen Befunden abzuleiten, je näher man an die Gegenwart heranrückt. So musste die germanistische Forschung einräumen, dass die Zäsuren, mit deren Hilfe die literarischen Werke der letzten Jahrzehnte klassifiziert werden sollen, außerliterarischen Kriterien gehorchen, da sie der Zeitgeschichte entnommen sind. Einhellig akzeptiert als momentan letzter Wendepunkt ist das Jahr 1989/1990 mit der Wiedervereinigung beider Teile Deutschlands und ihrer Literaturen.

So untergliedert schließlich auch das Referateorgan *Germanistik* ab dem 2008er-Band seine letzten Kapitel in »Literatur von 1945 bis 1989« und »Gegenwartsliteratur«, während es in den vorherigen Bänden noch hieß: »Literatur nach 1945 bis zur Gegenwart«.

Man könnte zwar vermuten, dass die Bandunterteilung für die beiden Kindler-Klassiker der deutschen Literatur des 20. und 21. Jahrhunderts sich grob an den Anschlägen auf das New Yorker World Trade Center (9/11) orientieren würde, die nicht nur die USA, sondern die gesamte westliche Welt erschütterten. Jedoch ist nach Spoerhase die Annahme einer Zäsur im Jahr 2001 eher dem Bedürfnis »einer gesicherten Epochenkante« zuzuschreiben, »von der aus der stürmische Lauf der Gegenwartsliteratur beobachtet werden kann«. Dieser Problematik weicht die vorgenommene Bandteilung für die Kindler-Klassik-Bände aus. Sie richtet sich nicht nach der Epochenschwelle, die sich an dem Datum der Katastrophe festmacht, sondern nach dem eher äußerlichen Jahrhundertschema des christlichen Kalenders.

D ie Auswahl der vorliegenden Artikel speist sich aus der ständig erweiterten Online-Version von Kindlers Literatur Lexikon, welche die Herausgeberin betreut und für deren Beiträge über die aktuelle deutschsprachige Literatur sie verantwortlich ist. Grundlage für die 2009 erschienene Neufassung von *Kindlers Literatur Lexikon* waren Überlegungen des 2011 verstorbenen Herausgebers Heinz Ludwig Arnold, denn bei der Erarbeitung dieser 3. Auflage des Lexikons stand die Kanonfrage im Mittelpunkt der Umstrukturierungen des Lexikons:

»Wie selbstverständlich wurden alle Werke im *Kindler* zum Kanon gerechnet, die Aufnahme eines Werks in den *Kindler* allein hatte schon einen Kanonisierungseffekt. Doch war die Auswahl von Werken für den *Kindler* bisher nie unter definierten Kanonaspekten entschieden worden. Deshalb sollten nun bei der Neufassung des *Kindler* erstmals bewusst Kriterien der Kanonisierung bedacht und angewendet werden.

Der literarische Kanon ist weder ein Mausoleum, das veraltete Werke für die Ewigkeit einlagert, noch eine Bestseller-Hitliste, die schon bald wieder vergessen ist. Literarische Kanonbildung ist vielmehr ein dynamischer, lebendiger Prozess: Was Gesellschaften für bedeutend und wichtig halten, verändert sich ständig. Jede Zeit ›erfindet‹ ihren Kanon neu. Kanonbildung beginnt damit, dass einer kleinen Anzahl literarischer Werke deutlich mehr Aufmerksamkeit als den meisten anderen geschenkt wird. Hält die Resonanz eines Werkes an, vielleicht sogar über Jahrhunderte und Jahrtausende, dann gehört es zum stabilen Fundament eines nationalen Kanons oder, wie die Geschichten aus *Tausendundeine Nacht* und das *Gilgamesch*-Epos, sogar zum Kanon der Weltliteratur.

Die Resonanz dieser großen Texte ist oft so stark, dass ein Kanonwerk mit seinen Inhalten und seinem Formenreichtum die Produktion anderer Werke anregt, die dann ihrerseits kanonische Bedeutung erlangen: Auf Homers *Odyssee* beriefen sich zahlreiche berühmte Nachfolger, etwa der *Ulysses* von James Joyce; die Resonanz der *Medea* des Euripides reicht über Seneca und Corneille zu Jean Anouilh, Hans Henny Jahnn, Christa Wolf und Heiner Müller.

Der Kanon ist der Ausdruck und die Summe der kulturellen Resonanz literarischer Werke. Resonanzen aber können stark und schwach, von kurzer und von langer Dauer sein. Wie lange Werke im Kanon bleiben, darüber lassen sich keine verlässlichen Prognosen abgeben. Ebenso gibt es keine unumstößlichen Kriterien, nach denen eine bestimmte Gesellschaft ihren Literaturkanon bildet, weil literarische Wertungen einem ständigen Zeitwandel unterliegen. Allerdings gibt es viele Gründe, warum große Werke wie *El ingenioso hidalgo Don*

Quixote de la Mancha des Cervantes und Balzacs *Père Goriot*, Goethes *Faust* und der *Orlando*-Roman von Virginia Woolf bis heute eine so große Resonanz haben.

Kanonbildung ist kein willkürliches, nach beliebigen Kriterien betriebenes Geschäft, weil viele Mitspieler daran beteiligt sind. Universitäten und Schulen, die Theater mit ihren Spielplänen und die Verlage, der Buchmarkt, das Feuilleton und die Literaturkritik sichern das kulturelle Gedächtnis einer Gesellschaft: Kanonproduktion und Kanonresonanz sind vielstimmig und komplex.

Und doch entscheiden weder Lektürelisten und Prüfungsinhalte noch die täglich wechselnden Rankings der Medien und das Buchsortiment allein über den literarischen Kanon. Ohne das Publikum, ohne Leser und Zuschauer, bleibt kein Kanonwerk auf Dauer lebendig. Daher verbindet der *Kindler* die institutionelle und lebensweltliche Kanonresonanz, er berücksichtigt als fachgerecht angelegtes, umfassendes, für den Lesealltag wie für Studienzwecke geschaffenes Speichermedium die literarischen Werke aus den Kanones der Schulen und Hochschulen, der Wissenschaften und der literarischen Archive, aber auch und vor allem die breite Palette der Titel, die viele Leserinnen und Leser am beginnenden 21. Jahrhundert interessieren könnten: als offenes Angebot aus den Literaturen aller Zeiten und Länder.

Dies aber brachte mich zu der Überlegung: was denn *Der Kindler* eigentlich sei, was seine Besonderheit ausmache und ihn von allen anderen Lexika und Enzyklopädien unterscheidet. Es gibt dafür ausführliche Erklärungen; aber ich fand dafür eine Metapher, die nicht nur den Fachberaterinnen und Fachberatern einleuchtete: Der *Kindler* ist wie der klare bestirnte Himmel mit all seinen Planeten und Monden, Fixsternen, Sonnensystemen und Galaxien, die wir mit bloßen Augen sehen. Natürlich ist das Universum sehr viel größer als das, was wir so am Firmament erkennen können. Um tiefer in dieses Universum hineinzublicken, braucht man Teleskope. Um das Universum alles erst Geschriebenen und seit dem 15. Jahrhundert auch Gedruckten zu erkunden, bedarf es spezieller Lexika, eben der vielen Fachlexika. Im *Kindler* aber sind von den literarischen und kulturellen Werken aller Zeiten und Länder nur die zu finden, die wir, analog gesprochen, wie die unterschiedlichen Gestirne ohne Fernrohr am

Himmel sehen und erkennen können. Also all jene Werke der schriftlich fixierten Weltkultur, die der interessierte gebildete und sich bildende Laie – und auch der Experte ist auf den meisten Gebieten Laie –, kennenlernen möchte und durch den *Kindler* kennenlernen kann.«

Je näher es nun an die Gegenwart geht, desto schwerer ist es, den ästhetischen Wert eines neu erschienenen Buches zu entdecken. Diese Aufgabe war traditionellerweise der Literaturkritik zugefallen, während die Literaturwissenschaft, die sich mit der Literaturgeschichte beschäftigte, das abgerundete Werk einer verstorbenen Persönlichkeit oder die vollendete Epoche untersuchte. »Literarischer Wert wird erst im nachhinein bestätigt«, konstatiert Schlaffer in seiner Literaturgeschichte. Als Beispiel nennt er Autoren vom Anfang des 20. Jahrhunderts: »Zwar sprach bereits die Mitwelt Hofmannsthal, Rilke und Thomas Mann einen außerordentlichen Rang zu, doch erst die Nachwelt zeichnete auch Robert Walser, Kafka und Benjamin aus. [...] Gerade über die Zeit, der man selbst angehört, läßt sich am schwersten urteilen. Als Zeitgenosse verfügt der Historiker über kein zuverlässigeres Wissen als der Kritiker und jeder Leser. Sie alle sind in den Vorurteilen der Epoche verfangen.« (Heinz Schlaffer)

In diesen einleitenden Überlegungen können folgende Fragestellungen nicht aufgegriffen werden, die an sich wichtig sind für die Kanonisierung der aktuellen Literatur: »Wie lässt sich mit Aussagen von Zeitzeugen aus dem Literaturbetrieb quellenkritisch umgehen? Welche Konsequenzen hat es, dass die Literaturwissenschaft zunehmend in Deutungskonkurrenzen zu anderen interessierten Parteien wie Schriftstellern und Literaturkritikern tritt?« Eine »methodologische Reflexion« ist besonders »in einer Zeit, in der sich die Gegenwartsliteratur innerhalb der Literaturwissenschaft einen festen Platz erobert hat, so notwendig [...] wie nie zuvor« (Spoerhase). Diese Grundlagen für die Kanonisierung von Gegenwartsliteratur sind von der germanistischen Forschung zu erarbeiten.

Auch wenn sich in den letzten Jahrzehnten die Gegenwartsliteratur innerhalb der Literaturwissenschaft einen festen Platz erobert hat, so hat der Online-*Kindler* den Anspruch, über noch aktuellere Werke zu informieren, als es Germanisten möglich ist, schließlich veröffentlichen diese ihre Erkenntnisse in Aufsätzen und Büchern, für deren Produktion bis zum Erscheinen mehr Zeit vergeht, als es bei der elektronischen Ausgabe des Literaturlexikons der Fall ist, das alle zwei Monate durch neue Artikel erweitert wird. So könnte man diesen Band *Kindler Kompakt: Deutsche Literatur der Gegenwart* als eine Schnittstelle bezeichnen zwischen der Literaturwissenschaft, die für ›tote Dichter‹ zuständig ist, und der Literaturkritik, die die allerneuste literarische Produktion ins Auge fasst und beurteilt – so die immer noch »eingeschliffene Arbeitsteilung« (Barner). Ein Zwitterwesen ist dieser Auskoppelungsband auch insofern, als sich nicht nur Literaturwissenschaftler unter den Verfassern der Artikel befinden sondern auch Literaturkritiker, z. B. Helmut Böttiger, Catharina Koller und Jörg Plath sowie der Theaterkritiker Dirk Pilz, um nur ein paar Namen zu nennen. Unter den Literaturwissenschaftlern, die an dem vorliegenden Band mitgearbeitet haben, wären exemplarisch zu nennen Heinrich Detering (Göttingen) und Rainer Moritz (Hamburg), aber auch junge Germanistinnen und Germanisten wie Elisabeth Hollerweger (Siegen) und Peer Trilke (ebenfalls Göttingen).

Indem die Herausgeberin sich bei der Auswahl der vorzustellenden Werke immer wieder freimachen musste von »ästhetischer Wertungsangst« und oft pragmatisch vorgegangen ist, könnte man diesen Auswahlband auch als eine Kontrafaktur zum 2009 erschienen Grundwerk und seinem Kanonkonzept auffassen. Das heißt, dass sich über die Auswahl trefflich streiten ließe, mehr noch als über diejenige des Grundwerks. Und welche Werke letztendlich standhalten und kanonischen Rang verliehen bekommen, wird die Zeit erweisen. Um das schöne Bild Heinz Ludwig Arnolds wieder aufzugreifen: Man muss darauf eingestellt sein, dass einige Sterne am Himmel auch wieder verglühen könnten …

Der Begriff ›Deutsche Literatur‹ im Titel dieses Kindler-Klassiker-Bandes meint ›deutschsprachige Literatur‹, denn auch österreichische und Schweizer Autorinnen und Autoren sind in ihm vertreten. Während Lukas Bärfuss, Christian Kracht, Gertrud Leutenegger und Ilma Rakusa als Schweizer zu nennen wären, sind aus Österreich Arno Geiger, Maja Haderlap, Norbert Gstrein, Daniel Kehlmann, Eva Menasse, Theresa Präauer, Kathrin Röggla, Marlene Streeruwitz und

Peter Waterhouse vertreten. Einige dieser Künstler leben inzwischen in Berlin – die Kategorisierungsmerkmale verwischen sich, was sich auch an der großen Anzahl der mehrsprachigen Künstlerinnen und Künstler zeigt, die oft einen Migrationshintergrund haben, wie oben aufgeführt.

Einige besonders wichtige Namen fehlen in diesem Klassiker-Band, die zwar bis ins 21. Jahrhundert wirkmächtig ausstrahlen, aber mit der Mehrzahl ihrer Werke oder mit ihrem kanonisierten Hauptwerk in das vergangene Jahrhundert gehören. Zu nennen wären hier Günter Grass, Peter Handke, Elfriede Jelinek, Thomas Kling, Martin Walser, Christa Wolf, von denen auch im 21. Jahrhundert einige, auch wichtige Bücher erschienen sind. Über diese bedeutenden Autorinnen und Autoren informiert selbstverständlich der Vorgängerband.

Auch Autorinnen und Autoren wie Bodo Kirchhoff, Günter de Bruyn, Reinhard Jirgl, Monika Maron, Adolf Muschg, Dieter Roth, Hans Joachim Schädlich, Rafik Schami, Peter Schneider und Uwe Timm, wird man in der vorliegenden Auswahl vergeblich suchen, da sie aus Platzgründen leider nicht aufgenommen wurden, auch um den Blick eher nach vorne auf die Zukunft zu richten und jüngere Schriftstellerinnen und Schriftsteller vorstellen zu können. Notwendigerweise ist der Vorgang des Erinnerns an und des Festhaltens von Kanonwerken der Gegenwart leider immer begleitet von dem Vorgang des Aussiebens, wie Achim Landwehr festgehalten hat.

Um ausgewogen über die aktuellen Bücher zu informieren, die das Zeug zum Klassiker haben, müssen natürlich alle literarischen Gattungen Berücksichtigung finden. Die Mehrheit der vorgestellten Werke gehört der Epik an: Neben einigen wenigen Erzählbänden sind es vor allem Romane, was die ausufernde Dominanz letzterer Gattung in der aktuellen Buchproduktion widerspiegelt – schon Winfried Barner hatte dieses Phänomen beobachtet. Aktuelle Theaterstücke werden vorgestellt mit den Dramatikern Rebekka Kricheldorf, Wolfram Lotz und Albert Ostermaier. Die Lyriker, deren Werke beleuchtet werden, sind Marcel Beyer, Ulrike Draesner, Durs Grünbein, Barbara Köhler, Jan Wagner und Peter Waterhouse. Eine Besonderheit in meiner Auswahl ist der Beitrag über den zwitterhaften Solitär, die wundervollen Bild-Text-Collagen der Trägerin des Nobelpreises für Literatur, Herta Müller.

* * *

Der vorliegende Band stellt Kindler Klassiker vor, für die sich die Herausgeberin viele neugierige Leserinnen und Leser wünscht, auch weil neben den Kanonüberlegungen durchaus auch persönliche literarische Vorlieben und Abneigungen zur Auswahl der vorgestellten Werke geführt haben. Mein herzlicher Dank gilt meiner Tochter Dr. Hannah Arnold sowie den Freundinnen und Freunden, mit denen ich meine Überlegungen diskutieren konnte. Es wäre schön, wenn dieser Band – beispielsweise in den vielen Lesegruppen, die es im deutschsprachigen Raum gibt – weitere Gespräche über die aktuelle Literatur in Gang setzen würde.

EINLEITUNG

Literatur

Wilfried Barner, Geschichte der deutschen Gegenwartsliteratur von 1945 bis zur Gegenwart, 2., erw. Aufl. 2006

Homi K. Bhabha, The Location of Culture, 1994

Roman Bucheli, Die Rückkehr des Landsers, in: Neue Zürcher Zeitung, 22.8.2015

Florian Illies, 1913. Der Sommer des Jahrhunderts, 2012

Achim Landwehr, Kulturelles Vergessen. Erinnerung an eine historische Perspektive, in: Merkur 795, 2015

Peter Langemeyer, Artikel »Florian Illies: 1913«, in: Kindlers Literatur Lexikon, 2009, Online Updates

Sigrid Löffler, Die neue Weltliteratur und ihre großen Erzähler, 2012

Dirk v. Petersdorff, Literaturgeschichte der Bundesrepublik Deutschland, 2011

Heinz Schlaffer, Die kurze Geschichte der deutschen Literatur, 2002

Carlos Spoerhase, Literaturwissenschaft und Gegenwartsliteratur, in: Merkur 776, 2014

Peter Kurzeck

* 10. Juni 1943 in Tachau/Böhmen (Tachov, Tschechien)
† 25. November 2013 in Frankfurt a. M. (Deutschland)

Nach Kriegsende aus der Tschechoslowakei vertrieben; aufgewachsen
in Staufenberg bei Gießen; ab 1971 wechselnde Wohnsitze, seit 1977
in Frankfurt a. M.; freier Schriftsteller; 1995 Wetterauer Landschreiber,
2000/01 Stadtschreiber von Bergen-Enkheim; lebt abwechselnd in
Uzès in Südfrankreich und in Frankfurt a. M.

Das erzählerische Werk

Je weiter Peter Kurzecks erzählerisches Werk voranschreitet, desto
schwieriger ist es, zwischen den einzelnen Texten, die samt und
sonders die Gattungsbezeichnung ›Roman‹ tragen, scharf zu unterscheiden. 1979, als Kurzeck mit *Der Nußbaum gegenüber vom Laden, in
dem du dein Brot kaufst* debütierte, deutete wenig darauf hin, dass dies
der Anfang eines monumental-monomanischen Werks sein würde,
dessen einzelne Teile sich ergänzen und immer wieder aufeinander
beziehen. Ohne dass es dem Autor in seinem Erstling schon gelungen
wäre, sein überbordendes Erzählmaterial ästhetisch befriedigend zu
strukturieren, zeichnet sich bereits darin ab, in welche Richtung sich
das Romanwerk entwickeln würde. Jugend-, Schul- und Gefängnis-
erinnerungen wechseln mit Kneipenszenen, die ein großes Arsenal
von Figuren aufbieten – zumeist von gesellschaftlichen Außenseitern,
die mit den Wirtschaftswunderhelden der Bundesrepublik wenig
gemein haben.

Auch in sprachlicher und erzählerischer Hinsicht deutet der
Nußbaum-Roman bereits die Mittel an, die Kurzeck nutzt, um das von
sprunghaften Assoziationen geleitete Bewusstsein seiner Protagonisten in immer feineren Nuancen auszuleuchten. Verblose Sätze,
Verknappungen, Klammersätze und Fußnoten fächern den ohnehin
nicht linear ausgerichteten Aufbau derart auf, dass von einer Handlung im traditionellen Sinne schon in diesem ersten Roman nicht
gesprochen werden kann. Anklänge an literarische Vor- und Leitbil-
der – Arno Schmidt, James Joyce, Rolf Dieter Brinkmann, aber auch
Hermann Lenz – sind dabei offensichtlich, ohne dass sich je der Ein-

druck ergäbe, Kurzeck stünde unmittelbar unter dem Einfluss eines der Genannten.

»Gegenwart: Alles ist da und ist wirklich und Alles geht ewig weiter« – darin ist Kurzecks Poetik, obschon zu diesem Zeitpunkt noch nicht adäquat umgesetzt, im Kern formuliert: Das Leben im Hier und Jetzt ist eine Chimäre; permanent ist es durchzogen von Erinnerungsfetzen, die die Gedanken des Ichs nicht minder bestimmen als das aktuell Erlebte. Im Schreiben geht es darum, diese Ebenen miteinander zu verschmelzen und sie insbesondere zu bewahren – auf immer und ewig, wie sich Kurzecks Erzählerfiguren einreden möchten.

Dieses Verfahren setzt sich in *Das schwarze Buch* (1982) fort, einem Trinkerroman um den Vertreter Merderein, dessen Schnaps- und Weinexzesse in eine Endlosschleife von Wiederholungen münden, die die Leser zu Mitleidenden des aus allen Lebensfugen geratenen Alkoholikers machen. Dieses Prinzip der Erzählwiederholung baut Kurzeck im Laufe seines Werks immer weiter aus; je knapper der äußere Handlungsrahmen gerät, desto ausufernder erinnern sich die vergangenheitssüchtigen Figuren an Details ihrer Biographien, erzählen in neuen Anläufen und Variationen davon – unterbrochen von Berichten darüber, wie sich die Notizen und Eintragungen häufen, die das Erlebte zu bannen suchen.

Die Romane *Kein Frühling* (1987; erheblich erweitert 2007 neu aufgelegt) und *Keiner stirbt* (1990) greifen diese Ansätze auf und arbeiten nun konsequent daran, vergangene Räume und Zeiten festzuhalten. *Kein Frühling* umfasst ungefähr den zeitlichen Rahmen vom Ende des Zweiten Weltkriegs bis zur Mitte der 1950er Jahre und kreist in einer Vielzahl kleiner Szenen und Eindrücke um das dörfliche Leben im oberhessischen Staufenberg. Ohne auf dramatische Effekte abzuzielen, lässt Kurzeck in den gesammelten Figurenstimmen ein Lebensgefühl zu Wort kommen, das die vermeintliche Dorfidylle als einzig vorstellbare Daseinsform ausmalt.

Bereits hier zeigt sich die quasi dokumentarische Wirkung des Kurzeck'schen Werkes. Vergleichbar dem von ihm geschätzten Walter Kempowski versucht Kurzeck, eine Art Gegengeschichte der frühen Bundesrepublik zu liefern. In *Keiner stirbt* konzentriert sich das

Geschilderte auf wenige Oktobertage im Jahr 1959, situiert vorwiegend in Gießen. Was ein paar von den Problemen des bürgerlichen Erwerbslebens überforderte Existenzen durchmachen, spiegelt das wider, was sich in der offiziellen Geschichtsschreibung jener Zeit nicht findet. Eine Autofahrt auf der Bundesstraße von Gießen nach Frankfurt bildet den Hintergrund für Erzählungen, die Gastwirte, leichte Mädchen, Gelegenheitsarbeiter und Tankwarte kurzzeitig zu Hauptakteuren machen und somit die Abgründe der Adenauerzeit viel deutlicher zu Tage treten lassen, als es Romane vermögen, die sich an der Oberfläche der Zeitgeschichte bewegen.

1997 setzt Peter Kurzecks ursprünglich auf vier Bände konzipiertes Hauptwerk ein, ein Großroman in Zyklen. Zu Lebzeiten erschienen fünf davon: *Übers Eis* (1997), *Als Gast* (2003), *Ein Kirschkern im März* (2004), *Oktober und wer wir selbst sind* (2007) und *Vorabend* (2011); hinzu kam 2015 mit *Bis er kommt* der erste Band aus dem Nachlass. Der Zyklus umspannt einen Zeitraum von wenigen Monaten Ende 1983 / Anfang 1984 und macht den autobiographischen Grundgehalt der Bücher Kurzecks noch auffälliger als zuvor. Kurzeck erzählt von einer Alter-ego-Figur, die im November 1983 von einem traumatisierenden Erlebnis erschüttert wird. Der Erzähler muss mitansehen, wie sich seine deutlich jüngere Freundin Sibylle von ihm trennt und die Kleinfamilie mit der vierjährigen Tochter Carina auseinanderbricht. Er ist gezwungen, aus der gemeinsamen Wohnung auszuziehen, und bewegt sich, da er gleichzeitig als Schriftsteller Fuß fassen und einen Rückfall in den 1979 abgeschworenen Alkoholismus vermeiden will, auf ausgesprochen dünnem »Eis«. Die Folgeromane *Als Gast* und *Ein Kirschkern im März* fügen dem an Äußerlichem kaum etwas hinzu. Die Tage des Erzählers fügen sich zu einem einzigen langen Tag; kein noch so marginales Ereignis, keine noch so unscheinbare Begegnung soll übersehen und vergessen werden, und wie bei Kurzeck nicht anders zu erwarten, sind es vor allem die (Frankfurter) Randexistenzen, die Kleinbürger, Trinker und Penner, die mit hingebungsvoller Liebe zum Detail beschrieben werden.

Oktober und wer wir selbst sind zeigt, dass Kurzecks Schreibobsession noch zu vielen weiteren Bänden führen wird, die diesen scheinbar kleinen Ausschnitt erzählter Zeit von allen Seiten beleuchten. Denn dieser Roman, eine Art Zwischensumme des Werks, führt in den Oktober 1983, wenige Wochen vor der schicksalhaften Trennung des Paares. Noch befinden wir uns in der vertrauten Wohnung des – von der Tochter »Peta« gerufenen – Erzählers im Frankfurter Stadtteil Bockenheim; noch besteht die Dreisamkeit, wenn auch vor düsterem Horizont, da der Erzähler seine Halbtagsstelle in einem Antiquariat verloren hat, sich über seine Zukunft als Autor sorgt und das finanzielle Fundament des Haushalts brüchig ist.

»Einzelheiten, immer mehr Bilder, und alles ganz deutlich«, breitet Kurzeck in vertrauter Weise aus. Sind es wenige Wochen, die da vergehen? Oder schnurrt das Erlebte und Gesehene auf einen einzigen, nicht enden wollenden Tag zusammen? Meisterlich versteht es Peter Kurzeck, die Kluft zwischen Erzählzeit und erzählter Zeit zu überbrücken und das Gefühl zu vermitteln, »als sei die Zeit angehalten«. Seine Monologe – mal in der Ich-Form, mal als Du-Selbstanrede und mal in unflektierten Verbformen dargebracht – reduzieren das äußere Geschehen radikal. Denn viel passiert auch in diesem Roman nicht: Das Ich versucht sich selbst einen festen Tagesablauf zu diktieren. Morgens wird geschrieben, dann holt man Carina vom Kinderladen ab, verbringt den Nachmittag mit ihr, wartet auf die Freundin, die in einem Verlag arbeitet, isst zu Abend und kehrt noch einmal an den Schreibtisch zurück.

Gleichsam en passant erweist sich Kurzeck in diesen »Peta«-Romanen als Chronist der Stadt Frankfurt am Main. Mit Akribie hält er fest, was die Stadt ausmacht(e), welche Straßenzüge im Lauf der Jahre ihr Gesicht verloren und was hektische Architekturplaner binnen weniger Monate für immer zerstörten. »Sanierung Bockenheim. Müssen lang stehen, mein Kind und ich, damit uns nur ja nichts verloren geht« – das ist die Beobachterhaltung, eine Perspektive, für die der Verlust selbstverständlich ist, und die Besessenheit, dagegen im Sich-Erinnern und im Aufschreiben eine Bastion zu errichten. Letztlich ist es ein Anrennen gegen eine heillose Zeit, in der alles zur Disposition steht: »auf Abruf, auf Abbruch die Häuser«. Die Stadtsanierer leisten ganze Arbeit; die sozialliberale Euphorie ist verpufft, und an den Straßenecken mehren sich die Schnapsleichen und die laut mit selbst sprechenden Rebellen, denen das frostiger werdende Klima der

1980er Jahre zusetzt. Auch der Ich-Erzähler bleibt ein Gefährdeter – und das, obschon die größte Bedrohung, das Auseinanderbrechen der Familie, mit keiner Silbe thematisiert wird. Nähe und Zärtlichkeit spielen in diesem Roman eine völlig marginale Rolle; so aufwendig der Ich-Erzähler sich allem und jedem in seiner Umgebung widmet, so distanziert, so verwaltet wirkt, was sich zwischen ihm und seiner Freundin abspielt. Peter Kurzeck spiegelt diese latente Krise – ein geschickter Schachzug –, indem er die drohende Trennung eines anderen Paares ausführlich beschreibt. Sein Uraltkumpan Jürgen versucht sich zusammen mit seiner Freundin Pascale eine Existenz in Südfrankreich aufzubauen. Unter großen Mühen machen sie sich daran, dort ein Restaurant zu etablieren – bis Pascale kurzerhand die Flucht ergreift und Jürgen zurücklässt.

Auch *Vorabend* und der ursprünglich als sechster Band des Zyklus vorgesehene Nachlassband *Bis er kommt* greifen die vertrauten Erzählfäden erneut auf, wenn auch aus unterschiedlichen Blickwinkeln. Die über eintausend Seiten von *Vorabend* nehmen – wieder einmal – ihren Anfang im Bockenheimer Herbst 1983. Die scheiternde Beziehung der nach Südfrankreich ausgewanderten Freunde – Jürgen und Pascale – bietet diesmal den Anlass, eine Zeitreise in die 1960er und 1970er Jahre zu unternehmen, mitten hinein in die hessische Provinz zwischen Marburg und Gießen. Der Erzähler erinnert sich daran, wie man 1982 die Wochenenden dazu nutzte, der Großstadt Frankfurt den Rücken zu kehren und die Freunde in Eschersheim zu besuchen. Dort, so der Rahmen, hebt Peter zu einem endlos scheinenden Nachmittagsmonolog an, der in immer neuen Spiralen die Vergangenheit einkreist. »Alles, was du weißt, weißt du nur vom Zusehen«, ruft sich der Rückbesinnungskünstler zu und beginnt in zahllosen Abschweifungen davon zu berichten, wie sich seine Heimat, wie sich Staufenberg und Lollar in jener Zeit veränderten.

Bis kurz vor seinem Tod arbeitete Kurzeck an der dann von den langjährigen Weggefährten Rudi Deuble und Alexander Losse herausgegebenen Fortsetzung *Bis er kommt*, ohne sie ganz abschließen zu können. Erneut umfasst die Erzählzeit den schicksalhaften Jahreswechsel 1983/84 und bildet doch oft nur den Anlass, weit in die Vergangenheit zu reisen, beispielsweise in seine böhmische Heimat, wohin er sich anhand der Erzählungen seines Vaters als Wanderer auf dem Goldenen Steig begibt, und auch nach Paris.

Ort des äußeren Geschehens ist wieder die Wohnung in Bockenheim. Der Alltag des Erzählers, der sich als Du anspricht, unterliegt einem strengen Rhythmus. Rauchend und Bob Dylan hörend, versucht er, das sich selbst auferlegte Schreibpensum durchzuhalten. Unterbrochen werden die Abläufe in diesem Oktober 1983 durch Anrufe seines Freundes Jürgen, der – wie schon aus den vorangegangenen Bänden bekannt – glücklos ein Restaurant im südfranzösischen Barjac betreibt und plötzlich vor den Trümmern seiner ohnehin wackeligen Existenz steht, als seine Lebensgefährtin Pascale ihn kurzerhand verlässt. In zahllosen, unendlich langen Telefonaten beklagt der seinen Weinvorräten eifrig zusprechende Jürgen sein Elend, und mit Engelsgeduld hört sein Freund ihm zu, spendet Trost, der die Hoffnung auf Pascales Rückkehr nährt. Dass das nicht geschehen wird und dass Jürgen keine Zukunft in Frankreich beschieden ist, deutet bereits das Fragment des Romans an, der – so erklärt sich der Titel – mit Jürgens Ankunft in Frankfurt enden sollte.

Am Ende des Anhangs von *Bis er kommt* steht eine kurze Totenrede, die Peter Kurzeck 1997 auf seinen Freund Jürgen gehalten hat. Sie schließt mit Sätzen, die wie poetologische Formeln klingen: »Wir können Menschen, die von uns gehen, nicht austauschen und auch nicht ersetzen. Wir müssen sie uns, genau wie die eigene Lebensgeschichte, aus der Erinnerung jeden Tag neu erschaffen. Dann sehen wir, dass die Toten nicht wirklich gegangen sind. Sie sind nicht gestorben. Sie leben mit uns. Keiner stirbt.« RAINER MORITZ

Peter Waterhouse

* 24. März 1956 in Berlin (Deutschland)

Sohn einer Österreicherin und eines englischen Offiziers, deutsch-
und englischsprachig aufgewachsen; ab 1975 Studium der Germanistik
und Anglistik in Wien; 1981–1982 Teaching Assistant in Los Angeles;
1984 Promotion über Paul Celan; lebt als freier Schriftsteller, Literaturwissenschaftler und Übersetzer englischer und italienischer Literatur
in Wien; Verfasser von poetischen und essayistischen Texten, die
Sprachspiel vorführen und sprachliches Denken thematisieren.

Das poetische Werk

In der deutschsprachigen Lyrik der 1980er und 1990er Jahre rückt die
Sprachreflexion in den Mittelpunkt; die Arbeiten von Peter Waterhouse gehören in diesen Kontext. Sie erkunden, wie sich Sprache und
Wahrnehmung gegenseitig beeinflussen können. Mit einfachen Wörtern und in einem von Reihungen geprägten Stil schafft Waterhouse
eine eigene Welt, in der Landschaftserfahrungen und Lektüreerleb-
nisse eine zentrale Stellung einnehmen. Die meisten Texte seines
umfangreichen Werkes sind keiner Gattung zuzuordnen. Da aber
ein lyrischer Ton vorherrscht, wird der Autor vor allem als Lyriker bezeichnet.

   Der Titel des ersten Gedichtbandes, MENZ (1984), spielt auf die
poetische Definition des Menschen und auf Georg Büchners *Lenz*
an. Präsentiert werden marionettenhafte Wesen, die verwundert
sprechen, fragen und in Frage stellen, die das Sprechen ausprobieren,
als wäre ihnen die Welt neu und die Funktion der Sprache noch unbe-
kannt – »Ich: Das ist ein wilder Begriff, Hut und Schuhe / verklammern
die Senkrechte. Nehmen Sie im Bett den Hut vom Kopf? O ja / dort bin
ich horizontal.« Allgemeine Aussprüche über das Alltagsleben sowie
elementare Aussagen aus der Logik werden mal ernsthaft, mal absurd
in kurzen, sprunghaften Sätzen aneinandergereiht. Den sperrigen
Rhythmus prägen zudem Fragen, Klammern und Wiederholungen.

   In den zwölf Erzählungen in *Besitzlosigkeit Verzögerung Schweigen
Anarchie* (1985) begegnet einem Ich-Erzähler jeweils eine Art Lehr-
meister, der eine eigentümliche Geschichte über Wahrnehmung und

Kommunikation erzählt. Langsam und detailliert, häufig ironisch ge-
brochen, werden zum Teil nonsensartige Situationen geschildert,
wobei die Handlung auf ein Mindestmaß reduziert ist und es kaum
Spannungsbögen gibt. Gleichberechtigt stehen die Geschehnisse und
Reflexionen nebeneinander, was die ›Anarchie‹ aus dem Titel nicht als
Chaos, sondern als ein Gegenteil von Hierarchie erscheinen lässt.

In *passim* (1986) ist die Rede von Äpfeln, Mäusen, Himmel, Stra-
ßenbahnen, Sesseln usw.: Wie in einem Kinderbuch besteht die Welt
dieser Gedichte aus einem sehr begrenzten Grundrepertoire von All-
tagsgegenständen, Gestalten, Handlungen, Naturdingen und Farben.
Die Wörter sind eher Motive als Metaphern mit verborgenem Sinn.
Viele tauchen ›passim‹ auf, d. h. an verschiedenen Stellen, verstreut
und wechselnd. Sie vermitteln Zusammenhänge, die sie zugleich
auf paradoxe Weise zurücknehmen. Die Gedichte rufen oft seltsame
und nicht jenseits der Sprachwelt vorstellbare Situationen auf und
sie fragen nach den Wirkungen von Sprachhandlungen, etwa von
Benennen, Meinen oder Grüßen. Durch inhaltliche und klangliche
Assoziationen führt eine Wortsequenz zur nächsten. Vorgeführt wird
ein lustvolles und experimentierendes ›Toben um Sprache‹, das zudem
mit Anspielungen auf u. a. Descartes und Leibniz ein poetischer Streifzug durch die Sprachphilosophie ist.

Das *Klarfeld Gedicht* (1988), ein Langgedicht, zeigt bereits die Perspektive eines einzelnen Spaziergängers, die bei Waterhouse in der
Folge an Bedeutung zunimmt. Das ›spazierende‹ lyrische Ich versucht, der Stadt Wien und der Landschaft am Stadtrand sprachlich
näherzukommen. Wie ein Bewusstseinsstrom mit weitschweifigen
Assoziationen laufen Wörter und Bilder vorbei und vermischen sich
mit sprachbezogenen Aussagen: »Baum und nein. Gestein Sprengung
Sprache. Falsch gesagt.« Worte und Gegenstände gehören in diesem
Universum zur gleichen Kategorie.

Ein Gespräch, dessen Bedeutungen schwer fassbar und ebenfalls
oft metasprachlich sind, führen vier Figuren in *Diese andere Seite der
Welt* (1989, zusammen mit Margit Ulama). Wie dieses Theaterstück
in lyrischem Tonfall lässt sich auch SPRACHE TOD NACHT AUSSEN.
GEDICHT. Roman (1989) nicht rubrizieren. Schon der Titel betont die
mehrfache Gattungszugehörigkeit des 253-seitigen Bandes. Kurze

Sätze und lose Wortfolgen fügen sich zu langen variierenden Auf-
zählungen, Reflexionen eines Ich bewegen sich schrittweise mit den
Wörtern vorwärts. In jedem der drei Teile des Bandes geht das Ich in
einer persönlichen Lektüre minutiös, beinahe meditierend, einem
Gedicht nach. Eines davon ist »Stimmen« von Paul Celan, das auch
in Waterhouse' Dissertation und in zahlreichen seiner Essays einen
wichtigen Platz einnimmt.

In *Kieselsteinplan. Für die unsichtbare Universität* (1990) stecken Auf-
forderungen, Landschaft und Sprache zusammenzudenken, etwa
»die Ebene aus Einzelwörtern« zu betrachten. Mit der »Landschafts-
universität« kann eine Schule der assoziativ-poetischen Wahrnehmung gemeint sein, wie sie der Text vorstellt. Er besteht aus kurzen
Abschnitten, die ebenso gut als Prosagedichte wie als lyrische Notizen
bezeichnet werden können. Ebenfalls eine Mischform ist *Verloren ohne
Rettung* (1993), ein längerer Dialog, in den Zitate und Paraphrasen aus
Goethes Übersetzung von Denis Diderots *Rameaus Neffe* einfließen.
Zwei Figuren unterhalten sich über Ästhetik und Moral, während sie
durch die Landschaft am Wiener Stadtrand gehen. Weite Passagen
sind monologisch oder gedichtähnlich gehalten. Ein Auszug ist unter
dem Titel *Blumen* (1993) als eigenständiger Band mit einer Übersetzung ins Japanische erschienen. Dieser nutzt ein Schlüsselwort der
Lyrik programmatisch neu: Natur und Technik verschmelzen in der
Wahrnehmung; auf Grund von bildlicher Ähnlichkeit und sprachlicher Analogie – »Lumen. Blumen.« – umfasst der Begriff ›Blume‹ auch
künstliches Licht, Glühbirnen oder das Zifferblatt einer Armbanduhr.
Die Gebiete am Stadtrand mit ihren Tankstellen und Fabrikhallen
sind der Schauplatz dieser Dichtung, die ganz bewusst unscheinbare
Orte privilegiert. Durch sein ganzes Werk hindurch interessiert
Waterhouse nicht das Auffällige, sondern das Bedeutungslose. Es ist
in jenen Landschaften zu finden, die nicht an einen bestimmten Ort
gebunden sind. Daneben beschäftigen ihn Grenzgebiete, in denen
verschiedene Sprachen und Geschichten nebeneinander bestehen.

Auch in dem Gemeinschaftsprojekt *Die Schweizer Korrektur* (1995)
richtet Waterhouse seinen Blick auf das Unscheinbare, vordergründig
Nicht-Ästhetische. Auf dem Boden liegenden Abfall bezeichnet er dort
in dem Essay »Gedichte und Teillösungen« als »Gedicht«. Waterhouse'

PETER WATERHOUSE

Text steht neben Essays von Durs Grünbein und Brigitte Oleschinski, und in parallel gesetzten Spalten werden die Texte jeweils von den beiden anderen Autoren sowie vom Schweizer Verleger Urs Engeler kommentiert. Waterhouse' Kommentare sind Dreizeiler; auf Reflexionen über Gedichte antwortet er mit kurzen Gedichten und verarbeitet so Motive aus den Poetikessays. Dreizeilige Gedichte sind ab Mitte der 1990er Jahre eine wichtige Form in seinen Arbeiten. Dass sie in der Tradition des japanischen Haiku stehen, verdeutlicht ein Essay über Matsuo Bashō, den Meister des Haiku, in dem Aufsatzband *Die Geheimnislosigkeit: Ein Spazier- und Lesebuch* (1996).

Die Geheimnislosigkeit ist Literatur und Literaturanalyse zugleich. Ein Ich beschreibt sein Gehen durch Landschaften, wobei Wahrnehmungen mit Lektüreerfahrungen und Sprachreflexion zusammenfließen. Den Spaziergänger begleiten Texte von u.a. Bashō, Gerard Manley Hopkins, Andrea Zanzotto, Biagio Marin, Adalbert Stifter, Paul Celan, Oskar Pastior und Thomas Kling. Seine textnahen Lektüren gehen in Betrachtungen über, in denen die wichtigsten Aspekte von Waterhouse' eigener Poetik zum Vorschein kommen. Das sprechende Ich wird von einem produktiven Zweifel an seiner Sprachfähigkeit vorangetrieben, einer schöpferischen Sprachskepsis, die es veranlasst, Wörter vor sich herzusagen und zu wiederholen. Diese sind gewöhnliche Wörter, »Allerweltsworte«. Wie der Titel *Die Geheimnislosigkeit* andeutet, wird nicht nach einer versteckten Essenz hinter diesen Wörtern gesucht, sondern nach ihren Möglichkeiten. Dazu werden sie assoziierend mit anderen verbunden, wobei auch zufällige Kombinationen und witzige Einfälle ins Spiel kommen. Dies nennt Waterhouse eine Übersetzung von Wörtern innerhalb derselben Sprache. Auch die Bedeutung, die das Übersetzen zwischen verschiedenen Sprachen für die poetische Arbeit hat, und die Vorliebe für Mischsprachen werden in *Die Geheimnislosigkeit* mehrmals zum Ausdruck gebracht. Diese grundlegende Komponente von Waterhouse' Werk hängt mit seiner Übersetzertätigkeit und seiner frühen Zweisprachigkeit zusammen. Wie diese Erfahrung als Kind zu »falscher Übersetzung« von ähnlich lautenden Wörtern und zu überraschender Gleichsetzung verschiedener Begriffe in der Vorstellung führt, erklärt Waterhouse u.a. in dem Aufsatz »Lob einer Dichterin und eines Baumarktleiters und eines Musikanten aus dem Gasthaus Komet«, der in zwei Sammelbänden veröffentlicht wurde: *Lobreden auf den poetischen Satz* und *Lehrbuch der literarischen Mathematik* (beide 1998). Gedanken zum ›Übersetzen‹ innerhalb einer Sprache finden sich in »Die Übersetzung der Worte in Sprache«, erschienen im Band *to change the subject* (2000).

Im Erscheinungsjahr von *Die Geheimnislosigkeit* publizierte die österreichische Zeitschrift *manuskripte*, die zahlreiche Arbeiten von Waterhouse aufgenommen hat, einen längeren Text, der sieben Jahre später als selbständiger Band herausgegeben wurde: *Von herbstlicher Stille umgeben wird ein Stück gespielt* (2003). Der Dialog zwischen vier abstrakten nummerierten Figuren besteht aus freien Assoziationen, zu denen wieder die Tankstelle, die Wohnsiedlung, die Landschaft – eben das Niemandsland am Stadtrand – die Stichworte liefern. Hinzu kommen Anekdoten, die sich die Spieler erzählen. Fasziniert sind sie vor allem von »Gleichungen«, d. h. von Momenten, in denen zwei Menschen zufällig Ähnliches tun oder sagen. Theater soll für sie und für die Zuschauer wie Spazierengehen sein, offen und ohne Zwang: »Es ist schön / wenn einer nicht sprechen kann / oder eine Szene lang gar nichts kann.« Lautspiele und sprunghafter Gestus dieses Stücks erinnern an MENZ und *passim*.

Ebenfalls 1996 erschien *E 71. Mitschrift aus Bihać und Krajina*. Dieser schmale Band über eine Reise auf der Europastraße 71 durch das kroatisch-bosnische Grenzgebiet setzt sich mit dem Krieg in Ex-Jugoslawien auseinander. Wenige Zeilen stehen jeweils am oberen und unteren Seitenrand, die Seitenmitte bleibt leer. In einem Balanceakt zwischen Sprechen und Schweigen notiert das Ich Bruchstücke aus Interviews, Aufschriften, etwa von Gedenktafeln, und Elemente einer Landschaft, die es an die Opfer von Krieg und Vertreibung erinnert: »Jedes Apfelbaumblatt: / ein Menschenapfelbaumblatt«. Eingewoben sind intertextuelle Anspielungen, und in jedem Abschnitt zeigt sich das Bewusstsein um die Schwierigkeit, angemessen über den Krieg zu sprechen. Die Problematik der Lyrik nach Auschwitz wird durch die vorsichtige Setzung und durch metasprachliche Bemerkungen stets mitreflektiert. In den Antworten der Befragten, die von der kaum sichtbaren Aussageinstanz mitgeschrieben und auch verdichtet werden, kommen ›Alltag‹ nach dem Krieg, Not und Schock zur Sprache: »Während des Bombardements / habe ich die Namen vergessen / meiner drei Töchter«.

Systematisch benutzt Waterhouse kurze Abschnitte in *Prosperos Land* (2001). Hier sind pro Seite drei ein- bis dreizeilige Texte abgedruckt. Zu fünf längeren Zyklen gefügt, sind diese zugleich eigenständige Einheiten und Teile einer Struktur, zwischen denen ein Spiel der Verweise und Übergänge vermittelt. Die ruhigen, beschaulichen Gedichte fangen Eindrücke aus einer besonderen Welt ein. Konkret handelt es sich um Grenzlandschaften, z. B. um das Südkärntner Jauntal, das norditalienische Friaul oder Ravne in Slowenien. Wie die Insel des Zauberers Prospero aus Shakespeares *The Tempest* ist diese Welt auch ein traumhafter, irrealer Ort. Gezeichnet wird ein Kosmos, in dem die Dinge im Korrespondenzverhältnis zueinander stehen – »Die Rundungen dreier Eimer / antworten Mond Sonne Mars / Gespräche Gespräche« –, und in dem die Ebenen der Dinge, Vorstellungen und Namen vermischt werden.

34

Krieg und Welt (2006), dessen Titel auf Tolstojs *Krieg und Frieden* anspielt, ist ein 672-seitiger Roman mit biografischen Zügen, dabei zugleich poetische Essaysammlung und philosophische Poetik. In 20 eigenständigen, doch untergründig vernetzten Texten denkt ein Erzähler über seine Familiengeschichte nach und vergegenwärtigt Kriegsschauplätze in Europa, Afrika und Asien. Die umfasste Zeitspanne reicht vom Dreißigjährigen Krieg bis zu den Kriegen des 21. Jh.s im Nahen Osten. Dennoch ist der Krieg, auf den unzählige Male verwiesen wird, nicht auf klassische Weise Gegenstand. Zentral steht die durch Sprache mitgeformte Wahrnehmung von Menschen und von Orten, vorwiegend in Grenzregionen, die der Erzähler aufsucht bzw. in der Erinnerung aufruft. Ein roter Faden ist das Erinnern an den 1999 verstorbenen Vater, über dessen Leben als Geheimdienstagent das Ich namens Heinrich Cahusac kaum etwas weiß. Es nähert sich ihm über kleinste Spuren, wie über einen Ortsnamen oder eine Widmung. Häufig regt die minutiöse Lektüre eines Dokuments ein assoziationsreiches Nachdenken an. Das spektakuläre, gefahrvolle Leben des Vaters, der vom britischen Spionagedienst durch das Europa des Kalten Krieges und in zahlreiche asiatische Länder gesandt wurde, wird ohne Lust am Sensationellen erkundet. Es wird in verstreuten Einzelheiten erwähnt, die mehr Vermutungen sind als Fakten. Abwechselnd aus der Perspektive des Erwachsenen und aus einer inszenierten Sicht des zweisprachigen Kindes – zum Deutschen und Englischen kommen seit dessen ersten, in Malaysia verbrachten Lebensjahren immer auch andere Klänge hinzu – horcht der Erzähler Wörtern aus Fremdsprachen nach, liest und übersetzt er und lässt den Vater in erinnerten oder erdachten Zwiegesprächen reden. Stark geprägt ist das Ich in seiner Erzählgegenwart von Erlebnissen mit seinen beiden Kindern und von der Trauer um seine früh verstorbene Ehefrau.

Den Sprachduktus bestimmt eine fragende Haltung. Der Erzähler dreht und wendet Wörter, bis er zu neuen Gedanken gelangt. Klanglich bringt er Heterogenes zusammen – »Enemy Annemarie, Granatenapfel« –, und auch semantisch schafft er ein hierarchieloses Nebeneinander: »Sind die Entscheidungen im Pentagon nicht ebenso turbulent wie die Träume meiner Kinder?« In einem Bewusstseinsstrom, dessen Rhythmus meditativ wirkt, macht sich der Erzähler, wo ihn Winzigkeiten zu Epiphanie-Erlebnissen führen, zum Sprachrohr der Dinge. Klassifizierenden Definitionen begegnet er skeptisch, da er darin Gewalt erkennt. So ist *Krieg und Welt* auch eine Kritik an der Sprache der Medien, vor allem der Kriegsberichterstattung. Programmatisch sind Aussagen wie: »Vielleicht ist Geographie Poesie« und »Geschichtsschreibung mußte jetzt Gedichteschreiben werden«. Über die Bedingungen sprachlicher Verständigung denkt das Ich ebenfalls nach, etwa darüber, wie durch ein System mündlicher Überlieferung über Jahrtausende vor gelagertem radioaktivem Abfall gewarnt werden könnte. Sein Sprachvertrauen ist indes ein vorsichtiges; die einzelnen Sätze reflektieren ihre eigene Gemachtheit und relativieren sich oft gegenseitig. Die urteilslose Haltung lässt den Erzähler nicht passiv werden, denn sein Wahrnehmen ist ihm mehr ein Geben denn ein Aufnehmen: »Sehen war etwas, das der verwundeten Welt eine Hilfe sein konnte«.

Auch in der Erzählung *Der Honigverkäufer im Palastgarten und das Auditorium Maximum* (2010) ist diese Sprechhaltung Programm. Die immer neuen Anläufe beim stellenweise umständlichen Formulieren lassen Erzählgegenstände auftauchen, ohne im herkömmlichen Sinne ›über‹ diese zu sprechen. Entlang von präzise analysierten Textstellen, die einen Shakespeare und Dickens lesenden Erzähler wie Mottos begleiten, entwickelt dieser poetologische Gedankengänge. Er verarbeitet Lektüren, in denen Auslassungen und Leerstellen das Wesentliche zeigen, und plädiert für Unaufmerksamkeit: »Die Rede und das Gespräch und das Nachdenken mußten ziellos sein, damit sie Rede und Gespräch und Forschen waren«. Gespräche sollen weder »geführt« werden noch zwingend zu etwas »führen«. Von dieser Einstellung geleitet, gibt der Erzähler unterschiedliche Erfahrungen wieder: Der erste Teil des Bandes, »Die Einladung«, beschreibt, wie das Ich in ein Tiroler Tal eingeladen wird, dem es sich dann lesend und schreibend nähert, ohne es zu bereisen. Im zweiten, fast drei Viertel des Bandes einnehmenden Teil bezieht sich der Titel »Die zunächst nicht erkennbare Einladung« auf die Einladung zu einer Ausstellung, die den Erzähler zu anderen Themen weiterführt: zu einem Gerichtsprozess in Ruanda, zur Besetzung des Auditorium Maximum der Universität Wien Ende 2009, wo überdies Obdachlose untergebracht werden, zu den Protesten gegen die Bologna-Reform. Der Erzähler sinniert außerdem über die polizeiliche Räumung eines Volksschulhauses am Stadtrand, in dem Jugendliche mit ihren Projekten eine Bleibe gefunden hatten. Der Landschaft des Stadtrandes, den Blumengärten in Hirschstetten, ist der dritte Teil gewidmet, im kurzen letzten Teil, »Schweizer Garten«, wird der Abriss des Wiener Südbahnhofs betrachtet. Themen aus Vergangenheit und Gegenwart werden so verwoben, dass der Erzähler, der stets das Nichtaktuelle bevorzugt, im Grunde Aktuellstes neu zugänglich macht.

Die vielfachen Verbindungen zwischen den Geschehnissen benennt auch der Titel: Palastgärten, Schulen und Universitäten, in diesem Falle das Auditorium Maximum und das umfunktionierte Schulhaus, bezeichnet der Erzähler als Sanktuarien, als Zufluchtsorte, in denen Asyl gewährt werden kann. Und das ihn inspirierende chinesische Bild vom »Honigverkäufer im Palastgarten«, von dem nur ein kleiner Teil Figuren zeigt, ist für ihn »wie ohne Bild«, »wie mit Honig oder mit honigfarbener Farbe gemalt«. Dieser Vergleich, der nicht nur den Symbolgehalt des Honigs nutzt, entspricht der Erzählweise, die anstelle eines Sujets eine Haltung vorführt und die zudem die Wahrnehmung auf das richtet, woraus das Werk gemacht ist: auf die einzelnen Wörter und deren Assoziationskraft.

Das Aufspüren des Verbindenden zwischen Wörtern ist auch für Waterhouse' literaturkritische Arbeit wesentlich. *Im Genesis-Gelände. Versuche über einige Gedichte von Paul Celan und Andrea Zanzotto* (1998) und *Die Nicht-Anschauung. Versuche über die Dichtung von Michael Hamburger* (2005) ergründen, wie Wörter einander klanglich und inhaltlich berühren. Analogien bilden die Grundlage von Waterhouse' Poetik und Poesie. Er reiht hierarchielos in assoziativem oder logikwidrigem Spiel einfache Wörter in kurzen Wortfolgen aneinander. Dieser parataktischen Sprachbewegung entspricht eine Weltsicht, die das Unscheinbare bevorzugt. So erschließt Peter Waterhouse' Schreiben, das sich jeglichem Modediskurs entzieht, Unbemerktes, wie die Stadtrandlandschaft, poetisch neu. Die allgegenwärtige Sprachreflexion lenkt den Blick auf Einzelheiten und beeinflusst auch die Wahrnehmung: Was das Ich in der Sprache erfährt, überträgt es auf seine Vorstellungen. INDRA NOËL

Ralf Rothmann

* 10. Mai 1953 in Schleswig (Deutschland)

Aufgewachsen im Ruhrgebiet als Sohn eines Kohlenhauers; Volks-
schulabschluss, Maurerlehre; später u. a. Gelegenheitsjobs als Fahrer,
Koch, Krankenpfleger, Drucker; lebt seit 1976 als freier Schriftsteller
in Berlin; Romane und Erzählungen vor allem aus dem kleinbürgerlichen oder proletarischen Milieu an Spree und Ruhr, neorealistische
Schilderungen mit autobiographischen Bezügen.

Das erzählerische Werk

Als Erzähler widmet sich Ralf Rothmann dem Lebensbereich der sogenannten ›kleinen Leute‹, den er aus deren individueller Perspektive
kenntnisreich zu schildern weiß. Sein autobiographisches Schreiben
ruft die Erfahrungen einer Kindheit an der Ruhr auf und verbindet
diese mit der Außensicht des in der Distanz lebenden Autors, der die
ihn prägenden Ereignisse neu reflektiert. Dabei gelingt es Rothmann,
sowohl die Welt des Ruhrgebiets zwischen Zeche, Sportplatz und
Pommesbude als auch diejenige der Großstadt, hier vor allem Berlins,
fiktional genau zu erfassen – mittels Zitation von Milieu-Sprache,
-Topographie, -Alltag und -Atmosphäre. Die Vergegenwärtigung und
Bewältigung der eigenen Herkunft, ihres Verlaufs sowie der Bedingungen ihrer Geschichte wird zum konstitutiven Element seines erzählerischen Werks.

Den Auftakt der literarisch-authentischen Fiktion einer Adoles-
zenz im katholischen Proletariat Nordrhein-Westfalens vor 40 Jahren
bildet der Roman *Stier* (1991), der starke autobiographische Bezug-
nahmen enthält. Der Protagonist Kai Carlsen hat – wie Rothmann
selbst – eine Maurerlehre absolviert, will aber schnell das engstirnige
Elternhaus verlassen. In der Erzählgegenwart ist er Schriftsteller und
blickt auf seine Pubertät zurück, auf erste WGs und erste Disco, auf
erste Drogen und erste Sexualität. Carlsen liest außerdem Hesse, Cas-
taneda, Burroughs und schreibt Lyrik – die Parallelen zu Rothmanns
eigenem Werdegang sind deutlich gezeichnet; er debütierte 1984
mit dem Lyrik-Band *Kratzer*, nachdem er sich 1976 in Berlin niederge-
lassen hatte. Im Roman findet Carlsen zur Literatur und damit zur

Emanzipation von der kleinbürgerlichen Heimat, die im Neuanfang als Schriftsteller in der Metropole mündet; die schriftstellerische Produktion korreliert mit der Abnabelung von der (jugendlichen) Vergangenheit, die hier von zwei Frauen befördert wird, die der Hauptfigur lebensweltliche Alternativen aufzeigen und am Ende selbst scheitern. Die dabei entworfene Ausgestaltung von Sexualität und Geschlechterrolle ist durchgehend konservativ-patriarchalisch angelegt. Rothmann unterläuft den frauenemanzipatorischen Diskurs der 1970er Jahre und trifft damit die realen Verhältnisse jener Zeit abseits radikal-politischer Zirkel und Zentren.

In *Wäldernacht* (1994) steht wiederum ein Künstler im Mittelpunkt, für den erneut die pubertären Mündigkeitsversuche erinnert werden. Rothmann beschreibt den Wechsel aus der Scheinkollektivität der Familie in das gleichermaßen autoritär organisierte soziale Kollektiv einer Jugendbande. Während Jan Marrée, ein Maler, der nicht malt, seinen egozentrischen, gewalttätigen und frauenfeindlichen Lebensmaximen treu bleibt, beginnt sein Umfeld Karrieren von konventioneller Konformität. Der Protagonist verharrt und verweist damit auf die im Romantitel bereits genannte »Wäldernacht«, eine Chiffre für das Ruhrgebiet, dessen schwarz-dunkle Kohle sich aus im Moor versunkenen Baumstämmen gebildet hat – sie fungiert sowohl als Bild für die Verfestigung der Ewigkeit wie für die unterirdische Spurensuche, d. h. für die Ausgrabung von Vergangenheit, das mühevolle Bemühen zurückzublicken, und somit für den Akt der Erinnerung, der ebenfalls im Roman *Milch und Kohle* (2000) thematisch wird und zum dritten Mal die Kultur- und Mentalitätsgeschichte des Ruhrgebiets erzählt: Der erfolgreiche Schriftsteller und Universitätsdozent Simon Wess beerdigt seine Mutter und räumt die elterliche Wohnung in Sterkrade bei Oberhausen, wodurch er die eigene Jugend und die Geschichte der Eltern memoriert, die zum Kohleabbau an die Ruhr gekommen waren.

Beide Zeitebenen werden einander gegenübergestellt und gegeneinander ausgespielt – auf der einen Seite der Strukturwandel und Niedergang des Bergbaus, auf der anderen Seite die späten 1960er Jahre zwischen Kühlturm, Zeche und Förderradbetrieb. Rothmann geht es um die Darstellung der Unentrinnbarkeit aus familiärer Tristesse, eines Daseins, das gekennzeichnet ist von Handgreiflichkeiten, (sexueller) Verrohung und emotionaler Kälte, von Schlägen, Suff und allgegenwärtiger Repression. Am Beispiel des »Reviers«, in dem Rothmanns junge Protagonisten jäh erwachsen werden, lässt sich die zeithistorische Pubertät der einstigen Bundesrepublik im Kleinen und Kleinsten nachvollziehen – in *Junges Licht* (2004) aus Sicht des zwölfjährigen Julian, der einen ereignisreichen Sommer Mitte der 1960er Jahre inmitten einer Bergarbeitersiedlung erlebt, der mit dem Kochlöffel geprügelt wird, der sexuell reift und beobachten muss, wie an der kaputten Ehe der Eltern unverbrüchlich festgehalten wird.

Rothmanns Erzählen bedient sich häufig filmischer Schreibweisen, die ihm abrupte Szenenübergänge ermöglichen. Seine Prosa kennzeichnet im Besonderen ein klarer, handfester, mithin derber Tonfall. Dieser weist nicht nur klare Verweise auf reale Redegewohnheiten auf; Rothmanns Sprache ist nicht nur glaubwürdig. Er spielt zudem
mit einer Vielzahl von zeitgeschichtlichen Verweisen auf der Ebene der erzählten Welt sowie mit impliziten Anspielungen auf literarische, filmische und musikalische Texte. Zeitgenössische Allusionen – von Rock 'n' Roll bis APO – werden kollagiert, ohne intertextuelle Bezüge zum eigenen Werk bzw. zur Literatur- und Geistesgeschichte zu meiden. So bemüht der Romantitel *Wäldernacht* ein Wort aus Hölderlins *Hyperion*, das auch in Goethes *Torquato Tasso* genannt wird, und die Geschichte von Jan Marrée ist an das biblische Gleichnis vom Verlorenen Sohn angelehnt. Der Hausfreund Gino Perfetto aus dem Roman *Stier* taucht in *Milch und Kohle* als italienischer Gastarbeiter und Liebhaber der Mutter wieder auf.

Rothmann steht formal wie inhaltlich in literaturgeschichtlicher Tradition; an vielen Stellen lassen sich Versatzstücke des klassischen Bildungs- und Entwicklungsromans nachweisen sowie Erzählmuster des Kriminalromans, Techniken der Novelle und Elemente des Heimatromans subkultureller Prägung. Seine Montageverfahren und sprachlichen Ausdrucksmittel, seine Schauplätze und Themen tragen weniger avantgardistisch-stilistische Züge, als dass sie an den Großstadtroman der Neuen Sachlichkeit erinnern. Wie Irmgard Keun, Erich Kästner und Alfred Döblin verortet Rothmann die Handlungen mancher Romane vornehmlich in Berlin: *Flieh, mein Freund!* (1998) entfaltet vordergründig das soziale Kolorit eines Berliner Mietshauses. Hintergründig präsentiert Rothmann eine Innenschau der Bewohner und die Störung familiärer Binnenräume. Der 20-jährige Ich-Erzähler Louis Blaul, genannt Lolly, der – wie so viele der Rothmann'schen Protagonisten – seine Kindheit in einer trostlosen Zechensiedlung im Ruhrgebiet verbracht hat, stößt sich in fundamentaler Weise an den eigenen Eltern, die ihn während einer ›Demo‹ zeugten, nicht aus Liebe, sondern mit Handschellen, aneinandergekettet in polizeilichem Gewahrsam. Dass der Vater zum Spießbürger geworden ist und die Mutter alternativen Lebeweisen frönt, bringt einen vollkommen gestörten, unzufriedenen Sohn hervor, der nach Identität ringt und sich auf altbürgerliche Ideologeme beruft. Die im Romantitel bezeichnete Fluchtbewegung, die das Hohelied Salomos als Lebensmotto zitiert, verdeutlicht den Drang des Jugendlichen, aus den vorgefundenen gesellschaftlichen Verhältnissen auszubrechen. Rothmann kreuzt hier den klassischen Entwicklungsroman mit Teenagerkomödie und Generationenporträt. Vulgärer Jargon und ›Berliner Schnauze‹ sind in diesem wie auch im zweiten Berlin-Roman *Hitze* (2003) aufs Deutlichste präsent. Simon DeLoo lernt darin die hoffnungslose Großstadtkulisse mit ihrem Inventar aus Altbauruinen, Obdachlosenelend und Außenseitertum kennen, wenn er im nächtlichen Berlin warme Mahlzeiten ausfährt und seinen im früheren Beruf geschulten Kamera-Blick auf die Umgebung richtet.

Dieses exakte Sehen und Hören charakterisiert Rothmanns neorealistischen Erzählstil. Seit seiner ersten Erzählung *Messers Schneide* (1986), die vom Jungschriftsteller Manfred Assen und Iris handelt, beobachtet Rothmann mikrosoziale Momente, in diesem Fall die Suche des ›Helden‹ nach Identität, was durch einförmige Geschlechterbilder, durch Bigotterie, gesellschaftlichen Anpassungsdruck und repressive Familienideologie behindert wird. In Rothmanns zweiter Erzählung *Der Windfisch* (1988) begegnen sich der Sohn eines SS-Angehörigen, der von Deutschland nach Ecuador reist, und eine französische Jüdin, die dort einen untergetauchten SS-Massenmörder entlarven will. Je weiter sich der erste von der deutschen Heimat entfernt, desto stärker wächst deren Allgegenwart. Die Dimension der Herkunft – sei es das Ruhrgebiet oder Deutschland im Allgemeinen –

wird in Rothmanns erzählerischem Werk anhand unterschiedlichster Fokalisierungen perspektiviert. Rothmann bietet – trotz der Vorliebe für proletarische Milieus – ein heterogenes, komprimiertes und vielfältiges Panorama alltäglicher gesellschaftlicher Wirklichkeit.

Die Prosa-Bände *Ein Winter unter Hirschen* (2001) und *Rehe am Meer* (2006) enthalten zahlreiche narrative Problematisierungen des Alltäglichen, sei es auf dem Gartenfest oder im Urlaub am See. Die Erzählungen offenbaren neben den beiden Werkkonstanten Milieutreue und Interesse am Schmerz Heranwachsender eine Affinität zur mythisch-tierischen Symbolik, zu Hirsch und Reh – Sinnbilder für Heimat und Unheimlichkeit zugleich, deren plötzliches Auftauchen die offene Angst widerspiegeln kann, der ein Paar hinter dem Fenster beim Betrachten des Waldrands ausgeliefert ist. Ein anderes Mal läuft eine Frau in Strümpfen den Rehen im Meeressaum entgegen und hinterlässt so ihre Spur. Dann sind es Spatzen oder die Flügel von Bienen, die ein Gegenbild für die Bodenständigkeit der Rothmann'schen Figuren darstellen. Diese Prosa hält die Balance zwischen unbeschwerter Narration und ernster Motivik am sozialen Abgrund; Ralf Rothmann ist als Erzähler in einer Reihe mit Anton Čechov und auch Raymond Carver zu nennen.

In seinem Roman *Feuer brennt nicht* (2009) kommt Rothmann wiederum auf die Motive des Abschieds und des Schmerzes zu sprechen, die sich in einer Liebesgeschichte, die zu einer katastrophischen Dreiecksbeziehung wird, poetisch spiegeln: Es handelt sich um einen Künstlerroman über das Schriftstellertum, der in Berlin spielt und in dessen Protagonisten die Leser Rothmann selbst und Christoph Meckel, den einstigen Mentor des Autors, erkennen können, deren private Metaphysik des Alltäglichen erneut zum ästhetischen Produktionsprogramm avanciert. Als Auftrag des Schriftstellerdaseins hat Rothmann denn auch in der Preisrede zur Entgegennahme des Max-Frisch-Preises (*Vollkommene Stille*, 2006) formuliert, dass ihm zur Verwirklichung des Numinosen, wie es sich in der Kunst seines Schreibens erweist, nur ein »denkbar unvollkommenes Material zur Verfügung stehe«, nämlich die Sprache, die immer menschlich bleibe und gegen die er programmatisch die mystische Idee der Vollkommenheit der absoluten Stille setze. Darin ist Rothmanns Stil einzigartig mit seinen Themen, die gleichsam still sind bzw. die von Stille erzählen, nämlich von den Motiven Außenseitertum, Scheitern, unerfüllte Sehnsucht, unglückliche Liebe, Einsamkeit und Tod.

Ausgeführt wird ein solcher thematischer Kosmos schließlich ein weiteres Mal in den Prosa-Bänden *Shakespeares Hühner* und *Gethsemane* (beide 2012) wie auch in der langen Erzählung *Sterne tief unten* (2013), in denen die typischen Rothmann-Typen wiederkehren: knochige Bergleute, eintönige Arbeiter, lebenshungrige (ältere) Frauen, Heranwachsende im Kleine-Leute-Milieu. »Fakten«, so Rothmann als Erzähler, sind »bestenfalls die Wirklichkeit; sie mögen hart oder unumstößlich oder nicht von der Hand zu weisen sein, aber am Ende kühlen sie einen aus. Die Wahrheit liegt woanders.« Diese Suche nach der Wahrheit kulminiert in Rothmanns Prosa meist in Begegnungen, in denen sie zutage tritt, die erotische, subtile oder mit viel Gewalt behaftete sein können. Jedoch eröffnen sich zumindest Ausblicke aus den vertrackten Verhältnissen und der Trostlosigkeit.

Ein weiteres Belegstück dafür bietet der Roman *Im Frühling sterben* (2015), der eine Tragödie aus den letzten Monaten und Tagen des Zweiten Weltkriegs fiktionalisiert. Barbarei und Grausamkeit des Kriegs werden dabei realitätsnah und schonungslos gezeigt, wobei die Darstellung jedoch oft vom schmalen Grat zwischen Klischee und Authentizität abkommt. Das Kriegstrauma der Hauptfigur, die symptomatisch die Generation der Väter symbolisiert, besteht darin, dass der Protagonist und sein Freund im Februar 1945 zum Eintritt in die Waffen-SS gezwungen werden. Als der Freund als Deserteur standrechtlich zum Tode verurteilt wird, soll der andere den tödlichen Schuss abgeben. Rothmann stellt in seinem Roman die Frage nach dem unschuldig Schuldig-Sein und kommt nicht zu einer Verurteilung oder Abrechnung der Väter durch die Söhne. Vielmehr macht er das Angebot, Anteil zu nehmen und zu verzeihen. Allerdings verbleibt der Roman in jenem Realismus, der den Anschein erweckt, es gebe an ihm nichts zu rütteln. Doch die Vergangenheit wirft vielfältige Schatten; sie ist angreifbar. OLIVER RUF

Durs Grünbein
* 9. Oktober 1962 in Dresden (Deutschland)

Ab 1984 in Berlin; 1985–1987 Studium der Theatergeschichte in Ost-
berlin, abgebrochen; 1986 Begegnung mit Heiner Müller; seit 1987
freier Autor; Zusammenarbeit mit bildenden Künstlern, Fotografen,
Performancekünstlern; Mitarbeit an Zeitschriften und Verlagsprojek-
ten; nach 1989 Reisen durch Europa, Asien und die Vereinigten Staaten; Übersetzer, Essayist, Dichter.

Das lyrische Werk

Seit seinem 1988 bei Suhrkamp erschienenen Erstlingsband *Grauzone
morgens* gehört Grünbein zu den wenigen deutschsprachigen Lyrikern,
deren Werk eine hohe, verblüffend kontinuierliche Resonanz hat. Die
Konstellationen dazu waren für den Autor überaus günstig: Schon
innerhalb der subkulturellen Szene am Ostberliner Prenzlauer Berg,
die in den 1980er Jahren junge Intellektuelle und Künstler der DDR
zusammenführte, entfaltete Grünbein eine sprachproduktive poetische Praxis, die eine eigene Qualität erreichte. *Grauzone morgens*, noch
vor dem Ende der DDR veröffentlicht, wurde daher zu Recht nicht als
Dokumentation von Szene-Gedichten gelesen, sondern als furiose
Begegnung mit einer neuen, unverwechselbaren Lyriker-Stimme.

Grünbein kombiniert in *Grauzone morgens* exakte Beobachtungen
alltäglichen Geschehens mit hoher Reflexionskunst, so dass seine
Texte – anders als beispielsweise Uwe Kolbes frühe Lyrik – weit über
die Perspektive selbstbezüglicher Befindlichkeitsprotokolle, aber
auch – im Unterschied etwa zum in der Szene fest verankerten Bert
Papenfuß-Gorek – über den subkulturellen Adressatenhorizont des
Prenzlauer Bergs hinausreichen. Die Modernität des Gedichtbuchs
sticht besonders im Formrepertoire hervor: Grünbein arbeitet mit
Langversen wie mit lakonisch-verknappten, stenogrammartigen
Kurzzeilen; er variiert eine Vielzahl von Strophenformen, nutzt die
Terzine ebenso wie elegie- und odenhafte Anordnungsmuster und
liebt Unterbrechungen, Parenthesen, Frage- und Klammersätze. Man-
che Gedichte lesen sich wie flüchtige Notizen; bei genauerer Lektüre
erweisen sie sich als bis ins Detail konstruierte, lexikalisch, syntaktisch

und semantisch durchgeplante, der Form nach offene Zyklen, deren Bildmotive und Wahrnehmungsperspektiven miteinander korrespondieren.

Der urbane, vom Schutt der Zivilisation gezeichnete Raum wird zum beherrschenden Gegenstand der frühen Gedichte. Der Kamerablick des lyrischen Subjekts beharrt in distanzierter Beobachterposition und erfasst Bilder von »Abrißhäusern und / öden Garagenhöfen«, von »letzten Ruinen« des Krieges und »Morgengerüchen«, aber auch vom »Geschwätz delirierender kleiner / Sorgen« und von trügerischen Aussichten auf ein »vielversprechendes Leben mit / Voodoo-Zauber und maschinellem / Brave-New-World-Komfort«. Grünbein weiß – die Position skizziert er im Zyklus »Monologische Gedichte« –, dass Gedichte »kalte Medien« sind, weit entfernt von der Illusion authentischer Unmittelbarkeit.

Aus der Gewissheit dieser auf Benn rekurrierenden Poetologie schreibt er seinen zweiten Gedichtband, *Schädelbasislektion* (1991); der Titel spielt auf die Rolle der intellektuellen, kognitiv gesteuerten Antriebskraft beim Schreiben von Poesie an. Grünbeins Gedichte sind sorgfältig bearbeitete, komplexe Texte, die ihre Wirkung als dynamisierte Stimmen-Collagen (wie im Zyklus »Niemands Land Stimmen«) und kunstvoll modellierte Poem-Panoramen entfalten. Zum ersten Mal tritt die naturwissenschaftliche, an neurologischer und hirnphysiologischer Forschung orientierte Bildung des Dichters hervor, ohne dass seine Gedichte bloßes Bildungswissen illustrieren. Unter dem Leitmotto »Was du bist steht am Rand / Anatomischer Tafeln« sprechen die Texte zwar immer wieder von »Kleinhirn« und »Stammhirn«, »Schleimrest« und »Tensoren«, »Nervenbündel« und »Neuronensplitt«, als ob die Gedichte eine einzige »Kamerafahrt durch die Lakunen / Eines gespaltenen Hirns« suggerieren sollen. Das naturwissenschaftliche Wissen um den Menschen aber ist kein Rekurs auf die Autorität hochspezialisierter Forschung, sondern ein produktiver, nie zu Ende geführter Antriebsimpuls zur schwierigen Suche nach der Conditio humana im Zeitalter der biologischen Wissensrevolution. Dies zeigen auf eindrückliche Weise Zyklen wie »Die Leeren Zeichen« und »Der Cartesische Hund«. Nie verliert sich Grünbein in abstrakten Spekulationen oder in gelehrten Sentenzen; seine Gedichte sind prall gefüllt mit Anspielungen auf Politik, Geschichte, Alltag, Ideologien, Kollektivsehnsüchten und Leidenschaften. Damit bleibt auch die gerade untergegangene DDR weiterhin, wie im Zyklus »Tag X«, Gegenstand der *Schädelbasislektion*: mit eigenem Blick auf das Scheitern der sozialistischen Gesellschaftsordnung (in den Gedichten »Sieben Telegramme«) und den enthusiastischen West-Anschluss (»O Heimat, zynischer Euphon«).

Grünbeins dritter Gedichtband, *Falten und Fallen* (1994), führt die poetische Praxis der ersten Gedichtbände fort, auch wenn der akademische Ton deutlicher wird. Der Autor erweist sich als Meister des Schreibens von Elegien und Oden; er kommt dabei ohne die Imitation traditioneller Formen aus, weil er nicht nach vorgefertigten Mustern arbeitet, sondern die tradierten Elemente der eigenen poetischen Praxis unterwirft. Die Tendenz, Gedichte zyklisch zu verknüpfen, verstärkt sich. Zu den Schlüsselgedichten des Bandes gehören Gedichte wie »Biologischer Walzer«, »Mensch ohne Großhirn«, das Titelgedicht »Falten und Fallen« – ein Poem über die Möglichkeiten und Grenzen der Spezies Mensch im Horizont des 21. Jh.s – und das »Requiem für einen Höhlenmenschen«, ein seitenlanges Panoramagedicht, in dem von den »Nestern der Frühzeit« und den Menschen »noch ohne Grammatik« ein Bogen geschlagen wird zu »Büros und Apartments« der großen Städte, bis zum Blick auf »die tausend Arten des Dunkels, / Der Finsternis: Hier waren wir sterblich, hier / Sind wir sterblich, hier werden wir sterblich gewesen sein.« Ein Essay mit dem Titel »Aus einem Fahrtenbuch« ist in den Gedichtband integriert, nicht als Vor- oder Nachwort, sondern als Teil der großen Zyklen.

Spätestens in *Falten und Fallen* wird evident, wie stark das lyrische Subjekt am gegenwärtigen Wissens- und Wissenschaftsdiskurs partizipiert; stärker als in den beiden ersten Gedichtbänden tritt nun eine beredte, wissensgesättigte, rhetorisch geschulte Stimme hervor, die sich souverän in der Gegenwart zu behaupten versteht: ein exzeptionelles Ich, das sich in den Weltmetropolen zu Hause fühlt und dabei sorgfältig auf sozialen Distinktionsgewinn achtet, um nicht etwa mit gewöhnlichen Touristen in Verbindung gebracht zu werden.

Im Gedichtband *Nach den Satiren* (1999), der in Thematik und Duktus an den römischen Dichter und Gesellschaftskritiker Iuvenalis erinnert, dominiert die Selbstinszenierung des Ichs als »Attitüde« und »Pose«, die Franz Josef Czernin schon nach dem Erscheinen von *Falten und Fallen* beobachtete; in der Mai-Ausgabe der Zeitschrift *Schreibheft* kritisierte er 1995 Grünbeins exklusive Ich-Figur aus der Avantgarde-Perspektive des literarischen Außenseiters als »ein poetisches Ich, das die Attitüde hat bzw. sich in der Pose ergeht, all diese so verschiedenenartigen Dinge von oben herab zu einer poetischen Gegenwart und auf eine Fläche zu bringen und gerade damit das Ganze absehbar zu machen; ein poetisches Ich, das über subkulturelle Jargons wie über wissenschaftliche Fachtermini verfügt, über morgen- und abendländische Jahrhunderte, über philosophische Probleme wie über die Methoden der Wissenschaften, über poetische Traditionen und Verfahren und über alles das und noch viel mehr genauso wie über das Leben, die Liebe und den Tod«. Für Czernins Kritik ließen sich in *Nach den Satiren* viele Belege finden. Es besticht, wie Grünbeins »Historien«-Zyklus den Bogen von der Antike bis zum »Club of Rome«, vom »Bericht von der Ermordung des Heliogabal durch seine Leibgarde« bis zur »Daguerreotypie Baudelaires« schlägt. Als Autor beansprucht Grünbein allerdings jene längst tradierte, im frühen 20. Jh. auf Benn und Brecht (und viele andere), nach 1945 auf Hans Magnus Enzensberger und Volker Braun (und viele andere) rekurrierende poetische Souveränität, die mit dem bloßen Schlagwort vom Poeta doctus nur oberflächlich zu erklären ist: Als Poesie der Moderne, deren Selbstverständnis sie zitiert und deren emphatische, ehrgeizige Ambitionen sie teilt, folgt Grünbeins Lyrik einem Programm, das in der unverwechselbaren Sprache der Dichtung eine von Autorität erfüllte Stimme sieht; es ist diese Stimme der lyrischen Ich-Figur, die den autoritären Gestus politischer Ideologien und wissenschaftlicher Hypertrophien durchkreuzt.

In Gedichten wie »Heiner Müller, auf dann…« und »Brief an den toten Dichter« beschwört Grünbein den Konnex von Autonomie und Größe und scheut vor Pathosformeln wie »Der Meister ist tot« keineswegs zurück: »Jetzt bist Du tot, Dramenschreiber, und Deine Schrift / Wird von den Fliegen umkreist, die so lange im Schatten / Gewartet hatten, bis der Leichnam verschwunden war. / [...] Wenn Du noch Ohren hättest, Du könntest sie wispern hören, / Diese kleinen

Souffleure. Ihr Schwirren und Flüstern, / Jetzt macht es sich breit zwischen den alten Metaphern, / Am Rand der Zitate, der gemeißelten Sätze.« Um dem verehrten Mentor Heiner Müller den ihm gebührenden Rang zuzuweisen, wird das Gedicht zum freien Assoziationsraum hoch bedeutender Anspielungen; die Rede ist vom »roten Traum«, von »Kafka«, vom »bärtigen Rabbi aus Galiläa«, aber auch von der »Chronik des proletarischen Alptraums«, von »Mauer« und »Selbstschutzzaun« und schließlich vor der Einzigartigkeit der Dichtung: »Aber wenn alles zuwächst, / Der Traum undurchdringlich wird in der Menge, / Ist es der Vers, der ins Freie zeigt.«

Pathos und Rhetorik solcher Gedichte verweisen auf einen antiken Horizont, der seit *Nach den Satiren* immer mehr Bedeutung erhält. Der Titel der Essaysammlung *Antike Dispositionen* (2005) umreißt Grünbeins Interesse an der antiken Geschichte und Dichtung; dem Vorbild Iuvenalis hat er 2003 eine umfangreiche gelehrte Studie gewidmet (*Schlaflos in Rom*). Die Gedichte sind angefüllt mit Bildungswissen, aber sie greifen weit darüber hinaus. Der Materialcharakter der antiken Stoffe, Mythen und Motive wird gerade in solchen Gedichtzyklen deutlich, die im Rekurs auf Rom, das auch Berlin, New York und Moskau heißen könnte, einen kritischen Durchgang durch zivilisatorische Prozesse am Ende des 20. Jh.s darstellen. Vor diesem Hintergrund besteht zwischen den »Historien«, dem Iuvenalis-Zyklus und den unter der Überschrift »Physiognomischer Rest« zusammengefassten Gedichten des Bandes *Nach den Satiren* eine thematische und sprachliche Korrespondenz, die noch verstärkt wird durch die Einheit zyklischer Kompositionsweisen innerhalb der drei großen Abschnitte des Buchs.

Es besticht Grünbeins virtuoser Umgang mit lyrischer Formvielfalt; Elegien, Episteln, Oden, Terzinen, vierzeilige Strophen mit unterschiedlichster Hebungszahl und Langverse, die an epische Genres erinnern, bestimmen das breite Repertoire. Auch der Gedichtband *Erklärte Nacht* (2002) ist ein Beispiel für diesen hohen Standard poetischer Schreibtechniken, die in der deutschsprachigen Gegenwartslyrik ihresgleichen suchen. *Erklärte Nacht* ist in Vielem eine Fortsetzung von *Nach den Satiren*, am deutlichsten sichtbar im Zyklus »Neue Historien«, der die früheren »Historien«-Muster weiterführt

(»Exedra an der Gräberstraße«, »Das pessimistische Alter«, »Ankunft in Athen«, »Phantasie über die öffentlichen Latrinen«). Typisch für Grünbeins »Historien«-Stil sind die Langzeilen, die Vorliebe für Rollengedichte, die Epistelform und die Maskierung aktueller Zeit- und Zivilisationskritik in antikisierenden Stoff- und Bildparadigmen, die altphilologische Gelehrsamkeit und hochgescheites Bildungswissen transportieren. Das lyrische Subjekt solcher Gedichte spricht gern im Ton eines überlegenen Kommentators, der seinen letzten rhetorischen Schliff in der Zeit der Sophisten-Renaissance der frühen römischen Kaiserzeit erhalten hat: Anspielungen auf Hadrian und seine Dichter- und Rednerlieblinge Favorinus und Polemonius finden sich bei Grünbein schon in *Nach den Satiren* (»Hadrian hat einen Dichter kritisiert«, »Physiognomik nach Polemonius«). Die Vorliebe für das Rom jener Zeit illustrieren in *Erklärte Nacht* Gedichte wie »Titus beklagt sich über sein Herrscheramt«, ein im George-Ton gehaltener Text, den ein in Grünbeins Dichtung gern verwendetes Leitmotiv eröffnet, die kategorische Distanz zur Menge: »Siehst du, mein lieber Quintus, den Auflauf dort unten? / Wir mögen hier Stunden am Fenster stehen und rätseln, / Was sie bewegt, diese Menschen. Da schaut keiner hoch, / Keiner hält inne, unterbricht sein Gespräch, die Geschäfte. / [...] / Ein Kratzer, gleich jammern sie. Bei jedem Wehweh / Richtet der Blick sich nach oben.«

Es wäre jedoch voreilig, solches Räsonieren, dessen treffende Formulierungen in merkwürdigem Kontrast zur Unschärfe des kritischen Blicks stehen, als insgesamt charakteristisch für Grünbeins Lyrik zu verstehen. *Erklärte Nacht* enthält eine Reihe von Gedichten, die in ihrer melancholischen Lakonie ein verletzbares, sensibles, selbstreflexives Ich offenbaren, das sich keineswegs auf ein sicheres Bildungsfundament zurückzuziehen vermag. Bezeichnend dafür ist der aus fünf kurzen Abschnitten bestehende, mit autobiographischen Anspielungen durchsetzte Gedichtzyklus »In einer anderen Tonart«, der schon im Titel einen veränderten Duktus ankündigt und eindrucksvoller gestaltet ist als »Neue Historien« und »September-Elegien«, jene Zeitungsgedicht-Verse auf den Terroranschlag vom 11. September 2001 in New York und Washington, mit denen sich der Dichter einer Auftragsarbeit zu entledigen scheint.

Der in manchen Gedichten in *Erklärte Nacht* zu beobachtende fragende, selbstzweifelnde Ton zeigt ein suchendes, sein eigenes Wahrnehmungs- und Erkenntnisvermögen reflektierendes Ich. Als philosophiegeschichtliche Verkörperung für diese Ich-Figur wählt Grünbein Descartes und widmet ihm ein groß angelegtes Poem, *Vom Schnee oder Descartes in Deutschland* (2003). Die Philosophie – dies verdeutlicht das Poem auf exemplarische Weise – ist neben der Neurobiologie, der Geschichte und der Kulturhistorie Teil eines der großen Wissensfelder, auf die sich der Autor stützt und denen er seine Reflexionen verdankt. Bezieht man das umfangreiche essayistische Werk mit ein, so lassen sich Anspielungen auf Papenfuß wie Pythagoras, auf Sokrates, Platon und selbstverständlich auch auf neuzeitliche Philosophen wie Kant, Marx, Kierkegaard, Nietzsche, Benjamin, Adorno und Foucault nachweisen.

Im Jahr 2005 vereinigte Grünbein seine »Historien« im Sammelband *Der Misanthrop auf Capri*, dem ein transparent argumentierender Essay Michael Eskins als Nachwort beigefügt wurde; der Titel des Buches greift ein Gedicht aus *Nach den Satiren* auf, das den von Roms politischer Geschäftigkeit angewiderten, sich nach Capri zurückziehenden Kaiser Tiberius zeigt. Wie viele der »Historien« ist auch das Tiberius-Gedicht ein Rollengedicht. Der Band belegt noch einmal eindrucksvoll, wie viele historische Größen und Figuren bei Grünbein zu Wort kommen oder zum Gesprächsgegenstand werden. Den Auftakt bildet die »Klage eines Legionärs aus dem Feldzug des Germanicus an die Elbe«. In anderen Gedichten ist von den Kaisern Augustus, Nero, Titus, Hadrian und Heliogabal, aber auch von der Nichte des Kaisers Claudius, Julia Livilla, von den Dichtern Iuvenalis, Lukian und schließlich vom Apostel Paulus und dem Kirchenvater Augustinus die Rede; hinzu kommen andere zu Grünbeins Quellenfundus gehörende Dichter und Schriftsteller wie Ovid, Catull und Sueton. Eine Gruppe von Gedichten (u. a. »In Ägypten«, »Julia Livilla«, » SenecaSand oder Kalk«) wurde der im Auftrag des Mannheimer Nationaltheaters von Grünbein übersetzten (-)Tragödie *Thyestes* (2002) beigefügt als lyrischer Zyklus von »Seneca-Studien«: sentenzenreiche Rollenlyrik, in der Seneca, der von Grünbein hoch verehrte Dichter, Staatsmann, Lehrer und Philosoph, als Orientierungsfigur eines literarischen Stoizismus erscheint und zur Identifikation einlädt. Welche Bedeutung diese Reanimierung der römischen Kaiserzeit als zivilisationskritisches Poesie-Programm hat, ist innerhalb der Literaturkritik umstritten.

Im Gedichtband *Strophen für Übermorgen* (2007) zeigt Grünbein, wie weit seine Poesie einen kulturhistorischen Horizont ausleuchten kann: Reiselyrik aus unterschiedlichsten Regionen, die stets mit zivilisationskritischen Reflexionen und Motiven verbunden ist, und skeptische Ausblicke auf »übermorgen«, die sich mitunter wie lyrische Essays lesen, mischen sich zu einer thematischen Vielfalt. Grünbeins Erfahrungsmittelpunkt ist aber nach wie vor Berlin als Schnittstelle zwischen Ost und West, als eine Art Transit-Metropole. Nicht zufällig verweist die Mitte des Buches auf Berlin Mitte und die Museumsinsel als Vergangenheits- und Gegenwartsort, so dass die Verse »für Übermorgen« stets auch Geschichtsdiskurse sind. Die historische Dimension bestimmt bei Grünbein nicht nur Themen und Stoffe, sondern auch die poetische Architektur: Elegien, Oden, Stanzen, Reimgedichte, hexametrische Verskompositionen bis hin zum Blankvers der dramatischen Poesie bilden die Bausubstanz deutscher und europäischer Versgeschichte, die der Dichter in seinen Poemen aktiviert. Er kopiert keine starren Muster, sondern ›verflüssigt‹ die zitierte Formensprache.

Eine solche Rückwendung zu tradierten Formen, die von Lockerheit und Offenheit geprägt ist, bestimmt auch das 2010 erschienene Buch *Aroma*, das über die Hälfte aus Gedichten besteht, aber auch essayistische Texte und Übersetzungen aus dem Lateinischen enthält. Der Titel (a Roma) verweist auf den für Grünbein bedeutungsvollsten Ort: auf Rom als Inbegriff einer Spiegelwelt mit überraschend plastischen Reflexen aus der aktuellen Gegenwart. Im Untertitel nennt der Autor das Buch ein »römisches Zeichenbuch« und hebt damit seine Skizzenhaftigkeit hervor. *Aroma* ist alles andere als eine hermetisch geschlossene Dichtung, die sich in das Rom der späten Republik und frühen Kaiserzeit wie in einen historistischen Schutzraum verliert. Grünbeins Rom ist weder ein musealer Ort noch ein überproportionaler Souvenir-Shop, sondern eine sehr lebendige, im Hier und Jetzt lebende Metropole, die in einer Fülle von Eindrücken festgehalten wird.

2012 folgte der Gedichtband *Koloss im Nebel*, dessen Titel auf den Koloss von Rhodos anspielt, ein antikes Bauwerk von monumentalen Ausmaßen. Die Perspektive des Betrachters ist die eines Reisenden, der seine Eindrücke und Beobachtungen in Verse setzt. Das Titelgedicht »Koloss im Nebel« besteht aus fünf Teilen mit Langversen; die Überfahrt von Piräus nach Rhodos bei schlechter Sicht führt zu allerlei Spekulationen und Imaginationen. Der Reisende bewegt sich nicht nur in einem geographischen Raum, der, wie die Ägäis, einst eine antike Signatur hatte, sondern konstruiert mit den Mitteln der Poesie eine ebenso imaginäre wie konkrete, plastische Erinnerungslandschaft, eine Art Kopfkino, in dem ein antiker Kulturfilm ständig mitläuft. Die Wahrnehmung der historischen Stätten irritiert die Wirklichkeitswahrnehmung und überblendet die Natur und Kultur der Gegenwart mit bildhaften Erinnerungsfragmenten. Grünbein flüchtet nicht, wie die Antike-Enthusiasten der Generationen vor ihm, in eine ferne, bessere Zeit, sondern verbleibt stets in der Welt der Reisenden. Das beobachtende Ich hat sich allerdings gut vorbereitet und verarbeitet eine Menge an Bildungsstoff.

Das Wappentier Grünbeins im *Koloss im Nebel* ist die Eule der Athena; Klugheit und Wissen kennzeichnen sie, und sie lässt sich in allen sieben Abschnitten des Gedichtbuchs aufspüren, auch dort, wo sie nicht eigens benannt wird wie im Eingangs- und Schlussgedicht. Unter ihrem Schutz stehen auch die vielen Form-Adaptionen, die Sonett- und Rondeau-Gedichte, die den flüssigen Reflexionsduktus trotzdem nie erstarren lassen.

Die virtuose Verstechnik, diesmal vor allem die filigrane Terzine, lässt sich auch im Gedichtband *Cyrano oder Die Rückkehr vom Mond* (2014) beobachten. Auch dieses Werk ist für einen in Grünbeins Dichtungen immer wieder durchscheinenden Lieblingsleser des Autors geschrieben: den gebildeten, an den politisch-kulturellen Diskursen der Gegenwart interessierten, historisch und mythologisch versierten Rezipienten, der selbstverständlich im Zeitalter der Wissenschaften und der Informationsmedien bequem Namen und Anspielungen zu entschlüsseln weiß. Es ist daher nur konsequent, dass es dem Dichter nicht um die Produktion weiterer Mondgedichte geht, die vom Barock bis zur Gegenwart die deutsche Lyrik bereichert haben. Der im Titel genannte französische Schriftsteller Cyrano de Bergerac hatte in der Mitte des 17. Jh.s zwei utopisch anmutende Phantasie-Romane über Sonnen- und Mondbewohner verfasst.

Literarhistorisch ist *Cyrano oder Die Rückkehr vom Mond* eine kosmologische Dichtung und damit Teil eines Genres, das über bloße Wissensressourcen hinaus eine erkenntnistheoretische Dimension hat. Grünbein interessiert sich für die Frage, was denn diese Kenntnisnahme mit den Menschen und ihren Blick in den Weltenraum gemacht hat. Klare Botschaften gibt es nicht; eher dominiert in den Gedichten eine rätselhafte Undurchschaubarkeit, die sich schon aus Grünbeins Umkehrung der ›Fahrtrichtung‹ ergibt: Nicht die Landung, sondern die im Titel programmatisch gesetzte »Rückkehr vom Mond« steht im Zentrum der Konzeption. Hier kommt wiederum Cyrano ins Spiel, der seine romanhaften Imaginationen ausbreitete und den Mond als ein faszinierendes Objekt für Mythen, Geheimnisse und selbstverständlich auch Science-Fiction-Stories ansah.

HERMANN KORTE

53

Marcel Beyer

* 23. November 1965 in Tailfingen/Württemberg (Deutschland)

1987–1991 Studium der Germanistik, Anglistik und Allgemeinen Literaturwissenschaft in Siegen, Magisterarbeit über F. Mayröcker; ab 1987 Performancearbeiten mit N. Hummelt; verschiedene Herausgeberschaften und Arbeiten als Redakteur, u. a. Mitarbeit beim Musikmagazin *Spex*; 2000 Poetikdozentur in Bamberg, 2002 in Paderborn; lebte bis 1996 in Köln, seitdem in Dresden; Prosaist und Lyriker.

Das lyrische Werk

Wie im Romanwerk, so ist Marcel Beyer auch in der Lyrik ein konsequenter Archäologe an den deutschen und europäischen Erinnerungsorten des 20. Jh.s. Nach ersten Gedichtveröffentlichungen in der experimentellen Kölner Lyrikszene um 1990 werden in den Bänden *Falsches Futter* (1997) und *Erdkunde* (2002) die Geschichte und ihre Verdichtung in der Sprache der Poesie zu seinen maßgeblichen Themen.

Seit 1980 schreibt, seit 1988 veröffentlicht Beyer Lyrik im *Luchterhand-Jahrbuch für Lyrik*. Beeinflusst von der Beat-Generation, von Musik- (»Postmodern Talking« mit Norbert Hummelt) und Videoexperimenten (»Das Abenteuer Sprechfolter«, 1990) sowie von Friederike Mayröcker (mit deren Werken sich Beyer eingehend befasste), erproben seine frühen Texte eine eigenständige lyrische Grammatik. Deren Merkmale – Kontrafaktur, Collage, Integration von Popkultur und Slang, vexierbildhaftes Spiel mit Zitat und Tradition – weisen auf die spätere Lyrik voraus.

Schon im Titel signalisiert der Band *Falsches Futter* die unvermeidliche Verfälschung, die mit der poetischen Einverleibung von Geschichte, Mythos und literarischer Tradition einhergeht. Der Sprecher des dreiteiligen Bandes ist ein multiples Ich, das dem Leser konkrete historische Daten oder Quellen vorenthält und eine eigene Stellungnahme verweigert, weil es ihm nicht um Personen, sondern um sprachliche »Bewusstseinsformen« (Ernst Osterkamp, FAZ, 4. 10. 1997) geht. Als lyrisches Subjekt ist der Sprecher des Gedichts ein unzuverlässiger Zeuge der Vergangenheit: ihr »Augen- / Ohrenkunde«. Sprachliche Gestalt gewinnen die Gedächtnisorte im selektiven Abhören der

Geschichte, im Misstrauen gegenüber der literarischen Tradition (z. B. gegenüber Trakl in dem Gedicht »Verklirrter Herbst«).

Der erste, im Februar 1981 und im November 1993 in Wien entstandene Zyklus ist ein lyrischer Steckbrief des österreichischen Schriftstellers Josef Weinheber (1892–1945), der im ›Dritten Reich‹ eine zwielichtige Rolle als unpolitischer Odendichter und als hochdekorierter Verfasser nationalsozialistischer Hymnen spielte. Beyers Gedichte nähern sich ihrem Gegenstand mit kühler Lakonik und antiidyllischem Duktus; sie beschreiben Weinhebers schwere Kindheit im Hyrtlschen Waisenhaus (»Angst vorm Schlafen«), seine Verunstaltung der »Sprache Gotens und Holunderlins« (»Blondes Gedicht«) und seinen zum Selbstmord führenden Morphinismus (»Achter Vierter Fünfundvierzig«). Zugleich wird diese brüchige Dichterbiographie beim Besuch einstiger Schlachtfelder, Luftschutzbunker und Kriegsveteranentreffen (wie im Titelgedicht des zweiten Zyklus, »Falsches Futter«) in erschreckend aktuelle Zusammenhänge gestellt. Auch die Gedichte des dritten Zyklus führen in eine unverarbeitete, ›dunkle‹ Vergangenheit: in die Familiengeschichte und an die Orte der eigenen Herkunft, aus denen der Sprecher, »halb Vorfahr ich, / halb Randfigur«, die Geschichte falscher Ideologien herausfiltert.

Beyers Gedichtband *Erdkunde* erkundet die Gedächtnislandschaften des europäischen Ostens: den deutsch-tschechischen Grenzraum, Böhmen, Polen, Ostpreußen, Estland. Im Mittelpunkt der Texte steht das sprachliche »Gewirk«, welches sich aus »den historischen Daten und der unmerklich mit Erfindung angereicherten Erinnerung« der Nachgeborenen zusammensetzt, die sich auf das Gedächtnis der Zeitzeugengeneration weder verlassen können noch verlassen wollen (»Jenseits der alten Photoalben«, in: *Nonfiction*, 2003). Die Erinnerungsfragmente der Kriegsteilnehmer – »UNSERE OSTGEBIETE« – lösen sich auf in ein Panorama flüchtiger, verfallender Details. So werden Bilder von »Oststeppen« und hässlichen Zivilisationsresten versetzt mit Gegenbildern einer aktuellen osteuropäischen Kulturblüte (z. B. dem »FUNKY SABBATH« in Kaliningrad). Statt eines einheitlichen Geschichtsbildes und kohärenten Sprachmusters artikuliert Beyer – im Kontrast zur Trauerarbeit postkommunistischer Verfallspoesie – die komplexe Erinnerungsarbeit des »Westkindes«. Der Osten Euro-

pas wird als disparater geistiger Erlebnis- und Erinnerungsraum beschrieben.

Formal ähneln Beyers Verse durchkonstruierten »Satzverhauen«
(Annette Brockhoff in der *Basler Zeitung* vom 3.10.1997), die aus meto-
nymischen und klanglichen Verschiebungen im Stil von Thomas
Kling, spröden Wort- und Satzellipsen, harten Zeilenbrüchen und
umgangssprachlichen Sprechakten bestehen. Dieses Montageverf-
fahren kann man mit Beyers literarischer Lehrmeisterin Mayröcker
als hochgeladenes »poetisches Synthesizing« bezeichnen. Manche
Gedichte sind von provozierender Rätselhaftigkeit. Dennoch erschlie-
ßen sie oft auf engstem Raum geschichtliche Zusammenhänge. Das
Eingangs- und Titelgedicht »Erdkunde« führt im zentralen Vers »in
Teplitz, in Teplice oder in Tepl« in eine Gegend, in der die »Verquickung von Sprache, Dichtung und Politik augenfällig wird wie an
wenigen anderen Orten« (vgl. »Landkarten, Sprachigkeit, Paul Celan«,
in: *Nonfiction*, 2003). Durch die verschiedenen Wörter für die nord-
böhmische Stadt wandern unterschiedliche deutsch-tschechische
Geschichten, politische und sprachliche Landnahmen. Die literarische
Tradition kommt in der Anspielung auf den spätmittelalterlichen, im
20. Jh. imperialistisch vereinnahmten Dialog des Johannes von Tepl
zwischen Ackermann und Tod zu Wort. Doch dem lyrischen Sprecher,
der auf diesem ›Acker der Geschichte‹ schürft, geht es nicht um historische oder weltanschauliche Lektionen, sondern um einen leisen
Protest gegen die Verfertigung vergessensbereiter und ideologiever-
dächtiger Geschichtsbilder des 20. Jh.s.

Gedichte sind für Marcel Beyer »Erkundungen von Nachbarschaf-
ten, nicht Ausdruck diffuser innerer Befindlichkeit, sondern Wörter,
die mit größtmöglicher Klarheit in ein Verhältnis zueinander gesetzt
werden [...] Gedichte sind Forschung – auf einem anderen Gebiet als
der Naturwissenschaft, mit anderen Mitteln, einem anderen Gegenstand natürlich, aber in der Bewegung ähnlich«. Diese erkundenden
Bewegungen vollzieht der Gedichtband *Graphit* (2015), Beyers dritte
Lyriksammlung, in zyklischen Ordnungen und in einer an Thomas
Kling geschulten Musikalität der Silben nach. Der Titel »Graphit« ist
Signal und Programm. Mit dem Mineral bezeichnet er die gegenständ-
liche Grundlage von Beyers Schreiben, seine Dingpoesie. Graphit ist

zugleich ein Material zum Schreiben (es kommt in Bleistiften vor), ein Wort, das auf die Tätigkeit verweist, von der es etymologisch abgeleitet ist (›graphein‹ heißt ›schreiben‹).

Die Gedichte, die in neun Großzyklen gegliedert sind, bestehen meist aus vier-, manchmal aus dreistrophigen Verseinheiten, die sich über Vers- und Strophengrenzen hinwegsetzen. Der Ton ist geschmeidiger und eleganter geworden; der Furor des Dichters ist eingedampft auf eine »Silbe Grimm«, wie es in dem Gedicht »Deine Silbe Grimm« (S. 114 f.) heißt. Die Themen sind geblieben: Osteuropa und der Niederrhein, die Urkatastrophen des 20. Jh.s, das Schicksal der Diktatoren und ihrer Helfershelfer (Heydrichs Tod), vernachlässigte Biographien (Benns Bremer Freund Oelze), Dichterleben (Georg Trakl) – und natürlich die Sprache und das Sprechen. Beyers Gedichte erkunden die magische und die historische Seite der Materialität der Wörter: auf der einen Seite ihren hör- und mitlesbaren Klangreichtum, auf der anderen ihren Bedeutungswandel in der Geschichte.

Ein Beispiel für dieses raffinierte Doppelspiel von Sprachmaterialität und Wortmagie ist Beyers Gedicht »An die Vermummten«. Es ist eine Kontrafaktur von Georg Trakls Gedicht »An die Verstummten«. In strophischer Form (Quintett, Quartett, Couplet), Kadenzen und Versmaß (Alexandriner), Rhythmus und Wortwahl eng an das Vorbild angelehnt, verwandelt Beyer die expressionistische Stadtapokalypse in ein nachmodernes politisches Racheszenario im Zusammenhang mit der Tötung von Osama Bin Laden in Abbottabad.

In »kulturarchäologische[n] Suchbewegungen« (H. Böttiger, Süddeutsche Zeitung, 30. Oktober 2014) zeichnet Beyer – so heißt es in der Begründung des Kleist-Preises (2014) – »dunkle Verflechtungen von Wissenschaft, Kunst und Politik in der deutschen und europäischen Geschichte des 20. Jahrhunderts« auf und verschmilzt Geschichte mit der Gegenwart. MICHAEL BRAUN

Barbara Köhler

* 11. April 1959 in Burgstädt/Sachsen (Deutschland)

Aufgewachsen in Penig und Plauen (Sachsen); Abitur und Ausbildung
zur Textilfacharbeiterin; Arbeit in verschiedenen Bereichen in Karl-
Marx-Stadt; 1985–1988 Studium am Leipziger Institut für Literatur
Johannes R. Becher; 1988–1990 wissenschaftliche Tätigkeit am Be-
zirksliteraturzentrum in Karl-Marx-Stadt (Chemnitz); seit 1991 freie
Autorin; lebt seit 1994 in Duisburg; neben Gedichten, Essays und
Übersetzungen (u. a. Gertrude Stein, Samuel Beckett) auch Audio-
Installationen, Multiples und Texte für öffentliche Räume sowie pri-
vate Gärten, gelegentlich auch gemeinsam mit bildenden Künstlern.

Das lyrische Werk

In den 1980er Jahren veröffentlichte Barbara Köhler Gedichte und
Aufsätze in inoffiziellen Zeitschriften in der DDR. Ihr Band *Deutsches
Roulette. Gedichte 1984–1989* (1991), in dem ein lyrisches Ich Mauern,
Grenzen und Elblandschaften thematisiert, ist im DDR-Kontext ver-
ankert, geht aber über ihn hinaus. Es erscheinen bereits die Merkmale,
die den Schwerpunkt der späteren Arbeiten bilden. Das Ich spricht
mit einer Desillusioniertheit, die es sprachspielerisch analysiert und
so auch ins Optimistische wendet, über Liebesbeziehungen, Wahrnehmung des Selbst und des anderen und deren Darstellung mithilfe
von Sprache. Die Gedichte stehen im Dialog mit u. a. Hölderlin, Heiner Müller und Ingeborg Bachmann und lassen weibliche Figuren
aus Mythologie und klassischer Literatur zu Wort kommen, die ihre
konventionellen Rollen infrage stellen. Motive, etwa Wasser, Brü-
cken, Spiegel, Theater und Medien, finden eine Entsprechung in der
Sprachform: Verse werden wiederholt und spiegelbildlich angeordnet,
Wörter verweisen vor- und rückwärts auf mehrere Satzglieder und
erzeugen Doppelsinn.

In *Blue Box* (1995) haben viele Texte Verse von exakt gleicher Länge,
was eine Spannung zwischen strengem Rahmen und beweglichen
Wortbezügen schafft. Die ›Box‹-Form benutzt Köhler von diesem
Band an systematisch. Der Bandtitel bezieht sich auf ein filmtechni-
sches Verfahren, auf Wittgensteins *Blue Book*, auf die Farbe Blau, die

›Blackbox‹ und ein Spiel mit Konzeptkunst, wie der schwarzblaue Einband und die Abbildung eines ›weißen Raumes‹, eines Kunstwerks von Yves Klein, auf dem Umschlag suggerieren. Damit werden die Hauptthemen benannt: Medien und Sprachphilosophie. Das lyrische Ich problematisiert, oft aus der Wir-Perspektive, Subjekt- und Sprecherpositionen und benutzt oder erfindet explizit mehrdeutige Wörter (»meine Einfallen Vielfälle Zu / fältigkeiten«). Das Heftchen *In Front der See* (1995) enthält neben einer Rede Gedichte, in denen Köhler das Schloss Rheinsberg und seine Geschichte mit denselben bedeutungsvervielfältigenden Mitteln beschreibt.

Im Künstlerbuch *cor responde* (1998) treten Fotographien und Malereien von Ueli Michel, Gedichte von Barbara Köhler und deren Übersetzungen ins Portugiesische in Beziehung. In Farbe, portugiesisch ›cor‹, sind Monochrome sowie Fotographien aus Lissabon abgebildet, die u. a. Aufschriften und Fliesenmuster zeigen und auf Köhlers Texte ›antworten‹. Fünf der sieben Gedichte werden als Briefe bezeichnet und setzen sich mit Werken feministischer portugiesischer Literatur und mit Fernando Pessoa auseinander. Sie enthalten zudem Anspielungen auf ihre Übersetzungen, sind also in vielerlei Hinsicht Korrespondenz.

Wittgensteins Nichte. Vermischte Schriften. Mixed Media (1999) untersucht das Zusammenspiel von Stimme, Schrift und Raum. Abbildungen und Essays dokumentieren Köhlers sprachreflexive Schriftinstallationen, Vorträge und Arbeiten mit anderen Künstlern. Die Essays und Gedichte befassen sich verstärkt mit den deutschen Pronomen. Mit Wortwitz spielen sie durch, welche Folgen es z. B. hat, dass ›er‹ eindeutig ein männliches Subjekt bezeichnet, während ›sie‹ im Plural auch geschlechtlich undefiniert ist. Leitend ist die Auffassung, dass Sprachstruktur nicht nur Denkmuster spiegelt, sondern diese auch erzeugen und beeinflussen kann. Sprachspielerisch wird die in der Normalsprache determinierende männliche Perspektive relativiert.

Frauenfiguren aus Homers Odyssee finden in einem Projekt ihre Sprache, an dem die Autorin über Jahre gearbeitet hat: 1996 erscheint ein Gedichtzyklus und 2000 dessen Erweiterung unter dem Titel »Niemands Frau. Gesänge zur Odyssee« (im Band: *to change the subject*). 2007 publiziert Köhler den Band *Niemands Frau* mit dem Untertitel

Gesänge, der parallel zur Odyssee 24 Gesänge enthält – 21 Gedichte und drei Texte im Nachwort. Auffallend ist die schon in den vorausgehenden Arbeiten häufig erprobte ›Box‹-Form: Die Zahl der Anschläge pro Verszeile ist innerhalb eines Gedichts jeweils gleich; mit den flexiblen Sprachspielen geht eine visuell strenge, genauestens berechnete Komposition einher. Die Beweglichkeit der Wortbezüge veranschaulicht Köhler auch stimmlich auf CD. Die Ausgabe NO ONE'S BOX (2007) erweitert das intermediale Zusammenspiel um Videoaufnahmen von Andrea Wolfensberger. Stimme und Blick sind tragende Motive der Gedichte. Oft spricht Penelope. Sie wird in Bezug auf Odysseus benannt, der dem Riesen Polyphem dank dem Namen ›Niemand‹ entweicht, wobei die Bezeichnung als ›Niemands Frau‹ zugleich den Willen zur Verneinung dieser Abhängigkeit ausdrückt. In ständiger Auseinandersetzung mit der Männerperspektive der Odyssee rücken die Gedichte u. a. Helena, Kirke, die Sirenen und Ino Leukothea ins Zentrum und verknüpfen deren Geschichten mit poetischen Einfällen und poetologischen Gedanken über Sprache und Erzählen. Anspielungsreich werden Sprechweisen und theoretische Überlegungen aus dem Zeitalter des Flugzeugs, des Computers und des Klonens einbezogen.

Rhythmus und lautliche Verwandtschaft zwischen Wörtern sind auch für die Gedichtübertragungen wichtig, einem wesentlichen Aspekt von Köhlers Dialog mit den Kunstwerken anderer: *Tender Buttons. Zarte knöpft* (2004) stellt experimentelle Gedichte von Gertrude Stein mit Köhlers Übersetzungen und einem Essay vor, in *Mirlitonnades. Trötentöne* (2005) überträgt Köhler Lyrik von Samuel Beckett. In beiden Bänden ist ihr eigener Stil stark spürbar.

Die *Schriften, teils bestimmt*, so der Untertitel des Bandes *Neufundland* (2012), sind teilweise aus konkreten Anlässen heraus entstandene oder zuvor veröffentlichte Texte unterschiedlicher Gattungen. Doppelsinnig als »BESTIMMUNGEN« wird die Auswahl von melodisch auf CD fixierten Textversionen bezeichnet – eine CD ist dem Band beigegeben. Orientierung innerhalb des Bandes vermitteln poetische Stichworte: Unter »LANDNAMEN« beispielsweise finden sich Reiseberichte, etwa aus Neufundland und London, die Ortsnamen spielerisch analysieren. »SATZBAUTEN« bündelt sprachliche Raumentwürfe: Essayistisch werden Kunstinstallationen sowie Räume beschrieben, die durch Sprache erst entstehen. Gedichte von Mechthild von Magdeburg, Gertrude Stein und Elizabeth Bishop stehen im Original neben Köhlers Übertragungen ins Deutsche bzw. in heutiges Deutsch, begleitet von sprachreflexiven Kommentaren, womit das betreffende Titelstichwort »NEBENSETZEN« gleichermaßen ein Köhlersches Genre bezeichnet. In den anderen Teilen des Bandes stammen die abgedruckten Gedichte, denen sich die Autorin übersetzend oder in kreativen close-readings nähert, ebenfalls ausnahmslos von Frauen, neben den bereits genannten von Sappho, Meret Oppenheim und Else Lasker-Schüler. Von Logikern und Quantenphysikern sind Gedankengänge über Wahrnehmung und Sprache inspiriert, über den Ort des Subjekts im Raum, über die mehrdeutigen Beziehungen zwischen Wörtern, vor allem bei weiblichen Fürwörtern. Auch die übrigen Arbeiten in diesem Band, u.a. ein Vortrag zum Satz, Reden entlang der Wörter ›Poesie‹ und ›Spiel‹ sowie Essays auf den Spuren von Homers *Odyssee*, die – auch graphisch – einen »erzählraum« für verschiedene, auch weniger bekannte Gestalten des Epos zeichnen, werden durchzogen von der für die Autorin charakteristischen Art der Sprachreflexion.

Barbara Köhlers Arbeiten erzeugen Vieldeutigkeit durch Wörtlichnehmen, Zeugma (»das konnte nicht sein / ernst sein«), Paronomasie (»Alles Verläßliche verlassen«), typographische Hervorhebung (»Ein-Richtung«) sowie durch Pronomen, Präpositionen und andere Sprachelemente, die sich auf mehrere Wortgruppen beziehen und die Wörter zwischen verschiedenen Bezeichnungen oszillieren lassen. Nicht das Einzelwort erzeugt Bedeutung, sondern die Möglichkeiten, es lautlich und grammatisch mehrfach zu verknüpfen. Aus den Gedichten spricht ein Sprachbewusstsein, für das Orientierungslosigkeit gleichbedeutend mit Perspektivenreichtum ist. INDRA NOËL

Dea Loher

* 20. April 1964 in Traunstein (Deutschland)

Studium der Germanistik und Philosophie in München, danach ein
Jahr in Brasilien; ab 1990 Studiengang ›Szenisches Schreiben‹ an der
Berliner Hochschule der Künste (HdK), ihre Lehrer waren Heiner
Müller und Yaak Karsunke; Sommersemester 2009 Heiner-Müller-
Gastprofessur für Poetik an der Freien Universität Berlin; die frei-
schaffende Theaterautorin lebt in Berlin.

Das dramatische Werk

Das dramatische Werk der Autorin kann man einem aufklärerisch-
kritischen Theater zurechnen, da ihre Stücke Machtstrukturen in der
Gesellschaft und Abhängigkeitsverhältnisse in sozialen Beziehungen
aufdecken. Ohne sich direkt auf ihn zu beziehen, steht sie Brecht nahe:
Formal – Loher benutzt Elemente des epischen Theaters und der
Illusionsbrechung, um Einfühlung und Psychologisierung zu vermeiden – wie inhaltlich, denn sie zeigt auf der Bühne die Welt als eine
veränderbare (und veränderungsbedürftige). Lohers Sympathie gilt
unverkennbar den Außenseitern, die Widerstand leisten, Menschen
in der Revolte und in ihrem Scheitern. Aber sie verfügt über keine
marxistische Weltanschauung, auf deren Grundlage Brecht Lehrstü-
cke verfassen konnte (und die, nach dem Verfall der Ideologie, Heiner
Müller als negative Folie nutzte), und sie hat auch keine Botschaft zu
verkünden, wie die Welt zu verändern sei.

    Loher versteht das Theater als moralische Anstalt. Bereits ihre
Themenwahl weist sie als engagierte Autorin aus, doch gewinnt sie
diesen Sujets stets eine existenzielle Dimension ab. Wenn sie literarische Topoi fortschreibt oder mythologische Figuren aus der Antike in
unsere Gegenwart transponiert, vermeidet sie flache Aktualisierun-
gen. Ihr Theater konfrontiert den Zuschauer mit düsteren, verstören-
den Szenen, Bildern von Not und Elend, Krieg und Gewalt. Dabei verzichtet Loher auf einen kruden Realismus und Schockeffekte, schafft
stattdessen Distanz durch Stilisierung und Ästhetisierung. Zu deren
Mitteln gehören eine rhythmisierte, in Versen gesetzte Dialogsprache,
sinnfällige Bühnenmetaphern und selbstreferenzielle Monologe der

Figuren sowie eine Struktur, die die dramatische Handlung fragmentiert und reduziert auf lakonisch verknappte Szenen. Die intertextuellen Bezüge weisen die Stücke als postmodern aus, die metatheatralische Reflexivität als postdramatisch, doch die diesen Verfahren oftmals innewohnende Beliebigkeit findet man bei der form- und traditionsbewussten Autorin nicht. Ihren hohen Anspruch hat Loher in einem ihrer seltenen poetologischen Statements formuliert: »Wenn das Theater seine Position als relevantes lebendiges soziales Forum zurückgewinnen will, müssen dorthin logisch auch die großen Fragen zurückgeholt werden. Nicht Arbeitslosigkeit, Umweltverschmutzung, Strahlenverseuchung, sondern Gewalt, Schuld, Verrat, Freiheit, nicht Sozialreportage, sondern Tragödie« (Groß/Khuon, S. 22).

Der Durchbruch gelang der Dramatikerin mit ihrem zweiten Stück *Tätowierung* (UA 1992). Ein aktuelles Medienthema wird auf der Bühne verhandelt: sexueller Missbrauch in der Familie. Wolfgang Wucht, Bäckermeister, genannt »Ofen-Wolf«, vergeht sich an seiner Tochter Anita; seine Frau Juliane – »Hunde-Jule« arbeitet in einem Hundesalon und trägt einen Mundschutz – sagt dazu nichts. Der Kreislauf von Autorität und Abhängigkeit, von Angst, Gewalt und Scham wird kurzzeitig aufgebrochen, als Anita einen Mann kennenlernt, doch Ofen-Wolf hat seiner Tochter ein unauslöschliches »Vatermal« eingebrannt. Das Stück zeigt sich als ein böses Märchen, holzschnittartig, unerbittlich, mitleidlos auch gegenüber den Missbrauchsopfern. Im Gestus, im Aufdecken sozialer Topoi und gesellschaftlicher Mechanismen, im sprachlichen Duktus sowie dem kleinbürgerlichen Milieu steht *Tätowierung* in der Tradition des kritischen Volksstücks (Horváth, Fleißer, Kroetz, der frühe Fassbinder).

Die Uraufführung des Migrantendramas *Fremdes Haus* (1996, UA 1995) inszenierte Andreas Kriegenburg. Der Regisseur, berühmt-berüchtigt für seine eigenwilligen Interpretationen, lieferte keine werkgetreue Umsetzung des Textes. Was von der Kritik unisono moniert wurde, störte die Autorin jedoch nicht. Im Gegenteil: Die Inszenierung begründete eine langjährige Zusammenarbeit. Kriegenburg wurde der Regisseur ihres Vertrauens; er brachte in den folgenden Jahren fast alle Loher-Stücke zur Uraufführung. Die Autorin schätzt Kriegenburgs Methode, »den Text nicht penibel auseinanderzufalten, sondern erst einmal schwer gegen ihn zu arbeiten, um rauszukriegen, was dabei freigesetzt wird. Nicht lauter zueinander homogene Ebenen der Wahrnehmung erzeugen, sondern vervielfachte asynchrone. Nicht Harmonisierung, sondern Dissonanz« (Groß/Khuon, S. 22).

In der kontinuierlichen Arbeit für die Bühne entwickelte Loher einen Stücktypus, der eine offene Struktur aufweist und rudimentäre Fabelerzählungen locker verknüpft. Die zersplitterte Narration entwickelt Fliehkräfte, wird jedoch, sobald das Karussell am Ende zum Stillstand kommt, wieder geschlossen, indem der Schluss das Eingangsbild variiert wieder aufnimmt. Loher gibt im Text nur spärliche Regieanweisungen, doch bei aller Reduktion wird die szenische Situation scharf umrissen. »Das Stück spielt in der Gegenwart am Rand der Städte« (*Diebe*), lautet eine typische Szenenanweisung, wenn sich die Autorin nicht gleich mit dem lakonischen Hinweis »Gegenwart« (*Am Schwarzen See, Manhattan Medea*) begnügt. Verschiedene, parallel geführte Handlungsstränge, nur lose miteinander verwoben, verleihen den Stücken einen mehrdimensionalen, multiperspektivischen Charakter. Die Dramaturgie nutzt filmische Techniken, Schnitte und Überblendungen, während das Heraustreten der Schauspieler aus ihren Rollen den performativen Charakter des Theaters ausstellt. Loher scheut nicht Brüche in der Fiktion, Widersprüche in der Handlungslogik, sondern stellt sie oftmals bewusst her, um Unschärfen und Irritationen zu erreichen. Die literarische Konstruktion bleibt durchschaubar, Identifikation soll vermieden werden. Gewalt, Totschlag, Mord oder Selbstmord, d. h. gegen sich selbst gerichtete Gewalt, sind durchgängig das Thema. Ein Happy End gibt es in den Stücken nicht, doch selbst wenn Lohers Dramen in einer Tragödie münden, will sie darin keinen Ausdruck von Hoffnungslosigkeit sehen: »Eine Utopie als unerfüllbaren Wunsch kann man gar nicht verlieren. Davon erzählen doch meine Stücke dauernd, von dem Traum von einer gerechteren, glücklicheren Welt« (Wille, S. 65).

Unschuld (2004, UA 2003), ein Stück, das oftmals aufgeführt wurde, weist geradezu prototypisch die genannten Merkmale auf. Vier weitgehend unverbundene Geschichten werden erzählt. Elisio und Fadoul, zwei afrikanische Flüchtlinge, beobachten eine Frau, die ins Wasser geht; weil sie illegal im Land leben, wagen sie nicht einzugreifen und werden so schuldig. Das Ehepaar Franz und Rosa wird terrorisiert von der Schwiegermutter; die alleinstehende Frau Habersatt hat den Tick, sich als »Verbrechermama« auszugeben, und Ella, eine alternde Philosophin, monologisiert über »die Unzuverlässigkeit der Welt«. Ihr ist, wie den anderen Figuren des Stücks, der Sinn ihrer Existenz abhanden gekommen. Die letzte Szene trägt denselben Titel wie die erste und beschreibt mit fast den gleichen Worten, wie eine Selbstmörderin ins Meer geht. Doch ist es keine Wiederholung, sondern eine irritierende, mit der Logik der Narration nicht zu vereinbarende Verschiebung, denn die »Frau mit roten Haaren« heißt nun Rosa und der letzte Satz im Stück lautet: »Sie geht in die Zukunft.«

Das Stück umkreist – wie alle Theatertexte Lohers, auch wenn sie wie *Das Leben auf der Praça Roosevel* (2004, UA 2004) in fernen Ländern angesiedelt sind, ein explizit politisches Thema behandeln wie *Leviathan* (1993) oder die Anfänge der Rote Armee oder antike Mythen aktualisieren wie *Manhattan Medea* (1999, UA 1999) – universell-existenzielle Fragen. *Unschuld* ist auch ein Beispiel dafür, wie Loher dem Mitleidsdrama und der Sozialromantik entgeht, indem sie berührende Szenen mit Komik aufbricht, so dass Tragödie und Farce stets dicht beieinander liegen. Dies gilt auch für das Werk insgesamt: Neben schwergewichtigen Dramen wie *Das letzte Feuer* (2008, UA 2008) und *Am Schwarzen See* (UA 2012) stehen unbeschwerte Stücke wie *Diebe* (2010, UA 2010) und *Gaunerstück* (2015, UA 2015), die jedoch nie ins Boulevardeske abrutschen. Dafür sorgt die oft gerühmte Sprachgewalt Lohers, die sich von naturalistischem Alltagsjargon fern hält und ebenso poetisch wie präzise ist. In ihrer Rede zur Verleihung des Bertolt-Brecht-Preises 2006 formulierte sie ihr künstlerisches Credo: »Schreiben, das heißt, Zusammenhänge suchen, Erklärungen, Hypothesen, auf der Suche nach der verlorenen Wahrheit manchmal, aber diese Suche wird dann wertvoll, wenn sie sich von der Realität abfedert und Räume öffnet, die es so nur in der Sprache gibt und die unsere Wirklichkeit erweitern.« MICHAEL TÖTEBERG

DEA LOHER

Hans-Ulrich Treichel

* 12. August 1952 in Versmold/Westfalen (Deutschland)

Studium der Germanistik und Politologie an der Freien Universität Berlin; 1981/82 Lektor für deutsche Sprache an der Universität Salerno; 1983 Promotion mit einer Arbeit über Wolfgang Koeppen; 1984/85 Lektor an der Scuola Normale Superiore Pisa, 1985–1991 wissenschaftlicher Mitarbeiter für Neuere Deutsche Literatur an der FU Berlin, 1993 Habilitation; seit 1995 Professor am Deutschen Literaturinstitut der Universität Leipzig.

Das erzählerische Werk

Die Geburt des Erzählers Hans-Ulrich Treichel, der in den 1980er Jahren als Librettist Hans-Werner Henzes und als Lyriker erstmals die kulturelle Bühne betrat, fand in Rom statt. Dorthin verschlug es den gebürtigen Ostwestfalen 1988 dank eines Stipendiums der Villa Massimo. In seinen Frankfurter Poetikvorlesungen, die im Jahr 2000 unter dem Titel *Der Entwurf des Autors* erschienen sind, karikiert Treichel die Italiensehnsucht deutscher Autoren. »Besonders der in Ostwestfalen geborene Schriftsteller möchte in Italien und speziell in Rom erlöst werden: von seiner Einsamkeit, seiner Mythenleere, seiner emotionalen Bemoostheit, von seiner inneren Pinien- und Zypressenlosigkeit insgesamt.« Man erkennt den mit ironischen Mitteln spielenden Stilisten, der in Rom zwar nicht von seiner ostwestfälischen Vergangenheit, aber vom Dasein als Lyriker erlöst wird. Es folgt eine »Initiation ins Erzählen«. Die in den folgenden Jahren entstandenen Prosatexte sind Skizzen, Fingerübungen, Abstoßungsbemühungen.

Von *Leib und Seele* (1992) trägt die Gattungsbezeichnung »Berichte«. Berichtet wird von den »Bedrückungen meiner Kindheit«, von einem Ort im Westfälischen, der für den Erzähler »nichts als eine trübsinnige Ansammlung von Zweifamilienhäusern und Umgehungsstraßen« darstellt. Die Erzählungen werfen Schlaglichter auf biographische Stationen des Autors Treichel, auf eine Verlorenheit an einem als geschichtslos empfundenen Ort und den Versuch, Leib und Seele in Einklang zu bringen. Wie auch in anderen Werken Treichels scheitert dieser Versuch zwar, wird aber literarisch produktiv gemacht. Mit

einer entlarvenden, gleichwohl die alltäglichen Absurditäten fast protokollierenden Sprache werden in diesen Episoden die verschiedenen
Anläufe zur Inbesitznahme einer eigenen Biographie geschildert. Die
Bewegung dieser Texte – vom Geburtsort Versmold zum Studienort
Berlin bis zur Sehnsuchtsstadt Rom – folgt dem Wunsch des Erzählers
nach Verortung: Die verlorene Heimat der Eltern im Osten gibt dabei
das grundlegende Gefühl der Heimatlosigkeit vor, das aber aufgefan-
gen wird in einem unspektakulären, ironiegefärbten Ton, der keinen
Unterschied zwischen der Schilderung von Innen- und Außenwelt
macht. Dabei entsteht eine das ganze Buch grundierende Komik des
Scheiterns.

Ähnliches lässt sich auch bei dem als »Besichtigungen« unter-
titelten Band *Heimatkunde oder Alles ist heiter und edel* (1996) beobachten.
Wieder schildert ein Ich kleine Episoden seines Lebens, die ein Muster der vermeintlichen Erfolglosigkeit bilden – da es sich um stark
autobiographisch gefärbte Lebensstationen (Kindheit, Berliner
Studienzeit, Reiseberichte) handelt und der Leser das Ergebnis der
gesammelten Erfahrungen in Form einer gelungenen Groteske
präsentiert bekommt, kann man durchaus von einer koketten erzählerischen Form der Selbstbespiegelung sprechen: Hier schafft es ein
Erzähler, den Willfährnissen des Lebens mit Ernst entgegenzutreten
und dabei ein Lächeln zu provozieren, das nichts vom Erzählten
dem Lächerlichen preisgibt. Mit diesen beiden Büchern legt Treichel
nicht nur eine Spur zu seiner Biographie, sondern er schafft hier schon
das Reservoir an Themen, stilistischen Mitteln und Stoffen, aus dem
er später schöpfen wird.

Zurück in die Kindheit im Ostwestfälischen der 1950er Jahre
führt jenes Buch, das Treichel berühmt gemacht hat. Der in mehrere
Sprachen übersetzte Roman *Der Verlorene* (1998) überzeugte Kritik
und Publikum und wurde zu einem der meistdiskutierten Werke der
zeitgenössischen deutschsprachigen Literatur. Wie auch in den frühen Prosaskizzen ist das Autobiographische eine Folie, die zahlreiche
Unschärfen erzeugt. Es geht nicht um eine Reproduktion, sondern
um die »Erfindung des Autobiographischen«, wie Treichel in einem
Interview erläuterte. Zugleich scheint die Erzählung aus dem Nach-
kriegsdeutschland etwas Symptomatisches für eine bestimmte Gene-

ration zu haben, das vielleicht erst so spät – 50 Jahre nach Kriegsende – erzählt werden konnte: Die Geschichte um das verlorene Kind hat viel mit Verdrängung und versäumter Trauerarbeit zu tun.

Aus der Perspektive eines namenlosen Erzählers erfährt der Leser, dass dessen älterer Bruder auf der Flucht aus Ostpreußen »verlorengegangen« ist. Aus Furcht vor der Roten Armee hatte die Mutter das Kind in einem Moment der Panik einer anderen Frau in die Arme gedrückt, und alle späteren Bemühungen, den Sohn wiederzufinden, scheitern. Arnold, so der Name des Verlorenen, gilt für den Zweitgeborenen, den Erzähler, jahrelang als tot – bis die Mutter irgendwann die wahre Geschichte eingesteht. Die irritierende Geschichtslosigkeit und das Schweigen der Eltern über alles, was mit ihrer Flucht zu tun hat, sind dem Erzähler aber schon zuvor merkwürdig erschienen. Erst spät begreift er, dass »Arnold verantwortlich dafür war, dass ich von Anfang an in einer von Schuld und Scham vergifteten Atmosphäre aufgewachsen war«.

Zwei Handlungsebenen prägen den Roman *Der Verlorene*: Da ist einmal das miefige Wiederaufbaumilieu; der Vater reüssiert als Fleischgroßhändler. Vergessenwollen und traumatische Erinnerung stehen im Widerstreit: Der Mutter sei etwas »Schreckliches« bei den Russen widerfahren, wird eine Vergewaltigung angedeutet und zumindest die Assoziation zugelassen, dass der Erzähler Produkt dieser Vergewaltigung sein könnte. In dieser höchst neurotischen Familienkonstellation kommt dem nachgeborenen Sohn lediglich »eine Nebenrolle« zu. Eine zweite Ebene wird in die Erzählung einzogen, als das »Findelkind 2307« auftaucht und die Eltern all ihre Hoffnungen darauf richten, bei diesem möge es sich um Arnold handeln. Sie lassen an rassekundliche Untersuchungen gemahnende Prozeduren über sich ergehen, um ihre Elternschaft beweisen zu können. Diese verzweifelten Bemühungen haben etwas Tragikomisches. Für den Erzähler bedeuten sie ein bedrängendes Erleben seines unerwünschten Sohnseins. Der Titel *Der Verlorene* referiert demnach mindestens ebenso sehr auf den Erzähler wie auf seinen Bruder Arnold.

»Die Eltern, die ich kennengelernt hatte«, so Treichel in einem Interview, »waren Eltern ohne Vergangenheit. [...] Wenn die Eltern kein Imperfekt haben, dann haben ihre Kinder kein Plusquamperfekt.

Beides aber braucht man, um erzählen zu können.« Für einen Autor ist die Erinnerung der größte Schatz; für Treichel ist da nur eine »Leere der Kindheit«. Diese Leere wird mit außerordentlich kontrollierten, durch Wiederholungen leicht variierten, sich in ironische Pirouetten steigernden Sätzen gefüllt. Treichels Ich-Erzähler wirkt harmlos, aber lässt gerade durch seinen scheinbar naiven, vielmehr aber empörten und gleichwohl kühl protokollierenden Gestus nicht nur eine individuelle Vertriebenengeschichte und ein fast mythisches Drama entstehen, sondern auch eine Mentalitätsgeschichte der frühen Bundesrepublik. Auf stilistische Ähnlichkeiten zu Thomas Bernhard wurde schon bei den frühen Texten Treichels hingewiesen, auch in *Der Verlorene* findet man eine entsprechende, wenngleich sehr viel weniger von Hass, mehr von Unverständnis und Trauer angetriebene Bernhard-Suada: Reihungen, Wiederholungen, Übertreibungen. Wilhelm Genazino spricht von Hans-Ulrich Treichel als einem »der wenigen komischen Autoren, die wir derzeit haben«. Treichel ist aber nicht witzig, er meint alles todernst, macht auch vor der Seelenpein seiner Figuren nicht Halt, und doch wird der bedrohlich-absurden Wirklichkeit eine subtile humoristische Note abgewonnen. *Der Verlorene* gewann auch deshalb an Breitenwirkung, weil Ende der 1990er Jahre eine Diskussion einsetzte, die verstärkt das Leid der Deutschen in der Folge des Zweiten Weltkriegs in den Fokus rückte.

Ostwestfalen lässt, wie man an *Der Verlorene* sieht, den Autor nicht los, und je tiefer seine Erzähler in eine andere Welt hineingeraten, desto offensichtlicher wird das provinzielle Erbe zum Hemmschuh. In Treichels Künstlerroman-Persiflage *Tristanakkord* (2000) kommt ein junger Doktorand, der sich dem »Vergessen in der Literatur« zuwendet, in den Dunstkreis der großen Kunst: Er soll die Autobiographie des weltberühmten Komponisten Bergmann lektorieren und wird dabei unversehens zum Librettisten des divenhaften Musikers. Aber das »Emsfelde-Syndrom« – das Menetekel seiner Abstammung – macht sich rasch bemerkbar. Der Held ist dem Geschehen und den Allüren des Stars nicht gewachsen. Treichel gelingt es, aus diesem Aufeinandertreffen satirische Funken zu schlagen, die Scham über das Gefühl des Versagens in all ihrer Ambivalenz auszubreiten und zugleich den Kulturbetrieb in charmanter Übertreibung vorzuführen.

Dass Hans-Ulrich Treichel Libretti für Hans-Werner Henze verfasst hat, führte zur Interpretation des Buches als Schlüsselroman – Bergmann gleich Henze. Es lässt sich wohl so viel sagen: Die Sphäre der Olympier betreten zu haben, dürfte zumindest hinsichtlich des Sammelns einschlägigen Materials von Nutzen gewesen sein.

Das Berliner Studentenmilieu der 1970er Jahre, das Ende der Jugend und die unerfüllte Sehnsucht nach Frauen und Italien stehen im Mittelpunkt von Treichels Roman *Der irdische Amor* (2002). Sein Held Albert hat wiederum die westfälische Provinz hinter sich gelassen, um im geteilten Berlin sein Glück zu suchen. Aber fast slapstickartig misslingen die Annäherungsversuche ans andere Geschlecht, und auch seine Caravaggio-Studien enden glücklos. Ein Juckreiz, der Albert immer wieder befällt, und eine »verschleppte Dauererregung« sind Ausdruck seiner noch nicht ganz ausgestandenen Pubertät. Auch als ihn eine Traumfrau, eine Italienerin, erhört und gar nach Sardinien mitnimmt, endet diese sexuelle und kulturelle Erfahrung in einer Desillusionierung. Obsession und Unvermögen paaren sich in diesem zwanghaft agierenden Albert aufs Gelungenste. Treichel erzählt pointenreich einen modernen Bildungsroman. Dass der Wissenschaftsbetrieb hier kolportageartig sein Fett abbekommt, muss bei einem Autor wie Treichel, der als Germanistik-Professor die Usancen des akademischen Lebens kennt, kaum betont werden.

Mit seinem Roman *Menschenflug* (2005) kehrt Treichel thematisch noch einmal, auf einer anderen Ebene, zurück zu *Der Verlorene*. Hauptfigur ist der in eine Midlife-Crisis hineingeschlitterte Akademische Rat Stephan, der eine erfolgreiche Erzählung über seinen auf einem Flüchtlingstreck verloren gegangenen Bruder verfasst hat – woraufhin sich etliche Findelkinder bei ihm melden und bei ihm Trost suchen. *Menschenflug* aber ist nicht ›Der Verlorene II‹. Vielmehr werden die Traumatisierungen des Nicht-Dazugehörenden in die Gegenwart fortgeschrieben. Stephan ist in einer kapitalen Lebenskrise, hat gerade die 50 überschritten, nimmt sich eine Auszeit von seiner ›Patchwork-Familie‹ und ist enttäuscht, dass seine Frau, eine Psychoanalytikerin, diese Idee gar unterstützt. Stephan gibt sich einer existenziellen Wehmut hin, und manchmal überkommt ihn eine »Dachbodensehnsucht«; allerdings gibt es keinen Dachboden mit alten Truhen und alten Brie-

fen, denn die Eltern waren vertriebene Wolhyniendeutsche, die aus
ihrer Vergangenheit kaum etwas in die bundesrepublikanische Wirt-
schaftswunderzeit hinüberretten konnten. Die allgemeine Unzufrie-
denheit lässt Stephan zunächst eine Ägyptenreise unternehmen, in
deren Verlauf er eine kurze Affäre mit einer Archäologin eingeht. Dass
die beiden Frauen des Romans auf je eigene Weise in tiefere Schichten
der Vergangenheit vordringen, ist kein Zufall: Treichels gebeutelter
Held leidet an »Vergangenheitsarthrose« und beschließt irgendwann,
gegen den Widerstand seiner Geschwister, auf die Suche nach dem
verlorenen Bruder zu gehen.

Der Titel *Menschenflug* geht auf Otto Lilienthal zurück; bei einem
Spaziergang bricht Stephan in der Nähe des Lilienthal-Denkmals
in Berlin mit einer Herzattacke zusammen und wird per Rettungs-
hubschrauber abtransportiert. Sein Menschenflug bekommt so
etwas Profanes und Ironisches. Treichels Roman reiht einzelne,
gelungene Szenen aneinander; wie der hypochondrische, von Sinn-
fragen gequälte Held Bilanz zu ziehen versucht, hat zuweilen eine Art
Woody-Allen-Komik. *Menschenflug* wirkt allerdings weniger konzentriert, weniger verdichtet und weniger bedrängend als *Der Verlorene*.

Nicht nur Variation, sondern Kontradiktion dieses Tons scheint
die Erzählung *Der Papst, den ich gekannt habe* (2007) zu sein, ist deren
Protagonist doch im Gegensatz zu seinen Vorgängern entschieden
als Held angelegt. Doch seine Selbststilisierung zum weltweit erfolgreichen Tatmenschen erweist sich als Collage von Lebenslügen, mit
denen der Ich-Erzähler ein umfassendes Scheitern verdrängt, das er
mit anderen Treichel-Protagonisten gemeinsam hat.

Zu deren Befindlichkeiten kehrt Treichel mit dem Roman *Anatolin*
(2008) zurück, mit dem er Motive aus *Der Verlorene* und *Menschenflug*
aufgreift, indem sich ein autobiografisch grundierter Ich-Erzähler auf
familiäre Spurensuche begibt. In der Ukraine besucht er Bryschtsche,
das Heimatdorf des Vaters, in Polen Anatolin, das der Mutter – in der
Hoffnung, die durch das Schweigen der Eltern bedingte Leerstelle in
der Familiengeschichte füllen zu können, die verantwortlich ist für die
nachhaltigen Scham- und Schuldgefühle des Erzählers. Dezidierter als
in *Menschenflug* treibt Treichel ein Spiel mit fiktionalem und dokumentarischem Schreiben, etwa indem er Autorenlesungen schildert, in

deren Rahmen der Erzähler (der »Menschenflug« und »Der Verlorene« betitelte Romane geschrieben hat) Fragen des Publikums beantworten soll, »ob dies alles erfunden« sei. *Anatolin* ist eine Meta-Erzählung, deren Handlung durch erzähltheoretische, psychologische und selbstreflexive Betrachtungen gebrochen wird.

Vergleichsweise konventionell erzählt ist der Roman *Grunewaldsee* (2010), der an *Der irdische Amor* (2002) anknüpft. Held ist der in Berlin lebende Historiker Paul, der nach abgeschlossenem Studium auf das Referendariat wartet und sich mit Gelegenheitsjobs über Wasser hält. Auf diese Weise kommt er als Deutschlehrer nach Málaga, wo er sich in die resolute Spanierin María verliebt, mit der er einen leidenschaftlichen Sommer erlebt. An dessen Ende steht die für Treichels Helden unvermeidbare Ernüchterung: María ist schwanger, selbstverständlich nicht von Paul, der nach Berlin zurückkehrt, wo er auf María wartet. Treichel spiegelt das Dilemma seines zögerlichen Helden, der wie seine Vorgänger von der Enge einer ländlichen Kindheit geprägt ist, mittels diverser Verweise, Motive und Symbole, deren zentrales im Titel anklingt: *Grunewaldsee* ist ein Berlin-Roman, der die Veränderungen der Metropole im Zuge der Wiedervereinigung behandelt. So wie die nostalgisch gezeichnete Insel-Aura West-Berlins Pauls unverbindlichem Leben im Wartestand entspricht, steht der Mauerfall für den Zwang, erwachsen werden zu müssen.

Erneut variiert Treichel den Plot von *Der irdische Amor* und *Grunewaldsee* in der wenig ambitioniert wirkenden »Liebesgeschichte« *Mein Sardinien* (2012), in der ein in Berlin lebender, über Wolfgang Koeppen promovierender Ostwestfale sich in eine Sardin verliebt und mit ihr in ihre Heimat reist, wo seine Liebe zu Land und Leuten desillusioniert wird.

Eine weitere Spielart der Liebe, die bereits in mehreren Romanen angeklungene Mutterliebe, steht im Zentrum des Romans *Frühe Störung* (2014), in dem der Ich-Erzähler Franz von der obsessiven Beziehung zu seiner Mutter berichtet, deren traumatischen Gehalt eine Initialsituation symbolisiert: In seiner Kindheit musste Franz während des gemeinsamen Mittagsschlafs eine unnatürliche körperliche Nähe der Mutter erdulden – die Erinnerung an diese traumatische Situation muss der Protagonist immer wieder leidvoll durchleben. Treichel karikiert weniger eine mütterliche ›Glucke‹, als neuerlich einen lebensuntüchtigen Einzelgänger, der mehr schlecht als recht als Autor von Reiseführern lebt, mit dem mütterlichen Erbe spekuliert und sich als larmoyanter Narziss entpuppt, der sich weigert, Verantwortung zu übernehmen: Als die Mutter schwer erkrankt, entzieht er sich seiner Pflicht durch eine Reise, ein Versagen, das dem sich kokett als »traurig und böse« gerierenden Mutterhasser nur neuen Anlass zu larmoyanten Selbstbespiegelungen gibt: »Ich bekam Schuldgefühle. Immer bekam ich Schuldgefühle. Hätte sie nicht wenigstens so tun können, als würde es ihr gutgehen? War das nicht die Pflicht einer Mutter, den eigenen Sohn nicht zu beunruhigen?«.

Treichel ist seinem in der deutschen Gegenwartsliteratur raren Ton treu geblieben: Seine Texte werden von einer (selbst-)ironischen, auf Situationskomik nicht verzichtenden, aus Schwermut entstehenden Grundstimmung getragen, die man zugleich schonungslos und heiter nennen kann. THOMAS SCHAEFER 73

Herta Müller

* 17. August 1953 in Nitzkydorf (Rumänien)

Aus rumäniendeutscher Bauernfamilie; Germanistikstudium in
Rumänien; Übersetzerin und Deutschlehrerin; 1987 Übersiedlung
nach Berlin; erste literarische Veröffentlichungen in der Bukarester
Zeitschrift *Volk und Kultur*; zunächst Prosatexte mit Impressionen und
Reflexionen von Alltagswahrnehmungen (*Niederungen*, 1982); seit den
1980er Jahren Erzählungen und Romane, in denen Entfremdung,
Unterdrückung, Angst und Melancholie eine eigene Sprache fanden;
2009 Nobelpreis für Literatur.

Die Text-Bild-Collagen

1998, fünf Jahre nach der Publikation einer ersten Sammlung von Text-
Bild-Collagen, beschreibt Herta Müller in einem Gespräch mit der
Germanistin Beverly Driver Eddy ihr Tun und liefert dabei wichtige
Stichworte: Sie spricht von der Gleichzeitigkeit, in der ihr das Material
verfügbar ist. Die aus Illustrierten und Magazinen ausgeschnittenen
Wörter liegen alle vor ihr auf dem Tisch, sie sind vorhanden, müssen
nicht aufgerufen oder imaginiert werden. Und wenn gesucht werden
muss, so Herta Müller, geschieht dies mit der Hand, indem die Wörter
hin und her geschoben werden. Dabei bestimmt der Zufall ihr Tun.
Collagen herzustellen, ist für die Autorin eine Beschäftigung in den
Zeitspannen, in denen sie nichts schreibt, also sei es kein Schreiben.
Aber genauso wie beim Schreiben ist ein Wort vorhanden, das einen
Ausgangspunkt, einen Anfangsmoment bestimmt und von dem aus
dann alle Sätze entstehen, die das Wort umgeben und unberechenbar
sind.

Herta Müller hatte auf Lesereisen angefangen, Gedicht-Collagen
zu gestalten, weil sie keine Ansichtskarten an Freunde senden wollte,
sondern etwas Eigenes. Es waren von unterwegs abgeschickte Mittei-
lungen an Freunde, die einen Gedankenblitz, einen Gemütszustand,
eine witzige oder geistreiche Bemerkung neben einer seltsamen gra-
fischen Figur auf einer weißen Karte im Postkartenformat enthielten,
ergänzt mitunter durch eine handschriftlich notierte Grußformel.
Bild und Text hatte die Autorin aus den gelesenen Zeitungen oder

Illustrierten ausgeschnitten und auf die Karte aufgeklebt. Erst diese Praxis gab den Anstoß zum Klebeschreiben – die zu Hause ausgeschnittenen Wörter suggerierten Beziehungen literarischer Art: Reime, Assonanzen, bildhafte Bezüge. Sie begannen, in Zusammenhängen zu sprechen.

Herta Müller hat seit dem Beginn der 1990er Jahre mehr als 1000 Collagen angefertigt. Nur ein Bruchteil ist veröffentlich worden in der Kassette *Der Wächter nimmt seinen Kamm. Vom Weggehen und -Ausscheren* (1993), dem Band *Im Haarknoten wohnt eine Dame* (2000), dem Band *Die blassen Herren mit den Mokkatassen* (2005), dem direkt auf Rumänisch gearbeiteten Collagen des 2005 erschienenen Bandes *Este sau nu este Ion* (Gibt es Ion oder gibt es ihn nicht) und in *Vater telefoniert mit den Fliegen* (2012).

Am heterogensten wirken die Collagen der ersten Sammlung *Der Wächter nimmt seinen Kamm. Vom Weggehen und Ausscheren.* Hier gibt es mitunter großformatige Bildcollagen mit aufgeklebten Wörtern, die sich zu skurrilen kleinen Texten, merkwürdigen Behauptungen, kleinen narrativen Prosafragmenten zusammenfügen. Noch haben die einzelnen aufgeklebten Wörter eine weitgehend einheitliche Typographie, denn sie stammen überwiegend aus Zeitungen. Und immer wieder tauchen verbogene, verrenkte, in abenteuerlich anmutende Bewegung versetzte, abstrakte schwarze Männchen auf, die von der Collagistin beim Ausschneiden geformt worden sind: Hier schon, und erst recht in den späteren Arbeiten kann man beobachten, wie Stoffpartikel aus den Prosaarbeiten der Autorin in den Collagen wieder auftauchen: als Varianten, in anderen Kontexten, mit alternativen Zuspitzungen oder Ausgängen, angetippt oder ins Zentrum des räumlich beschränkten Text-Bild-Geschehens gerückt. Aber die Texte sind noch verstörend rau.

Dies ändert sich mit der zweiten Publikation *Im Haarknoten wohnt eine Dame.* Nun treten End- und Binnenreime auf sowie Assonanzen: »schnell tragen wir sein Bett hinaus / der Himmel steil und frisch geteert / mietet einen Nachtwaggon / an der verjährten Bahnstation / wie man den Feldmais singen hört / Heldentum bringt Menschen um // sie zogen ihm die Jacke aus / gestreift wie ein Klavier / die Kugeln zahlten wir«. Der Textteil dieser Collage kann ohne weiteres als Gedicht bezeichnet werden. Er ist in Verszeilen geordnet, und die Reime sind Endreime. Das Bildelement, über dem Text angeordnet, als Himmel über einem Text, zeigt immerhin Gleise, zwischen denen sich ein Frauentorso befindet, während der Text nur von einem männlichen Wesen spricht. Wenn die kupierte Frau im grauen Kostüm mit dem Text zu tun hat, dann ist sie Teil jenes Wir, das die Kugeln zahlte – jenes weibliche Wir, das allemal für die Kosten katastrophisch verlaufender Geschichtsprozesse aufzukommen hat.

Der Band *Die blassen Herren mit den Mokkatassen* weist im Textteil einen Unterschied zu den vorhergehenden Sammlungen auf. Hier gibt es den Gedichtzeilenbruch eher im Ausnahmefall, und die einzelnen Wörter, die zum Text gruppiert werden, sind in Typographie, Hintergrundfarbe und Schriftgröße recht verschieden. Das Eigengewicht der Wörter wird hier deutlicher hervorgehoben. Noch gibt es Reime, die den Text zusammenhalten, aber sie werden nicht mehr als Endreime akzentuiert, sondern ereignen sich irgendwo im Text. Bei einer Collage, der neben dem Text stehend, ein Fragment aus einem Kreuzworträtsel und eine gestrichelte Ausschneidelinie mit Schere zugeordnet sind, weist die Richtung, der die Schere folgen soll, auf die »Zeichen von Ermüdung«, aber darüber steht »rasches Hinsehen«, in absteigender Richtung gefolgt von »Art der Mimik« – es ist, als würde hier ein Theaterstück im Taschenformat inszeniert. Die Bilder der Collagen lassen sich durchaus auch als Bühnenbilder oder Szenenaufnahmen verstehen, als Grimassen einzelner Akteure – auch wenn die Autorin ihren Lesern mitunter eine Nase dreht.

Die Texte des Collagenbands *Vater telefoniert mit den Fliegen* sind zum einen ganz nahe an den biographischen Nachtmahren der Autorin, wo der Vater sagt »der Krieg war auch woanders, aber gefallen sind wir« und die Mutter antwortet »du nicht, tot hätte ich dich nie geheiratet«, nahe an der Diktatur, wo das sprechende Ich zum Verhör geht und vom Verhör kommt, wo man »von kleinen Kanaillen oder großen Narren im Grenzland erschossen wird«, wo in den endlosen Mais- und Tabakfeldern die Toten liegen, wo es den »umgebrachten Freund« gibt und die »Angst der Leute nach müden Hunden riecht«. Und allein vom Reim ist die schlichte Tatsache beglaubigt: »Dass Gefühle Röcke / Aus

Glas mit Rüschen / Aus Eisen tragen / Rührt beides nicht / An Grund-
satzfragen«.

Die Leser können Herta Müller beim heiteren und humorvollen
Spiel mit den ihres ursprünglichen Kontexts beraubten Wörtern zusehen, sich erfreuen an der verqueren Logik der Reime und Bildideen,
aber in lesender Komplizenschaft können auch sie sich nicht entziehen, wenn die gleichen Wörter, festgeklebt, ihrerseits die Autorin fest-
nageln, auf das, was sie ist und sie zu bedrängen nicht nachlässt.
JOSEF ZIERDEN

Atemschaukel

Mit dem Roman, 2009 erschienen, erweitert Herta Müller die Thematik ihres Werks. Er behandelt die Deportation Tausender Rumäniendeutscher in ukrainische Arbeitslager im Januar 1945 – ein Tabu-
Thema im kommunistischen Rumänien noch bis zum Ende der
Ceaușescu-Diktatur 1989. Erzählt wird der Roman in der Ich-Form
aus der Sicht des Jugendlichen Leopold Auberg aus Hermannstadt,
dem Oberzentrum der Siebenbürger Sachsen. Der 17-jährige wird in
der Nacht zum 15. Januar 1945 von einer Patrouille abgeholt, mit mehr
als 500 Landsleuten in Viehwaggons gepfercht und in wochenlanger
Zugfahrt in die Ukraine verschleppt. Erst nach fünf harten Lager-
jahren wird er im Januar 1950 nach Hause entlassen. 334 Menschen
haben die Hölle des Lagers nicht überlebt. 1968 entflieht er der Enge
von Familie und Kleinstadt in den »Westen«, ins österreichische
Graz. Noch 60 Jahre nach der Deportation ist ihm der Lageralptraum
unvergessen. In Schreibheften versucht er, seine Erinnerungen festzuhalten.

Atemschaukel erzählt vor allem vom unmenschlichen Lageralltag:
von Hunger und Zwangsarbeit, von Demütigung und Drill, von Töten
und Sterben. Aus fünf Arbeitsbataillonen zu je 500 bis 800 Internierten besteht das Lager, »Elendsregimenter« aus Haut und Knochen
und mit Wasser in Beinen und Bäuchen. Eine Zwangsgemeinschaft
ist es, in der das Individuum zur Nummer degradiert wird, zum
Befehlsobjekt und Arbeitssklaven auf dem Appellplatz und bei der
Zwangsarbeit. Auf dem Fabrikgelände und in den Koksbatterien, beim
Sand- und Kohletransport wie beim Schuträumen leisten Tausende

Deportierter Wiederaufbauarbeit. Die Lagerwelt teilt sich in Herrscher und Beherrschte, in Satte und Hungrige. An der Spitze der Lagerhierarchie stehen der sowjetische Lagerkommandant, sein siebenbürgischer Adjutant und dessen Geliebte, Vorarbeiter und ein Heer von Wachsoldaten, die immer bereit sind zu mitleidloser Brutalität und zu demütigenden Beschimpfungen der Deportierten als »Faschisten« oder »Saboteure«. Der wahre Herrscher des Lagers ist, allgegenwärtig, der »Hungerengel«. Tag für Tag demütigt und entwürdigt er die Internierten, schwächt und verzehrt sie. Er beflügelt Ess- und Gewaltphantasien, er treibt die zunehmende Verrohung und Egomanie voran und schafft so im Lager seine eigenen Gesetze. Nur an der schwachsinnigen Katharina Seidel, genannt »Planton-Kati«, prallt jeder Herrschaftsversuch von Lagerleitung und Hungerengel ab.

Quälend wie der Hunger ist das Heimweh. Sehnsuchtsvolle Erinnerungen an Zuhause, Familie und unbeschwerte Kindertage erlauben kurze Fluchten aus dem Jetzt. Sie vergrößern aber auch die Fallhöhe beim harten Aufprall in der Realität. Wenn etwa die Mutter eine Postkarte ins Lager schickt und Leopold im April 1947 die Geburt eines Bruders mitteilt. Das enttäuschende Signal an ihn: Die Familie hat ihn aufgegeben; man hat Ersatz für ihn. In solchen Momenten gibt auch der oft erinnerte Abschiedssatz der Großmutter, »Ich weiß, du kommst wieder!«, keinen Halt mehr. Bei so viel Verlassenheit und Verlorenheit wird das Lager zunehmend Heimat und Familie für Leo. Umso wichtiger werden auch die Gegenstände und Arbeitsmaterialien des Lageralltags, von zuhause mitgebrachte wie vorgefundene, sowie die täglichen Arbeitsvorgänge. Eine positive Beziehung zu ihnen gibt überlebenswichtigen Halt und Würde. Samstägliches Singen und Tanzen, hastiger Sex im Stundenhotel oder die »Abendliebe« von Lagerfrauen und Zwangsarbeitern in den Barackenbetten öffnen Inseln scheinbarer Normalität inmitten der Lagerhölle. Bei seiner Entlassung nach fünf Jahren nimmt Leopold das Heimweh und den Hungerengel mit nach Hause. Dort muss Leopold das Privateste weiterhin ebenso verstecken wie im Lager: seine Homosexualität. So ist die Befreiung aus dem Lager nur vordergründig eine Befreiung. Die Verstörungen und Beschädigungen und der Hungerengel werden ihn nie mehr loslassen. Seinem Zuhause ist er längst entfremdet.

Die Erinnerungsarbeit des Romans wird entfaltet in 64 überwiegend kurzen, nicht chronologisch angeordneten Kapiteln. Strukturiert und vernetzt ist sie durch Leitwörter, Gegenstände, Vorgänge und Personen, die das Alltägliche wie das Nicht-Alltägliche der Grenzerfahrung »Lager« beleuchten. Akribisch genaue, knappe, sachliche, einfache und klare Beschreibungen werden immer wieder poetisch überhöht in neologismenreicher Metaphorik. Da werden Kunstworte wie »Hungerengel«, »Herzschaufel« oder »Atemschaukel« zu zentralen Chiffren im komplexen Bedeutungsnetz des Romans. In der fortgesetzten Personifizierung von Gegenständen und Werkzeugen zeigt sich ebenso wie in der Verdinglichung der Zwangsarbeiter die Verwandlung der Welt, die Verkehrung der Werte in der totalitären Hölle des sowjetischen Arbeitslagers.

Der Roman ist auch eine Hommage an den Lyriker und Büchnerpreisträger Oskar Pastior aus Hermannstadt, dessen Lagererinnerungen ganz wesentlich in den Roman eingeflossen sind, und mit dem Herta Müller das Buch ursprünglich gemeinsam schreiben wollte. Die Nobelpreisverleihung an die Autorin 2009, wenige Wochen nach Erscheinen des Romans, sicherte dem Buch eine besonders starke Verbreitung. ERNEST WICHNER

Ulrike Draesner
* 20. Januar 1962 in München (Deutschland)

Studium der Germanistik, Anglistik und Philosophie in München und Oxford; 1989–1993 Wissenschaftliche Mitarbeiterin in München, 1992 Promotion über Wolframs *Parzival*; seit 1994 freie Schriftstellerin; 2004 Gastprofessorin am Literaturinstitut der Universität Leipzig, 2006 Dozentin für Poetik in Bamberg; Erzählerin, Lyrikerin, Essayistin und Übersetzerin.

Das lyrische Werk

Die gegenwärtige Lebenswelt und ihre Wahrnehmung durch das Individuum stehen im Zentrum von Ulrike Draesners Gedichten, die körperliches und geistiges Empfinden sprachreflexiv verarbeiten. Beeinflusst von der österreichischen Lyriktradition, greift die Autorin Sprachspiel-Techniken von u. a. Ernst Jandl, Reinhard Priessnitz und Friederike Mayröcker auf. Prägend sind daneben die Gedichte von Durs Grünbein, die Wortschatz aus Wissenschaft, Alltag und Mythologie verknüpfen, und das Werk von Thomas Kling, in dem alle verfügbaren Sprachregister miteinander verschmelzen.

In Draesners erstem Gedichtband, *gedächtnisschleifen* (1995), der 2000 in einer überarbeiteten Fassung neu aufgelegt wurde, ist der Bezug auf diese Vorbilder am stärksten; häufig werden Stellen aus deren Texten wörtlich integriert. Den Zugang zu den Gedichten erschweren schnelle Bildwechsel und viele Adjektive und Partizipien, die den freien Versen etwas Stockendes verleihen. Philosophische Fragen werden ebenso wie ganz konkrete Alltagsdinge, etwa die Zahnspange eines kleinen Mädchens, auf rätselhafte Weise umschrieben. Grundthemen sind, neben der Sprache selbst, Krieg und Tod, Kindheit, Familie, problematische Liebesbeziehungen und der Mensch in seiner Körperlichkeit und Verletzbarkeit.

Der Zyklus *anis-o-trop* (1997) umfasst 15 Sonette, die eine Wiederaufnahme der Schlussverse im jeweils nächsten Gedicht verkettet. Sie thematisieren das Wuchern und Modern in einem verfallenen Hotel, das von einer Reisegruppe besucht wird. Von Tieren und Mineralien, vom Entstehen, Vergehen und Neu-zusammengesetzt-Werden ist

in einer Sprache die Rede, die von Klangassoziationen und Doppel-
bedeutungen durchsetzt ist. Beim Gedichtzyklus *Twin Spin. Sonette
von Shakespeare. Radikalübersetzungen* (1999) geht es weniger um die
Ausgangstexte als vielmehr um die Möglichkeit, Shakespeare neu zu
lesen; seine Gedichte über die Zeit und Unsterblichkeit werden in den
Kontext des Klonens übertragen. Draesner nutzt Übersetzung und
Klangähnlichkeit und formt aus den englischen Wörtern deutsche
Begriffe, um das Reproduzieren mit Hilfe von Gentechnologie und
Neuen Medien zu bezeichnen. So erreicht das Thema des Klonens
auch die formale Ebene: Dasselbe Buchstaben- und Wortmaterial wird
neu kombiniert und in eine neue Zeit transponiert.

Auch in *für die nacht geheuerte zellen* (2001) geht es um das Zeitalter,
in dem der Mensch Säugetiere mithilfe des Klonens reproduzieren
kann, um eine neue Ära, mit der nach Draesner in Anspielung an das
erste geklonte Lebewesen, das Schaf Dolly, eine neue Zeitrechnung
eingesetzt hat, die Zeit »post dolly«. In der von Medien bestimmten
Welt dieses Bandes hat der »tamagotchihund« ebenso seinen Platz wie
das »chatten«. Die sechs Abteilungen von jeweils 9 bis 15 Gedichten
stehen unter dem Zeichen bestimmter Elemente, etwa »luft« oder
»holz«, und skizzieren ein Weltbild: Ein lyrisches Ich spricht von seiner Lebenssicht, beschreibt Landschaften und Großstädte in Deutschland, Japan und Russland und verdichtet Erfahrungen aus einer
weiblichen Perspektive. In einem Zyklus über eine Fehlgeburt werden
Begriffe aus Fachgebieten und Fremdsprachen mit Wörtern aus der
Tier- und Pflanzenwelt zu neuen Metaphern gefügt. Der Sprachduktus ist in *für die nacht geheuerte zellen* durch Zeilensprünge, Mehrdeutig-
keit und viele Pausen gekennzeichnet.

Die Gliederung ihrer Gedichtbände in Abteilungen übernimmt
Draesner auch in *kugelblitz* (2005); die Abschnitte »(lieben)«, »(kriegen)«
und »(später)« deklinieren das Thema Liebesbeziehung durch. Das
Körperthema nimmt erneut einen breiten Raum ein, nun mit direkten
Verweisen auf Gottfried Benns Lyrik, die den menschlichen Körper
mit desillusioniertem Blick seziert. Im »kriegen« steckt das Besitzen-
Wollen wie das Kriegerische; Drastik und Sanftheit, Vulgärsprache
und hoher Ton kollidieren in einer Sprache, in der das Experimentelle
oft Vorrang vor der Verständlichkeit hat.

Ausgehend von Reisen der Autorin setzt sich *berührte orte* (2008) mit dem Fremden auseinander, das mit allen Sinnen wahrgenommen wird. Marokko-Gedichte erkunden die islamische Welt; die Annäherung an Bräuche und Alltag leistet ein Deutsch, auf das die Fremdsprache eingewirkt hat, so dass etwa Vokale verschwinden – analog zur arabischen Schrift. Ebenso werden über Sprache fremde Moralvorstellungen evoziert: »strafen / heißt schützen in seiner sprache«. Texte zu Deutschland und zu Skandinavien, u. a. ein imaginierter Gedichtaustausch zwischen Bertolt Brecht und Ruth Berlau, versprachlichen Heimat und Exil. Schnelle Sprünge in Zeit und Raum charakterisieren auch diesen Band, auf Gartenzwerg und Zimmerlinde folgen Bilder der Armut und des Kontrasts in Indien. An einem Schlüsselmotiv entlang, israelischen Minen in Form von Schreibstiften, ist ein Zyklus über Syrien und den Libanon komponiert. Weiterhin werden Assoziationssprünge und Bildwechsel durch Sprache mitgeneriert. Voller Andeutungen und Verschiebungen durchdringen die kurzen freien Verse das Andere, ohne den Anspruch zu erheben, es wirklich verstehen zu können. Für den Leser kommt ein Fremdheitsaspekt hinzu: Ein Glossar vermittelt eine Ahnung vom Anspielungsreichtum der Texte, indem es einen Bruchteil der Anekdoten und Bezüge erläutert; die anderen können die Leser aufspüren oder in der Schwebe lassen.

Draesners Gedichte sind aus heterogenem Sprachmaterial konstruiert; sie verleiten kaum zu einer fraglos einfühlenden Lektüre, sondern müssen Wort für Wort dechiffriert werden. Das gilt auch für ihren 2014 erschienenen Gedichtband *Subsong*. Ihr teils melancholischer, teils lakonischer Ernst geht eine Spannung mit lustvollem und spielfreudigem Sprechen ein. Die Besonderheit dieses Duktus liegt darin, dass er zugleich Betroffenheit wie Distanz vermittelt.

INDRA NOËL

Felicitas Hoppe

* 22. Dezember 1960 in Hameln (Deutschland)

Ab 1980 Studium der neueren deutschen Literaturwissenschaft,
Rhetorik, Religionswissenschaft und Italianistik in Hildesheim,
Tübingen, Oregon/USA, Berlin und Rom; 1985 Master of Arts;
Fremdsprachenassistentin in Rom, Sprachlehrerin für Deutsch u. a.
am Berliner Goethe-Institut; journalistische Arbeiten; seit 1996 freie
Schriftstellerin; zahlreiche Reisen.

Das Prosawerk

Nach ihrem Debüt *Picknick der Friseure* wurde Felicitas Hoppe, obwohl
bereits 36-jährig, einer »Fräuleinwunder« (*Der Spiegel*) genannten
Gruppe neuer junger Autorinnen zugerechnet. Doch lässt sie sich nicht
so leicht vereinnahmen; ihre Prosa ist etwas Besonderes. Sie erzähle,
schreibt Hoppe in einer Selbstauskunft, »von dem großen Wunsch zu
handeln und dem Eingesperrt-Sein im Erzählen darüber« (*Neue Rund-
schau*, 1/2007). Erzählend will Hoppe über das Erzählen hinaus.

    Die Handlung ihrer Bücher, in denen Logik und Psychologie wenig
gelten, wirkt verfremdet wie im Traum, zugleich kindlich einfach.
Variiert werden grundlegende Lebenssituationen und -erfahrungen:
Aufbruch, Suche, Selbstverlust, Kampf bzw. Prüfung, Rettung, Heimkehr. Der vorherrschende Ich-Erzähler erklärt nichts. Die Figuren sind
flächig und typisiert. Mit Ausnahme des Debüts treten gegenwärtige
mit historischen Personen in Beziehung. Die Geschichten sind wenige
Seiten lang, auch die Romane zerfallen in kurze Prosastücke. Zusam-
mengehalten werden sie von einem eigenwilligen, frischen, knappen
und präzisen Ton sowie einer sprunghaften, an den Surrealismus er-
innernden Kombinatorik. Geschichten, Wendungen oder Sätze werden mehrmals leicht variierend wiederholt, was sie wie Leitmotive
wirken lässt und ihnen neue, auch transzendente Bedeutungen verleiht. Ein dichtes sprachliches Gewebe, gespickt mit respektlosem
Witz, Ironie und Kalauern, gehört ebenso dazu wie Groteskes oder
Skurriles: Zwerge mit großen Ohren, kleine Ritter in Leichtmetall-
rüstungen. Die Märchenelemente haben die Harmlosigkeit verloren,
ohne deshalb Schrecken zu verbreiten.

Die 20 Geschichten in *Picknick der Friseure* (1996) erzählen auf maximal vier Seiten von einem rätselhaften Alltag. Viele handeln von der Familie eines kindlichen oder jugendlichen Ich-Erzählers. Ein Kind fällt vom Balkon der Tante und wird von der Familie, die mit solchen Unglücksfällen ihr Geld verdient, routiniert betrauert (»Der Balkon«). Nach der Verstoßung der Mutter durch den Vater wegen einer roten Perücke färben sich die Haare des Kindes rot und bleiben es trotz rabiater Maßnahmen bis zu einer Pilgerfahrt mit familiärer Wiedervereinigung (»Die Pilger«). Die umherziehenden Friseure der Titelgeschichte locken und ängstigen wie Zigeuner, und der ersehnte Dienst bei ihnen ist hart – nur lockt man jetzt selbst. In Märchen, Burlesken oder Albträumen wird von Ordnungen erzählt, in denen eine Unruhe ohne Subjekt rumort.

Mit dem Preisgeld des ›aspekte‹-Literaturpreises für ihr Debüt unternahm Hoppe eine Weltreise, die in den Roman *Pigafetta* (1999) einfloss. Ein namenloser Erzähler unklaren Geschlechts fährt als »zahlender Gast« an Bord eines Frachters von Hamburg aus um die Welt. Acht Kapiteln sind ein- bis zweiseitige Kurzkapitel vorangestellt. Das letzte, neunte, schildert die Heimkehr. In »Erste Nacht« bis »Achte Nacht« hält der Reisende wie in einem romantischen Noctarium Zwiesprache mit der Familie daheim, insbesondere mit der Schwester, die in einen »Generalkapitän« verliebt ist. Mit ihm ist Magellan gemeint, von dessen erster Weltumsegelung 1519 bis 1522 Antonio Pigafetta berichtete. Die Titelfigur ist ein für alle anderen auf dem Frachter unsichtbarer Gesprächspartner des Erzählers, dessen Fahrt sich, verglichen mit den großen Entdeckungsreisen, reizlos ausnimmt: »Die Ladung hat Priorität«, Landgang ist selten, und auf dem Meer scheint das Schiff stillzustehen. Der Kapitän bescheidet den Erzähler – »da haben Sie das ganze Abenteuer« –, doch der Schiffsmechaniker Nobell mahnt ihn zur »Vision«, sonst würde nie ein Seemann aus ihm.

Im Mittelpunkt steht das Geschehen an Bord, wo sich die zahlenden Passagiere und die Besatzungsmitglieder, meist mit Berufen benannt (»was sind schon Namen«), in skurrilen Szenen mit den gleichen Problemen beschäftigen wie schon die Entdecker: Navigation, Seekrankheit, Lebensrettung und Meuterei sowie Begrenztheit des Wissens, Angst und Sinnverlust. Das Gegenwartsgeschehen wird zuweilen mit Pigafettas Bericht oder Erzählungen der *Bibel* (die Arche Noah, Jonas im Bauch des Wals) überblendet. Hoppe spielt zudem mit Titeln von Büchern für Kinder und Erwachsene, darunter ihrem eigenen Debüt. Ihr Erzähler dringt so sehr in die Schiffswelt ein, dass er seinen Namen vergisst. Dass den Heimkehrern (nun spricht der Erzähler von »wir«) große Ohren wie Pigafettas Fabelwesen gewachsen sind, bemerken ihre Mütter nicht. Die Weltumrunder fallen zu Hause sofort in den Schlaf, weil sie von ihren Erlebnissen und Entdeckungen, ironisch zusammengefasst als »die Erde ist rund«, nur lügen oder im Traum sprechen können. Die Abenteuer der Ferne gehören zur Sphäre der »Vision«, der Einbildungskraft.

Auch *Paradiese, Übersee* (2003) ist ein Abenteuer- und Reiseroman. In »Übersee«, dem ersten von drei Teilen, die in verschiedenen Jahren jeweils kurz vor Weihnachten spielen, landen ein schweigsamer Ritter, ein Hund und ein unablässig ins Diktiergerät sprechender Journalist, der »Pauschalist«, in Kalkutta. Sie suchen Doktor Stoliczka, der stets gerade vor ihrer Ankunft abgereist ist und seinerseits nach einer Berbiolette sucht, einem sagenhaften Tier. An einem Kreuzweg trennt sich der Pauschalist vom Ritter, drei Räuber verletzen ihn schwer. Der zweite Teil ist mit »Wilwerwiltz« überschrieben. In dem luxemburgischen Ort wohnt Veit mit seinem Hund Munter bei Vater und Mutter. Weil er in einer Rüstung aus Leichtmetall Touristen Sehenswürdigkeiten zeigt, wird er auch Kleiner Baedeker genannt. Veits Schwester Spes arbeitet als Zimmermädchen in Lissabon, trägt eine Schürze aus Berbiolettenfell, ist Doktor Stoliczka begegnet und dem Ritter verfallen; ihr Bruder Willibrord aber ist, wie sich jetzt zeigt, der Pauschalist.

Veit, der wie seine Geschwister den Namen eines örtlichen Heiligen trägt, bricht widerstrebend auf, um Willibrord nach Hause zurückzuholen. Mit dem Schiff, auf dem sich auch der ihm unbekannte Doktor Stoliczka befindet, reist er im dritten Romanteil »Paradiese« nach Bombay. Veit findet den Bruder, der dem Wahnsinn nahe ist. Der Ritter taucht auf, verschwindet aber in einem sintflutartigen Regen wieder. Die Brüder, ihre Pferde und der Hund Munter fahren auf einem Floß die Mosel hinauf bis zur Pension von Frau Conzemius in Echternach, wo die Geschwister als Kinder nach der Pfingstprozession übernachteten. Spes erwartet sie bereits. Der letzte Satz des Romans stammt aus Spes' Brief an den Ritter, von dem sich einige Figuren Antwort auf ihre Fragen erhofft hatten. Er erklärt nichts:»Der Ritter, das bin übrigens ich.«

Das Kunstmärchen steckt voller Verweise und Bezüge auf das Christentum (Heilige Drei Könige, Weihnachten; Veit und die zwei Hunde haben das biblische Alter von 300 Jahren), Grimms Märchen (Frau Conzemius erinnert an »Frau Holle«, Doktor Stoliczka an »Der Hase und der Igel«), den Ritterroman (erwähnt werden König Artus' Tafelrunde, Drachen und Jungfrauen) und die Schatzsuche im Abenteuerroman. Die Struktur scheint der Echternacher Springprozession entlehnt. Auf die wiederholten Fragen »Woher kommen wir, wo sind wir, wohin gehen wir?« weiß allein Veit die Antwort:»Nach Hause!« Dieses Zuhause bei Frau Conzemius ist der Sehnsuchtsort der Kindheit, an dem die Geschwister vereint waren.

Verbrecher und Versager (2004) enthält vier Porträts von Männern, die Geschichten von Freiheit und Reichtum in die Ferne lockten, wo sie bis auf einen umkamen: Georg Meister (1653–1713), Schillers Stubengenosse auf der Karlsschule, Franz Joseph Kapf (1759–1791), Franz Wilhelm Junghuhn (1809–1864) und John Hagenbeck (1866–1940), Stiefbruder des Hamburger Zoogründers. Das fünfte Porträt gilt der Romanfigur Leonhard Hagebuch aus Wilhelm Raabes *Abu Telfan* (1867). Über die dramatischen Schicksale berichtet jeweils ein Ich-Erzähler aus räumlicher Distanz oder der Gegenwart. Die Informationen stammen aus Erzählungen, Briefen, einem Roman oder gar von einem Toten: Die Unmittelbarkeit der Biographie wird als Illusion gezeigt. Die aufgrund von Geschichten eingeschlagenen Lebenswege sind nur durch ein Erzählen nachzuzeichnen, das Fakten *und* Fiktionen berücksichtigt. Hoppe ironisiert es am Ende mit der Forderung »Fakt statt Verheißung!«

Mit *Johanna* (2006) ist Johanna von Orléans oder Jeanne d'Arc gemeint, die als 19-Jährige die französischen Truppen gegen die englischen Besatzer anführte und am 30. Mai 1431 in Rouen als Ketzerin verbrannt wurde. Das kurze Leben der Jungfrau rekapituliert in aller Freiheit (»achtzig oder achthundert englische Soldaten«) ein zweiseitiger Prolog. Die sieben Kapitel spielen in einem Mai der Gegenwart. Eine junge Frau müht sich mit einer Doktorarbeit über Johanna.

»ERST DENKEN, DANN HANDELN«, fordert ihr Professor. Doch die Doktorandin empfindet die von göttlichen Stimmen geleitete Jungfrau als Herausforderung: »Johanna brennt, und ich sitze im Hörsaal.« Das »Rätsel« des Heiligenlebens lässt die Ich-Erzählerin in (Tag-)Träumen mit und über Johanna sprechen, als wäre sie gegenwärtig. Auch den Wissenschaftler Peitsche, den die Forscherin heimlich liebt und mit dem sie sich auf die Prüfung vorbereitet, treibt Johanna um: Er faltet Mützen mit Aufschriften für die historischen Figuren, doch die für Johanna glückt ihm nicht. Die Doktorandin scheitert in der Prüfung, welche noch einmal Johannas Scheitern vor dem Gericht rekapituliert, und fährt am Todestag der Jungfrau nach Rouen. Mit Peitsche badet sie in der Seine dort, wo man Johannas Asche und unverbranntes Herz hineinschüttete. »Und morgen«, endet der Roman, »falls das Wetter es erlaubt, werden wir uns duzen«.

Das Buch ist mehr als eine Wissenschaftssatire: In ihm geht es »ums Ganze«. Der Unbedingtheit Johannas wird die Gegenwart gegenübergestellt. Hoppe schildert sie als runden Tisch, um den jeder im Kreis herumrutscht und Dogmen, Lehrsätze, Konventionen befolgt. Leer bleibt die Mitte des Tisches, wo eine Leiter in den Himmel oder in die Hölle führt. Die Forscherin hat Angst »vor der Sache dazwischen, die man gemeinhin DAS LEBEN nennt«. Doch die Angst ist auch die Lösung. Mehrfach wird Osip Mandel'štam zitiert: »Die Angst nimmt mich bei der Hand und führt mich. Wenn die Angst bei mir ist, habe ich keine Angst.« *Johanna* erzählt von der Sehnsucht nach einem erfüllten Leben ohne Gottes Hilfe.

Iwein Löwenritter (2008) erzählt Hartmann von Aues mittelhochdeutsches Epos *Iwein* neu. Der Ritter aus König Artus' Tafelrunde wird König an der Seite der schönen Laudine, verlässt aber aus Abenteuerlust seine Frau und vergisst sie und sich, bevor er nach vielen Kämpfen zu ihr zurückkehrt.

Hoppe teilt die Geschichte von Glück, Selbstverlust und Läuterung in die Teile »Iwein« und »Der Löwenritter«. Der Ich-Erzähler spricht die Leser oft an, als säßen sie vor ihm: »Wie verzweifelt Iwein war, könnt Ihr Euch denken!« So spricht der Löwe, dem Iwein zu Beginn des zweiten Teils beim Kampf mit einem Drachen das Leben rettet und der ihm danach seinerseits immer wieder aus Todesgefahr hilft. Die Zahl der Kämpfe und der Protagonisten ist leicht verringert, die Dialoge sind stark verkürzt, bildhafte Benennungen (das Land Nebenan, das Immerschwert, der Immerwald, der Wein von vor eintausend Jahren, der Allerbeste der Besten) lassen an Kunstmärchen und die Sprache junger Leser denken. Hoppe schafft Plausibilität, indem sie das Geschehen stets auf frühere Ereignisse bezieht, Farben leitmotivisch benutzt und manches erfindet wie Laudines und Iweins Tausch der Herzen. Nicht Ehre, sondern Freundschaft, Liebe, Hass, Vertrauen, Sehnsucht und Neugier leiten die Figuren. Doch die elementaren Emotionen dienen nicht der Psychologisierung; sie schaffen Beziehungen und Freundschaften, die der Stoff jener Geschichten sind, denen König Artus ebenso gern zuhört wie sie der Löwe erzählt.

Die Erzählung *Der beste Platz der Welt* (2009) liefert weder Reiseimpressionen noch Werkstattberichte aus dem Schweizer Wallis, wo die Erzählerin (wie Hoppe) eine Einsiedelei in Leuk bewohnt, sondern Geschichten, Sagen, Legenden: von einer verstorbenen Tante, die das Wallis liebte, von Sonnenlicht, das in Flaschen abgefüllt wird, drei Einsiedlern auf dem Matterhorn und einem Riesen. Die Erzählerin plaudert mit Besuchern der Einsiedelei, findet in der Kirche Trost und reist nach einer keuschen Nacht mit einem Nachfahren englischer Bergsteiger ab Richtung Meer. Mit leichter Hand gliedert die Dankund Gelegenheitsarbeit einen existierenden Landstrich in den Hoppeschen Text-Kosmos ein.

Das Motto von HOPPE (2012) kündigt ebenso wie die Gattungsbezeichnung »Roman« eine Fiktion an: »Für Familienmitglieder gilt das gesprochene Wort!«. Das geschriebene nämlich verwirft auf der ersten Seite die bekannte Biographie der Autorin als »reine Erfindung«. HOPPE entwirft in fünf Kapiteln ein anderes Hoppe-Leben von der Kindheit bis zum Beginn der literarischen Karriere. Die bisher bekannten Fakten werden als fiktives Material benutzt (das Einzelkind Felicitas fantasiert sich vier Geschwister herbei) und mit erfundenen wie existierenden Texten verbunden: Briefen und bisher unveröffentlichten Schriften Hoppes (»Häsi, das Hasenkind«), Literaturkritiken und wissenschaftlichen Aufsätzen zu ihren Büchern, die ebenfalls zitiert, sogar interpretiert werden, dazu Briefe, Notate und Schriften (»Buch F«) von Freunden und Bekannten. Die Erzählerin folgt mit ausgiebigen Zitaten, zuweilen in Klammern mit dem Vermerk »fh« kommentierend, den biographischen Stationen. Erstes Kapitel: Auswanderung der Vierjährigen mit dem »Entführervater« Karl aus Hameln nach Brantford, Kanada, dort Jahre der Begeisterung für den Nachbarssohn und späteren Eishockeystar Wayne Gretzky. Zweites Kapitel: 1974 Überfahrt per Schiff mit dem Vater, einem Patentagenten, nach Australien. Drittes Kapitel: Schulbesuch, Klavierunterricht und erste Liebe in Adelaide. Viertes Kapitel: Musikstudium ebendort, 1984 Reise mit einem Verehrer in die USA und Trennung. Fünftes Kapitel: Studium der deutschen Sprache und Literatur sowie Arbeit als Deutschlehrerin in Oregon, USA, innige Freundschaft mit einem Professor, schließlich plötzliches Verschwinden von Felicitas und Ankündigung ihrer literarischen Karriere. Figuren, Situationen, Sätze wandern, leicht variiert, durch das Buch, Wahres und Erfundenes ist ununterscheidbar. Geschriebenes voller Verweise auf Werke von Hoppe sowie von F. Kafka, L. Carroll, C. Collodi, A. Lindgren u. a. wird nicht selten von der Hauptfigur erlebt (Fiktion und Wirklichkeit verschmölzen, merkt »fh« an).

Ungeachtet dieser kompliziert klingenden, dabei aber leichtfüßigen Feier der Intertextualität ist HOPPE ein äußerst komisches Buch. Als »Spielerin außerhalb aller Ordnungen« überbietet sich Felicitas permanent selbst, »fh« und die Verfasserin tun es ihr nach: Auf Pathos folgt Pathoskritik usw. Unwidersprochen bleibt außer der Liebe zu »Helden, Heiligen, Rittern und Königen« wenig. Als kleiner Ritter, »wie frisch gebügelt«, tüchtig und unablässig redend eilt sie durch das Buch mit einem Rucksack auf dem Rücken, in dem sich »Taktstock, Schläger, Lippenstift« befinden. Es sind die richtigen Utensilien für eine Dirigentin, einen Eishockeyspieler und eine Frau – nur scheitert sie in allem, weil sie den Rucksack nie ablegt. Ihre Haltung erfasst eine der zahllosen aphoristischen Bemerkungen: Wichtig sei nicht, verstanden zu werden, sondern der Versuch, sich verständlich zu machen. JÖRG PLATH

Marlene Streeruwitz

* 28. Juni 1950 in Baden bei Wien (Österreich)

Studium in Wien (Jura, Slawistik, Kunstgeschichte); ab 1987 Hörspiele; Journalistin, Redakteurin, 1992 Durchbruch als Dramatikerin, 1996 erster Roman; Theaterstücke, Prosa, Hörspiele, Poetikvorlesungen in Tübingen und Frankfurt a. M.; Reflexion weiblichen Alltags im politischen Zusammenhang; feministische Ästhetik mit markantem, manchmal agrammatischem Staccato-Stil.

Das erzählerische Werk

Nach ihren Anfängen als Dramatikerin mit viel gespielten Stücken wie *Waikiki Beach.* (1992) und *New York, New York.* (1993) war die Autorin von der Umsetzung ihres Werks auf der Bühne durch selbstherrliches Regietheater enttäuscht. Mit einiger Konsequenz hat sie seit ihrem Prosadebüt 1996 auf die Bühne verzichtet und den direkten Dialog mit ihrem Publikum in Romanen und Erzählungen gesucht. Marlene Streeruwitz ist zudem eine Autorin, die sich häufig auch selbst erklärt hat, in Essays, Interviews und Poetikvorlesungen.

Durchgängig thematisiert sie die bestehende »Unwertigkeit« von Frauen in patriarchalischen Gesellschaften, die im Verlauf der Sozialisation unterschiedlich grob oder subtil anerzogen wird, je nachdem, ob die Erziehung in einer mitteleuropäischen Demokratie (mit tradierten Resten des Faschismus) oder in totalitären Regimes stattfindet. Nachdem Sozialisation wie Selbsterkenntnis an die jeweilige Sprache gebunden sind, gilt es immer auch, eine eigene Sprache zu finden, die sich doch nie ganz vom bestehenden System wird lösen können. Streeruwitz markiert dies mit ihrem radikal parataktischen Stil, der sich mündlicher Alltagssprache nähert, durch punktuell agrammatische Syntax, vor allem durch die Interpunktion – im extremen Fall setzt sie Punkte nach einzelnen Worten: »Ich habe durch die Notwendigkeit des Akts der Beschreibung des Unsagbaren im Ausdruck zu Kunstmitteln wie Stille, Pause, dem Punkt als Würgemal und dem Zitat als Fluchtmittel gefunden, um damit dem Unsagbaren zur Erscheinung zu helfen. [...] Der vollständige Satz ist eine Lüge. Im Entfremdeten kann nur Zerbrochenes der Versuch eines Ausdrucks sein. […] Mit dem Punkt kann der vollständige Satz verhindert werden. Der Punkt beendet den Versuch. Sätze sollen sich nicht formen.« (*Sein. Und Schein. Und Erscheinen. Tübinger Poetikvorlesungen*, 1997)

Streeruwitz' Werk ist zwar forciert feministisch, lässt sich aber nicht mit dem reduktionistischen Etikett ›Frauenliteratur‹ beiseite schieben. Die Autorin knüpft an überkommene, ja gelegentlich triviale literarische Formen an, die sie mit neuen Bedeutungen auflädt, andererseits bezieht sie sich auf die provokanten Strategien der Frühen Moderne. Ihr erster Roman *Verführungen. 3. Folge. Frauenjahre.* (1996) verweist im Titel auf kitschige Fortsetzungsromane für eine weibliche Leserschaft. Geboten wird aber eine durchschnittliche, krisengeschüttelte Alltagsexistenz im Wien des Jahres 1989, bar jeder Verklärung: Helene Gebhardt ist samt ihren zwei kleinen Kindern von ihrem Mann verlassen worden. Sie muss alleine zurechtkommen, arbeitet als Sekretärin in einer Werbeagentur, kümmert sich um ihre Mädchen, versucht neue Liebschaften, die scheitern. Sie zerreißt sich fast in dem Versuch, allen Fremdbestimmungen gerecht zu werden. Als ihre beste Freundin sie mit ihrem Ehemann betrügt und sich schließlich umbringt, ändert Helene ihr Leben grundsätzlich: Sie reicht die Scheidung ein, klagt auf Unterhalt und kündigt; der offene Schluss des Romans zeigt sie im Arbeitsamt mit der Hoffnung: »Im nächsten Jahr würde alles besser werden.« Anders als im Bildungsroman, der vorwiegend männliche Protagonisten aufzuweisen hat, verläuft die Entwicklung von Streeruwitz' Heldin nicht zur Annahme von dominanten gesellschaftlichen Mechanismen und Integration in sie, sondern hin zur Auflehnung und Emanzipation; erzählt wird das im Inneren Monolog der Figur, in der beschriebenen, ruhelos interpunktierten Sprache.

Umcodierungen von Trivialliteratur hat Streeruwitz in *Lisa's Liebe. Roman in 3 Folgen.* (1997) und in *Dauerkleingartenverein ›Frohsinn‹. A gothic SF-novel* (2000) betrieben. *Lisa's Liebe.*, zuerst in drei separaten Hochglanz-Heftchen mit auch visuell deutlicher Anlehnung an Groschenromane erschienen, unterläuft die Gattungserwartungen schon mit der Hauptfigur: Für einen sehnsüchtig liebenden Backfisch in einem Arztroman ist die Lehrerin Lisa Liebich mit ihren 39 Jahren zu alt. Sie schreibt dem örtlichen Landarzt einen Liebesbrief und wartet vergeblich auf Antwort, stattdessen fotografiert sie die briefträgerlose

Landschaft und schreibt Geschichten. Diese Fotos und Typoskripte werden abgedruckt wie in einem Poesiealbum eingeklebt; dazwischen wird in drögem Mitteilungsstil Lisas bisheriges Leben in kleinen Kapiteln erzählt, nie länger als eine Druckseite und stets mit ihrem Namen beginnend: »Lisa war in B. aufgewachsen«, »Lisa hatte in diesem Sommer gar nichts gemacht«, »Lisa hatte zu onanieren aufgehört« usw. In der »3. Folge« hat sie aufgehört zu warten und ist nach New York geflogen; statt der Fotos aus ländlichem Ambiente alterniert der Bericht von Lisas Aufenthalt nun mit Fotos von New Yorker Straßenschildern. Nicht nur die gattungsobligatorische Heirat am Ende, auch die Liebesgeschichte überhaupt wird in diesem ironisch-komischen Werk verweigert.

Streeruwitz' wohl komischster, übermütigster Text ist *Norma Desmond* (2002), ein parodistisch-satirisches ›mixtum compositum‹ aus Science Fiction und ›gothic novel‹, dem englischen Schauerroman aus dem 18. Jh.: Normas jahrhundertealter Geliebter Donald sitzt tot im Rollstuhl, womöglich hatte er sich zu häufig per »Bodyfax« in entfernte Regionen des Erdballs verschickt. Nachdem sie in der Überwachungsgesellschaft von 2300 als illegales Relikt bei ihm gelebt hat – sie hat ein »Altruismus-Gen« zuviel –, kann sie sich ohne ihn nicht ernähren. Mithilfe des Gartenroboters Hugo gelingt schließlich die Betätigung all der zum Überleben notwendigen Maschinen, und auch der vom Knochen abgeschälte Daumen Donalds, den sie zur Identifizierung braucht, wächst über ihrem eigenen an. In dieser Zukunftsgesellschaft haben Frauen zwei Klitoris, Männer drei Penisse, und sie fragen sich, wie Sex in früheren Jahrhunderten zugegangen sein mag; Fortpflanzung findet nicht mehr statt, schließlich sind die Menschen dank der gentechnischen Fortschritte (fast) unsterblich geworden.

Nachwelt. Ein Reisebericht (1999) erzählt von einem zehntägigen Aufenthalt der geschiedenen, 39-jährigen Margarete Doblinger in Los Angeles. Sie interviewt eine Reihe von Emigranten, weil sie eine Biographie über die Bildhauerin Anna Mahler (1904–1988) schreiben will, die Tochter Gustav und Alma Mahlers. Im bislang wohl bedeutendsten Roman Streeruwitz' sind authentische Interviews, die sie 1990 mit Mahlers zeitweiligen Ehemännern Albrecht Joseph und Ernst Křenek, mit Freunden, Bekannten, Verwandten geführt hat, integriert;

erzählt wird aber vor allem vom vergangenen Leben Margaretes, ihren Empfindungen, den Recherche-Fahrten und Alltagsverrichtungen in Kalifornien. Margarete will durch die Recherche und ihre Reise dem Alltag zu Hause entkommen. Ihr biographisches Projekt scheitert, sie gibt das Buch auf, weil sie es nach all ihren Gesprächen für anmaßend und unmöglich hält, ein fremdes Leben in seinen Brüchen, seiner Komplexität abzubilden. Das puristische, fast naive Scheitern der Protagonistin ist paradoxerweise im Gelingen des Romans *Nachwelt* aufgehoben: Er liefert gerade im Wechsel zwischen der Beschreibung der recherchierenden Margarete und ihren Interviews ein löchriges, pointillistisches Bild Anna Mahlers und der Biographin, das gerade durch seinen Fragment-Charakter der Erinnerung an einen vielfach gebrochenen Lebenslauf der vor dem Nationalsozialismus geflohenen Künstlerin gerecht wird.

Streeruwitz hat sich in einzelnen Werken stärker explizit historisch-politischen Kontexten zugewandt. Die Erzählung *Majakowskiring.* (2000) zeigt die reflektierende Protagonistin in einem Bungalow der Grotewohl-Villa in Berlin-Pankow, dem früheren Gästehaus des DDR-Schriftstellerverbandes. So unwirklich wie dieser Ort vergangener Macht kommt ihr die Trennung von ihrem letzten Mann vor. Die Novelle *Morire in levitate.* (2004), »Sterben. In Leichtigkeit«, wie Streeruwitz übersetzt, widmet sich der Verdrängung des österreichischen Faschismus: Der Großvater der Opernsängerin Geraldine Denner hat die Fahrpläne der Züge nach Auschwitz erstellt, ihr Vater hatte sich nicht dagegen gewandt. Statt seiner arbeitet sich die 60-jährige Protagonistin, mit auch psychosomatischen Symptomen, an diesem Familienerbe ab.

In *Entfernung. 31 Abschnitte.* (2006) schickt Streeruwitz ihre Hauptfigur, die gerade ihre Stelle als Dramaturgin und ihren Mann an eine Jüngere verloren hat, im Juli 2005 nach London, wo sie freiberuflich neue Arbeit suchen will, einen Streifzug durch die örtliche Subkultur macht und in die Bombenattentate in der U-Bahn gerät. In all diesen Texten werden private Gewalterfahrungen mit den großen Gewalt-Mechanismen der letzten Jahrzehnte verschränkt.

Ihr bedeutender Roman zu diesem Thema, *Die Schmerzmacherin.* (2011), folgt der 24-jährigen Amalie (»Amy«) Schreiber, die eine Ausbildung in einer Firma der privaten Sicherheitsindustrie durchlaufen will und gleichzeitig mit ihrer Herkunftsgeschichte hadert. Sie kennt ihren Vater nicht, und so war es auch schon ihrer Mutter ergangen. Ein kleiner Lichtblick in diesem frostigen Umfeld sind ihre Pflegeeltern, die aber durch ihren rigiden Protestantismus geprägt sind. Der Pflegevater kommentiert aus diesem Hintergrund heraus ihre Ausbildung als unmoralisch, sie »könne nicht lernen, wie Gewalt angewendet würde. Das könne man nicht.« Amy fügt als »Superhostess der Sicherheit« Gewalt zu, und ihr wird Gewalt zugefügt: Sie erlebt schockiert eine Fehlgeburt, ohne die Schwangerschaft bemerkt zu haben, ohne sich an sexuellen Verkehr in den letzten Monaten erinnern zu können. Die moderne Marquise von O. (H. von Kleist) ist unter K.O.-Tropfen betäubt und vergewaltigt worden, wie sie nach und nach rekonstruiert, ihr britischer Chef wird als »Double von Strauss-Kahn« beschrieben. Die Schmerzmacherin ist ein turbulenter Thriller, der in

einem Ausbildungscamp an der bayerisch-tschechischen Grenze, in Wien und in London spielt, ohne dass doch die Genre-Erwartungen ganz eingelöst würden: Die Wahrnehmung bleibt an Amy gekoppelt, die nicht wirklich alles versteht, was um sie herum vor sich geht, in einem Metier, in dem alle als Schauspieler ihrer selbst auftreten müssen. Sie lernt aber, dass sie der erwarteten faschistoiden Mentalität (»Alles perfekt befolgt«) und deren Allmachtsphantasien nicht entsprechen kann, als »Conceptsurferin« ist sie zu individualistisch. Streeruwitz lotet in diesem Roman aus, was es bedeutet, wenn demokratische Staaten ihr Gewaltmonopol punktuell an private Sicherheitsfirmen delegieren – Gewalt wird zum Handelsgut, die Idiosynkrasien und Emotionen bezahlter einzelner bestimmen über Schmerz und Macht, Geschichte und Moral.

Neuansätze stellen die Romane Partygirl. (2002) und Jessica, 30. (2004) dar. Partygirl. setzt stärker als frühere Arbeiten auf intertextuelle Bezüge: Streeruwitz erzählt eine zeitgemäße Version von Edgar Allan Poes The Fall of the House of Usher (1839), die das spätromantische Konzept der weiblichen Leiche außer Kraft setzt. Hier stirbt nicht die Schwester Madeline Ascher, sondern ihr Bruder Rick (bei Poe: Roderick), indem er an einer Pizza erstickt. Zwar bleibt die Autorin ihrem Verfahren weiblicher biographischer Konstruktion treu, Madeline ist aber beim Erzähleinsatz 2000 bereits 60 Jahre alt, und ihr wildes Leben in den mondänen Städten der Welt wird gegen die Chronologie bis ins Jahr 1950 und die österreichische Provinz zurück erzählt.

In *Jessica, 30.* bricht Streeruwitz erstmals mit ihrem syntaktischen Verfahren; dieser Roman besteht aus drei inneren Monologen (mit wenigen Dialog-Einlagen) der Hauptfigur, die nun ausschließlich mit Kommata unterteilt werden und so ein anderes Lesetempo zulassen. Jessica Somner ist eine Generation jünger als die anderen Mittelpunktsfiguren Streeruwitz', und sie führt ein anderes Leben. Der erste Monolog zeigt sie beim Joggen, sie ist kinderlos, unverheiratet, und sie hat nur einen Geliebten aufzuweisen, einen kriminellen konservativen Politiker, von dem sie sich trennen will. Der zweite Monolog beschreibt den vermutlich letzten Abend, den sie mit ihm verbringt; sie trifft ihn, um ihn auszuhorchen und mit der erhofften Story journalistisch Karriere zu machen, er hingegen trifft sie aus sexueller Gier; im dritten Monolog sitzt sie im Flugzeug nach Hamburg, auf dem Weg in die *Stern*-Redaktion und zur möglichen Unabhängigkeit, ironischerweise schläft sie im Landeanflug ein. Jessica ist eine hochneurotische Figur, die z. B. läuft, um ihr Gewicht zu halten, wofür sie sich anschließend aus dem Kühlschrank mit hochkalorischen Lebensmitteln belohnt, ein unendlicher Kreislauf – sie ist abhängig davon, wie sie von männlichen Blicken wahrgenommen wird. Streeruwitz' Blick auf diese Figur ist ungewöhnlich kühl, distanziert, unbarmherzig. Ihre immer neuen Versuche, patriarchalische Ordnung mit ästhetischen und politischen Mitteln zu destruieren, richten sich auch gegen die Untiefen weiblicher Wahrnehmung: »Wir sind alle Schläfer des autoritären Patriarchats.« (*Männer. Träume. Schäume.*, 2002)

War *Jessica, 30.* auch eine Auseinandersetzung mit der Frage, wie politische Macht sich privat äußert, wird im Roman *Kreuzungen.* (2008) erstmals bei Streeruwitz in Ich-Form der Gedankenmonolog eines Mannes erzählt. Max, ein 900 Millionen schwerer Unternehmensvorstand, verlässt seine Frau, seine beiden Töchter und die Stadt Wien, in der er groß geworden ist. Der herkunftslose Selfmademan – die Kindheit hat er als Findelkind im Heim verbracht – will nun ganz narzisstisch niemandem mehr verpflichtet sein. Er unterzieht sich einer Schönheitsoperation und lässt von einer Agentin nach der künftigen

Ehefrau suchen, die aus dem britischen Adel stammen und die nächsten beiden Töchter gebären soll. Die Wochen nach der Operation verbringt der Protagonist in privatistischen ›Rites de passage‹ zu einer neuen Lebensphase: Er analysiert die abschließenden Kämpfe mit seiner Ehefrau, und die Bekanntschaft mit einem Lyriker und Kotkünstler in Venedig führt ihm vor, wie sein Geld letztlich immer nur, ganz freudianisch gesprochen, zu Scheiße wird – aber auch, wie weit sich Menschen bereitwillig demütigen lassen.

Die Ehevermittlung scheitert schließlich. Die ausgewählte Frau will sich nur in vitro befruchten lassen, Max schnappt von der angeblichen Britin mit dem italienischen Vornamen Francesca einen deutschen Satz auf, hält sie beim ersten Treffen aufgrund ihres Verhaltens für dumm und wittert die Verschwörung eines Wiener Konkurrenten. Mit der Absage der neuen Verbindung schneidet er die letzten sozialen Verbindungen ab; der Unfalltod Francescas, den er zufällig beobachtet, läutet seine »zweite Eroberung der Welt« ein. Das Ende der Romans zeigt ihn allein in seiner neuen Luxus-Wohnung mit dem Blick auf London, Pläne schmiedend für ein Kunstwerk der Selbstvergötzung, das Damien Hirsts *For the Love of God* (2007) als teuerstes Werk der Gegenwartskunst gleichzeitig kopieren und übertreffen soll: Als »For the Love of Gold« will er den Schädel Francescas mit Diamanten bedecken lassen, sich »aus einer brutalen Geste einen Wert verschaffen«. In *Kreuzungen.* zeigt Streeruwitz, wie Macht und Geld eine leere narzisstische Persönlichkeit ausfüllen; sie führt aber auch konsequent den Diskurs vom Ende einer kommunikativen Kunst, in der Menschen sich und andere hatten erkennen können. Statt mit erfundenen Figuren kann der in Teilen dem französischen Präsidenten Sarkozy nachempfundene Neoliberale Max mit wirklichen Menschen spielen und sein Geld an die Wand hängen – er »hätte immer bezahlen müssen. Er konnte ja nichts anderes. Und damit alles«.

Die moralische Strenge und ästhetische Virtuosität Streeruwitz' zeigen die kurzen inneren Monologe des Bandes *Das wird mir alles nicht passieren... Wie bleibe ich FeministIn.* (2010). Neun Frauen und zwei Männer werden in einer lebensentscheidenden Situation gezeigt, in Überlegungen vor einer Aussprache, vor der Aufgabe des bisherigen Alltags, seiner Verlässlichkeit, seiner Unterdrückungsmechanismen zugunsten einer noch unbekannten, aber womöglich eher selbstbestimmten Alternative. Die bewegenden Monologe zwingen bei der Lektüre, sich in den entwickelten Alternativen zu verorten und die potenziellen Entscheidungen durchzuspielen – die Autorin lässt den Ausgang stets offen und hat zusätzlich zum gedruckten Buch einen Blog angeboten, in dem die verschiedenen Optionen weitererzählt und vom Publikum kommentiert werden konnten. Ihre eigene Position hat sie in einem Interview deutlich formuliert: »Es müsste herauskommen, dass die Entscheidung für einen emanzipatorischen Lebensentwurf getroffen werden kann, aber sehr viel kostet. Sie ist risikoreicher, aber lohnender. Es ist ganz klar, dass dann ein Selbst existiert, das gelebt hat.«

In ihrem Roman *Nachkommen.* (2014) schickt Streeruwitz eine zwanzigjährige Debütantin, Nelia Fehn, von der Beerdigung ihres Großvaters in Wien nach Frankfurt und lässt sie den Literaturbetriebs-Zirkus beobachten – als »jüngste Autorin, die je die Shortlist des deutschen Buchpreises erreichte«. Trotz einiger kenntlicher Porträts, spöttischer Bemerkungen zum Messerummel (»Raucherballettgemeinschaft«) und einiger kulturkritischer Fragen zur Literatur als »Kulturtechnik, die gerade zu Ende geht« handelt es sich nicht in erster Linie um eine Satire. Streeruwitz verschränkt Literaturbetriebssatire, Großstadtporträt, politischen Roman – der Geliebte Fehns ist ein junger Grieche – mit einem Familienroman. Die Mutter, seit fünf Jahren tot und von Nelia schmerzlich vermisst, war selbst eine bekannte Schriftstellerin und hat sie von ihrem leiblichen Vater, einem Frankfurter Romanistik-Professor, fern gehalten. Die denkbar nüchterne junge Frau, Vegetarierin, Wassertrinkerin, schön wie ein Model, immer kreislauf- und kältegefährdet, erlebt einen »schnellen Bergman-Film« um ihren Vater und seine Vertrauten, Freundinnen, Geliebten und versteht ihre Mutter nur noch besser. Letztlich geht es ihr um ein eigenständiges Leben, das die Lasten der VorgängerGeneration(en) nicht anzunehmen gedenkt und die Zerstörungen des sozialen Lebens, für die narzisstische Männer wie ihr Vater verantwortlich sind, in selbst geschaffenen neuen Bindungen hinter sich zu lassen: »Es ging am Ende darum, wer im Leben am Leben bleiben hatte können und wer da schon tot gewesen war.«

Nachkommen. ist der erste Teil eines umfangreichen »Griselda«-Projekts (nach einer Episode bei Boccaccio und Chaucer), in dem es um die Verinnerlichung gesellschaftlicher Befehlsstrukturen geht, deren Bewusstmachung und die Auflehnung dagegen. Der zweite Teil ist *Die Reise einer jungen Anarchistin in Griechenland.* (2014), die Streeruwitz »als Nelia Fehn« publiziert hat, der Roman der Zwanzigjährigen aus dem Vorgängerroman. In der Art eines Roadmovies erzählt die Protagonistin ihre Reise von Kreta nach Athen, auf der Suche nach ihrem Geliebten Marios, zur Zeit der Wirtschafts- und Eurokrise. Sie erfährt überraschend kommende Attacken ebenso wie Hilfe und versucht, den »Vorlagen und Anweisungen für mein Leben« zu entrinnen. Streeruwitz schreibt hier nicht in ihrem bekannten Staccato-Stil, sie billigt Dora Fehn einen eigenen Stil zu, der dezidiert geradlinig und so authentisch wie ein artifizielles Tagebuch wirkt, entsprechend dem Assoziationsraum einer jungen, politisch wachen Frau – Literatur, die eine »dringlichere Wirklichkeit gegenüber der Realität« setzen kann. SVEN HANUSCHEK

Albert Ostermaier

* 20. November 1967 in München (Deutschland)

Germanistikstudium an der Ludwig-Maximilians-Universität München; 1988 erster Gedichtband *Verweigerung der Himmelsrichtung*; Spielzeit 1996/97 Hausautor am Nationaltheater in Mannheim, Spielzeit 1999/2000 am Bayerischen Staatsschauspiel und 2003–2009 am Wiener Burgtheater; 2001 Writer-in-Residence an der New York University.

Das dramatische Werk

Die Theatertexte des Autors, die der seit Mitte der 1990er Jahre aufblühenden jungen deutschsprachigen Dramatik (Dea Loher, Roland Schimmelpfennig, John von Düffel, Moritz Rinke, Falk Richter, Marius von Mayenburg etc.) zugerechnet werden können, sind postmoderne Bildmuster aus pop- und hochkulturellen Anspielungen; sie reagieren auf die Medienkonkurrenz des 20. Jh.s, die zu pluralisierten Wahrnehmungen und neuen ästhetischen Verfahren wie der Montage geführt hat. An Bertolt Brecht geschult, setzt Ostermaier auf eine Theaterästhetik der Verfremdung, die den Fluss der Gesten und der alltäglichen Zusammenhänge unterbricht. Seine Montagen irritieren die Sinnkonstitution des Textes und stellen die Grenze zwischen Wirklichkeit und Phantasie zur Disposition. Die vielfach metadramatisch angelegten Theatertexte spüren zudem den Selbstbildern von Künstlern und ihrer Stellung auf dem literarischen Markt nach, wie in *Tatar Titus* (1998, UA 1999) und dem Stück *Aufstand* (2011, UA 2011), das auf den Spuren von Schillers Drama *Die Räuber* das Psychogramm eines dekadenten Dichterrevolutionärs entwirft. Die metadramatischen Strukturen werden dadurch verstärkt, dass Ostermaier die Medien selbst und insbesondere die Konkurrenz zwischen Theater und Film zum Gegenstand macht; seine frühen Dramen zitieren bevorzugt Autorenfilme von Andrei Tarkowski, Werner Herzog, Wim Wenders und Herbert Achternbusch, die späteren eher Mainstreamfilme. Ostermaiers Stücke handeln entsprechend von Filmdrehs, arbeiten mit filmischen Mitteln und nutzen filmisches Vokabular für ihre Nebentexte.

Der Autor ist darüber hinaus an Mythen interessiert, an antiken – in dem vierstimmigen Monodrama *Es ist Zeit. Abriss* (2002, UA 2001) erzählt Ostermaier den Mythos von Castor und Pollux neu –, sowie an Trivalmythen der bürgerlichen Gesellschaft (Roland Barthes), also an Liebe, Treue und Verrat, zudem an Märchen, wie sie das Stück *Blaue Spiegel* (2009, UA 2009) nachstellt. Diese Narrative gelten Ostermaier als Pathosformeln eines verbindlichen (populär-)kulturellen Bildpools, die er ebenfalls auf ihrer Metaebene behandelt, wenn das Erzählen selbst, also Illusionsbildungen, Fiktionen, Lügen und sich ausschließende Perspektiven thematisiert werden. Die Dramen entwerfen eine Mythopoetik, die sich immer auch zeitkritischen Diagnosen öffnet, wenn sie beispielsweise die Durchökonomisierung der Gegenwart fokussiert.

Einen ersten Erfolg verbucht Ostermaier mit seinem Theatertext *Zwischen zwei Feuern. Tollertopographie* (1998), 1995 in München uraufgeführt. Der Dialog eines gespaltenen Bewusstseins – Toller unterhält sich mit seinem Alter ego Tollkirsch – findet im Hotel Mayflower statt, in dem sich Toller 1939 »aus Verzweiflung über die politische Situation und das Scheitern seiner Hilfsaktion für die vom Hunger und vom siegreichen Franco-Faschismus gepeinigte spanische Bevölkerung« umbringt, spielt also in der »Nacht der Entscheidung«, in die die Stationen seines vergangenen Lebens analytisch eingelagert sind. Die collagierten Filmbilder, die die neoexpressionistische, lyrisch verdichtete Sprache der Nebentexte plastisch werden lässt – Ostermaier stellt die Sprach- und Genrehybridität seiner Texte für gewöhnlich aus –, überlagern vergangene Erlebnisse mit gegenwärtigen Zuständen, die als kapitalistische markiert sind und damit als Einspruch gegen Tollers sozialistisches Engagement fungieren. Das filmische Geschehen in *Tollertopographie* vergrößert, den Film-Theater-Experimenten Erwin Piscators vergleichbar, die individuelle Verzweiflung der Figur zu einem Antagonismus zwischen sozialistischer Utopie und kapitalistischer Warenwirklichkeit. Der Theatertext ist eine Parabel über vergeblich erhoffte Revolutionen und über das Exil, mithin über die sich wiederholende Geschichte der Vertreibung.

Nutzt Ostermaier den Film in *Tollertopographie* als bühnentechnisches Mittel, so wird er in der Auftragsarbeit *The Making Of. B-Movie*

(1999, UA 1999), einem Künstlerdrama für das Brecht-Jahr 1998, regelrecht zum Akteur; die Hauptfiguren Silber und Brom stehen gemeinsam für die (misslingende) Kollaboration der Medien. Ostermaier
zitiert aus einer Vielzahl an Brecht-Stücken, bevorzugt aus *Arturo
Ui* und *Baal*, das einen asozialen Dichter in einer asozialen Welt vorführt, und aus Brechts Gedichtbänden wie der *Hauspostille*. Er bezieht
sich darüber hinaus auf Rimbaud, Artaud, Fassbinder und Rainald
Goetz als ›poètes maudits‹. In *B-Movie* geht es entsprechend um einen
rebellischen Dichter und einen konkreten Betrugsfall auf dem literarischen Markt: Die zwei Gedichtbände des angeblich im Dschungel
verschollenen Fremdenlegionärs George Forestier von 1952 und 1954
entpuppen sich als die Verse des Produktionsleiters und Lektors Karl
Emerich Krämer. Dieser metadramatische Plot wird theatral vergegenwärtigt und zugleich gefilmt, wobei sich Film und Bühnengesche-
hen widersprechen und – ähnlich wie bei Brecht – der Widerspruch
zwischen den ästhetischen Mitteln auf der Bühne eingefordert wird:
Der Film relativiert und distanziert die theatrale Welt, während das
filmische Material durch die Konfrontation mit der Bühnenwirklich-
keit verfremdet wird.

Death Valley Junction (2000, UA 2000) bezieht sich intertextuell auf
eine große Erzählung über Glaube und Liebe, auf Dantes *La divina commedia*, ohne dass das Thema Künstlerschaft aus dem Blick geriete. Auch
hier geht es um Inszenierung und Regie bzw. darum, welche Auffassung von Wirklichkeit sich durchzusetzen vermag. Es schieben sich,
so Ostermaier, »verschiedene Geschichten übereinander, bei denen
nie klar ist, was ist inszeniert und was ist Realität, was ist ein Zitat aus
einem Film und was haben die Figuren erfunden an Identität«. Ostermaier integriert die wörtlichen Zitate aus Dantes Text meist unmo-
tiviert durch die Dialogsituation, so dass sie als Verfremdungseffekt
fungieren. Er reinszeniert Dantes Vorlage zudem kontrafaktisch, denn
in *Death Valley Junction* führt der Weg vom Paradies in die Hölle; im
Vordergrund stehen der Verlust von Liebe, die in der *Göttlichen Komödie*
das höchste Lebensziel darstellt, und der Verrat, der bei Dante im letzten, neunten Höllenkreis geahndet wird. Der Spielort, eine in touristi-
schen Kreisen beliebte amerikanische Extremlandschaft, postfiguriert
nicht nur Dantes Hölle, sondern auch Michelangelo Antonionis Film

Zabriskie Point (1970), dessen spektakuläre Landschaft in den Nebentexten ausführlich beschrieben wird.

In dem vielfach nachgespielten Stück *Erreger* (2002, UA 2000) sowie in den Theatertexten *Es ist Zeit. Abriss, Letzter Aufruf* (2002, UA 2002) und *99 Grad* (2002, UA 2002) dominiert eine zeitdiagnostische Kapitalismuskritik. In dem Stück *99 Grad*, das anspielungsreich immer wieder die »transzendentale Obdachlosigkeit« (Georg Lukács) der Figuren thematisiert, treten in einer durchgestylten Konsumwelt an die Stelle von Identität multiple Geschichten, die nach Angebot und Nachfrage selektiert und kombiniert werden. »Biographie ist die Ware, mit der die Menschen hier handeln, Erinnerung eine Währung, und der Tod bestimmt den Wechselkurs«. Die Pluralität der Geschichten und Wahrnehmungsformen, die Ostermaiers frühe Stücke für eine aktivierende Wirkästhetik genutzt hatten, wird damit zum Symptom einer dekadenten Konsumgesellschaft und zum Ausdruck von zerrissenen, modernen Identitäten überhaupt, wie auch in seinem Stück *Fratzen* (2009, UA 2009) deutlich wird.

Das lyrische Monodrama *Erreger* führt die Deformationen der kapitalistischen Welt ebenfalls vor Augen und schreibt einen gängigen Sündenbockdiskurs fort, wenn es als Urheber allen Übels einen Börsianer ausmacht. Der Protagonist, ein Trader, wird kriminalisiert und pathologisiert, denn er hat – wie er festgeschnallt auf einer Pritsche rekapituliert – anscheinend seine Familie hingemetzelt. Der Text bezieht sich auf den konsumkritischen Bestseller von Bret Easton Ellis, *American Psycho*, und zugleich auf Ovids Erzählung von König Midas, dem alles zu Gold wird, was er berührt. In Ostermaiers Monodrama sind zwei, typographisch voneinander abgesetzte Stimmen sicht- und hörbar, die ohne Übergänge gegeneinander geschnitten sind: die Kindheitserinnerungen, die wie ein Fremdkörper in der funktionalistischen Wirtschaftswelt wirken, und die Ratschläge eines Trainee-Programms.

In Ostermaiers Stücken treten damit an die Stelle des (vergeblichen) Wunsches nach einer alternativen Gesellschaftsordnung – dafür steht *Tollertopographie* – zunehmend religiöse bzw. mythische Geschichten und utopische Heilsphantasien. 2010 legte Ostermaier beispielsweise das Libretto für Peter Eötvös Oper *Die Tragödie des*

Teufels (UA 2010) vor, das Imre Mádachs *Tragödie des Menschen* von 1861 mit Filmen wie *Matrix, Strange Days* und *Soylent Green* grundiert und den Kampf zwischen Gott und Luzifer um Adam neu erzählt (wobei das optimistische Ende der Vorlage gestrichen wird). Der Autor dramatisiert zudem neuerdings seine eigene Romanproduktion für die Bühnen wie *Schwarze Sonne scheine* (2011, UA 2012). Seine Theaterstücke werden von bedeutenden Regisseurinnen und Regisseuren wie Andrea Breth, Lars Ole Walburg und Martin Kušej inszeniert.

FRANZISKA SCHÖSSLER

103

ALBERT OSTERMAIER

Wolfgang Hilbig

* 31. August 1941 in Meuselwitz/Sachsen (Deutschland)
† 2. Juni 2007 in Berlin (Deutschland)

Lehre; Dienst in der Nationalen Volksarmee der DDR, verschiedene
Berufe; Lyrik und Erzählungen in Arbeiterliteraturzirkeln; ab 1979
freier Schriftsteller, sein Werk kreist um die Themen Identität und Ich.

Das Provisorium

Der im Jahr 2000 erschienene Roman markiert einen Wendepunkt
in der Vita seines Autors; sieben Jahre lang hatte er nichts mehr veröffentlicht, sein Lebensthema schien erschöpft: die DDR, die Existenz
im Braunkohle-Ort Meuselwitz, die pathetische Verbindung von
Schriftsteller und Arbeiter. In *Das Provisorium* spielt zum ersten Mal
bei Hilbig der Westen die Hauptrolle, und zum ersten Mal spricht der
Autor fast unvermittelt von sich selbst. Der Roman setzt an dem Zeitpunkt ein, an dem Hilbig in den Westen kam: 1985 mit einem Schrift-
stellervisum. Und er endet mit dem Ende der DDR 1990.

Der Protagonist heißt C.: unverkennbar Hilbigs autobiographische Folie, mit der er sich seinen Erfahrungen stellt – tagebuchartig,
räsonierend; eine Selbstzerfleischung mit hochfahrenden polemi-
schen Schüben gegen die Gesellschaften in Ost und West. Die Literatur ist kein Fluchtraum mehr, sie bietet keinen Halt. Hilbig ist auf
sich selbst zurückgeworfen.

Wenn C. durch die Einkaufsstraßen der westdeutschen Städte
geht, mit ihren Ladenpassagen und Firmensignets, dann stellt er fest,
dass sich hier »das Schriftsystem in ein Medium des Analphabetismus
zurückverwandelt« hat. Er ist auf seinen Körper reduziert, und der
Alkohol treibt ihn immer stärker in die Isolation. Der Hass, den C.
gegen seinen eigenen Körper richtet, war aber offenkundig bereits im
Osten angelegt. Der Osten hatte die »Bestie« in ihm gezeugt: »Dieses
Land da drüben hatte seine Zeit geschluckt! Dieser Vorhof der Realität. Dieses Land, triefend von Schwachsinn, verkrüppelt vor Alter,
zermürbt und verheizt von Verschleiß und übelriechend wie eine
Mistgrube, dieses Land hatte ihn mit Vergängnis gefüttert und seine
Reflexe gelähmt, es hatte ihm die Lust aus den Adern gesogen.«

Von 1985 bis 1989 pendelt C. ständig zwischen Ost und West: Zugfahrten, die immer hektischer aufeinander folgen, da keine der Welten mehr gültig zu sein scheint; die eine wird nie zu erreichen sein, die andere hat sich schleichend entfernt. Es gibt die alte Freundin Mona in Leipzig und die neue Freundin Hedda in Nürnberg, was die politischen und die privaten Welten unlösbar verknüpft. Beide Frauen verwenden gegenüber C. die Formulierung, dass er sich in einem »Provisorium« einrichte, sich treiben lasse, keine festen Konturen annehme.

Hilbigs Roman ist eine radikale Abrechnung, er ist bestürzend in seiner Schonungslosigkeit, seiner Direktheit. Manche Sätze sind in ihrer Ästhetik des Hässlichen dicht komponiert, von einem stampfenden, schwitzenden Rhythmus, andere hingegen wirken so hingeschrieben, als seien sie eins zu eins aus dem Tagebuch übernommen: Einige Sentenzen klingen schal und verzweifelt in ihrer Schalheit, ohne literarische Formanstrengung.

Das gesamte Buch über fragt sich C., seines ursprünglichen Schreibimpulses beraubt, auf zahlreichen Lesereisen als »Dichter« herumgereicht und als Subjekt ausgelöscht, wie die Anfänge seines Schreibens waren: »Die Hölle dieser Kindheit war wortlos, stumm, ihre Eigenschaft war das Schweigen.« Und am Schluss steht als Höhepunkt das Szenario des geglückten Schreibens, eine Erinnerung: C. übernimmt monatelang freiwillig die Nachtschicht bei den Heizern in Meuselwitz. In den Morgenstunden bleiben ihm einige Stunden Zeit, an einem langen Tisch, auf einem seegrünen Wachstuch, zu schreiben, und diese Szene zeugt von einer ungeheuren sinnlichen Überwältigung, sie ist von »glühender Asche erfüllt«.

Hilbigs Literatur ist mit ihrer ganzen Energie im Osten verortet, im Kollaps der Moderne. Sie ist so nur möglich, wenn das Ich nicht mehr existiert, wenn es sich eine neue Konfiguration sucht. *Das Provisorium* markiert ihren Höhepunkt. HELMUT BÖTTIGER

Brigitte Kronauer

* 29. Dezember 1940 in Essen (Deutschland)

Studium der Germanistik und Pädagogik in Aachen und Köln; bis 1971
Lehrerin in Aachen und Göttingen; seit 1974 freie Schriftstellerin in
Hamburg; 1980 literarischer Durchbruch mit ihrem ersten Roman;
1997 Poetik-Vorlesung an der Universität Heidelberg, 1997/98 an der
ETH Zürich; 2005 Georg-Büchner-Preis; Verfasserin von Erzählungen,
poetologischen Essays und Romanen.

Teufelsbrück

In dem 2000 erschienenen umfangreichen Roman geht es um die
Schmuckkünstlerin Maria Fraulob, die sich bei einem Sturz in einem
Hamburger Einkaufszentrum in den südländisch wirkenden Finanz-
jongleur Leo Ribbat verliebt. Ribbat wird in dieser Anfangsszene
begleitet von Zara Johanna Zoern, seiner Geliebten, die charakterlich
ebenso undurchsichtig erscheint wie er selbst. Fortan entspinnt sich
eine Handlung, die Maria Fraulob immer häufiger zu Besuchen von
Zoern und Ribbat ins Alte Land führt. Der Titel des Romans nennt
den Hamburger Schiffsanleger, von dem aus die Protagonistin und
Erzählerin die Elbe überquert, um zu dem Haus von Zoern und Ribbat
zu gelangen.

Durch die Paraphrase der subtil verknüpften Handlungsstränge
kann aber nur unzureichend der literarische Reichtum dieses Buches
wiedergegeben werden. Der offensichtliche Bezug zur Poesie der
deutschen Romantik zeugt von einer Sicht auf die Welt, die durch
tradierte Erkenntnisse, durch die Rückbesinnung auf das Wissen der
literarischen Vorfahren mitbestimmt ist. Trotzdem liefert *Teufelsbrück*
eine präzise Analyse der Möglichkeit bzw. Unmöglichkeit zeitgenössischer Liebesbeziehungen. Dabei lässt sich nur schwer ermitteln,
ob der Topos Liebe tatsächlich im Zentrum des Romans steht. Denn
Kronauer erzählt weniger aus der Sicherheit konkreter und gefes-
tigter Einsichten heraus, sondern versucht vielmehr unverzagt und
spielerisch dem Phänomen Liebe von allen Seiten mit den Mitteln der
Intuition auf die Spur zu kommen. Von der Peripherie ausgehend wird
hier das Zentrum erahnt. Thematisch ist das Buch zwischen den Polen

von Eros – also all dem, was mit Zuneigung, Eifersucht und Liebe zu tun hat – und Destrudo – all dem, was in *Teufelsbrück* auf die fatalen Konsequenzen unerfüllter libidinöser Hoffnungen Bezug nimmt – anzusiedeln.

Im Mittelpunkt des Romans steht die Konstellation Fraulob, Zoern, Ribbat. Flankiert wird dieses Ensemble durch Figuren wie Wolf Specht oder Sophie Korf, die mit ihren charakterlichen Eigenheiten zum Teil kontrapunktisch zu den Hauptfiguren gesetzt sind. Der dilettierende Gelegenheitsdichter Wolf Specht, der mit seinen täppischen Avancen versucht, Maria Fraulob für sich zu gewinnen, verkörpert den männlich-naiven Typus, der dem mysteriösen Leo Ribbats genau entgegensteht. Zara Johanna Zoern ist eine Figur, die ihr Äußeres permanent verändert, sich ständig anders in Szene setzt und deren Motive, diesem Verhalten korrespondierend, im Dunkeln bleiben. Die Erzählerin Maria Fraulob möchte hinter das Rätsel dieser Person gelangen. Sie bleibt aber bei ihren Beobachtungen am schönen Schein der Gegenstände (häufig sind es Schuhe) hängen, schafft es nicht, das tiefere Wesen des Gesehenen zu ergründen. So folgt *Teufelsbrück* einer Ästhetik der Oberfläche und damit der Irrtümer. Auf einer Metaebene geht es also auch um Wahrnehmung und um die an diesem Vorgang beteiligten Sinne, die den Reizen des empirisch Erfassbaren häufig bedingungslos erliegen.

Erzählt wird der Roman scheinbar aus dem Moment heraus. Was die Sinne ungehemmt aufnehmen, wird direkt in eine nuancierte, vielfältige und mit den verschiedensten literarischen Anspielungen versehene Sprache übersetzt. Die Kluft zwischen Erfahrung und Ausdruck kann eine solche Literatur überbrücken. Dabei mischt sich dennoch die Vergangenheit in den Verlauf der Handlung ein, denn erzählt wird aus der Rückschau heraus. Mann und Kind von Maria Fraulob sind bei einem Unfall ums Leben gekommen. Die Spontaneität, die der Erzählgestus vermitteln will, wird konterkariert durch das Wissen um die Ereignisse in der Vergangenheit. In *Teufelsbrück* steht ein Liebeskonzept im Zentrum, das den Augenblick und die Plötzlichkeit favorisiert; der Sturz von Maria Fraulob in dem Einkaufszentrum am Anfang des Buches, durch den die Zuneigung zu Leo Ribbat und die Handlung erst beginnen können, legt davon Zeugnis ab. Gleichzeitig schimmert die Hinfälligkeit einer solchen Vorstellung von Liebe bereits während des Erzählens durch und wird durch die Tötungen am Schluss des Buches vollends bestätigt.

Das Buch wurde nach Erscheinen von der deutschen Kritik euphorisch aufgenommen. Die gekonnte Verflechtung verschiedenster Handlungsstränge und die so wortreiche wie präzise Sprache wurden gelobt. Kronauers Roman ist auch der Versuch – vielleicht in Anlehnung an die *Metamorphosen* Ovids –, die Veränderbarkeit und den Wandel von Emotionen in einer komplexen, orientierungsarmen Wirklichkeit darzustellen. THOMAS COMBRINK

Christian Kracht

* 29. Dezember 1966 in Saanen/Berner Oberland (Schweiz)

Bereits 1985 erste literarische Veröffentlichung; bis 1989 Studium in
den USA, zunächst Film und Literatur am College of Liberal Arts der
Pennsylvania State University, dann am Sarah Lawrence College in
New York City; Volontariat beim Magazin *Tempo*; ab 1991 Redakteur; ab
1995 Berater des Chefredakteurs; 1995 Debütroman *Faserland*, mit dem
die sogenannte Popliteratur begründet wird; ab 1996 freier Autor und
Journalist; in den 1990er Jahren Korrespondent des *Spiegel* in Indien;
zahlreiche publizistische und literarische Veröffentlichungen; 2004–
2006 Herausgeber der Literaturzeitschrift *Der Freund*.

1979

Der erste Teil des 2001 erschienenen Romans spielt im Jahr 1979 in Iran
und zeichnet ein ambivalentes Bild des Landes kurz vor und während
der islamischen Revolution. Ein zerstrittenes, homosexuelles Paar
besucht eine dekadente Drogenparty in einer Villa in Teheran, die im
namenlosen Ich-Erzähler ein »Gefühl des Ankommens und der Reinheit« auslöst und ihm als ein »genauer Ausdruck Europas« und der
»Alten Welt« erscheint. Das Haus ist erlesen eingerichtet; der Erzähler
kann Möbel, Bilder, Skulpturen, Stoffe zuordnen – er ist von Beruf
Innenarchitekt mit exquisitem Geschmack, den der Stil Teherans
begeistert. Die Heimsuchung dieses »perfekten« und »sexy« Innenraums, mit dem ein Topos des Ästhetizismus aufgegriffen wird und in
dem der Protagonist zunächst meint, sicher und behütet leben zu können, entpuppt sich jedoch alsbald als Ort, der das Verlangen nach dem
Ausbruch aus den eigenen Wunschvorstellungen und dann auch nach
Selbstopferung auslöst. Kontrastiert wird dieses Streben nach Läuterung und Selbstreinigung des eigenen, seelischen Innenraums in der
Komplementärfigur des Geliebten Christopher, der hochgebildet aber
auch kaltherzig, arrogant, selbstsüchtig und lustbesessen ist. Nachdem
er Unmengen an Drogen und Alkohol konsumiert hat, fällt er in eine
Glastür und stirbt noch in derselben Nacht in einem Elendskranken-
haus. Darauf irrt der Erzähler durch die Stadt und findet Unter-
kunft bei einem mysteriösen rumänischen Dandy, den er bereits auf

der Party kennengelernt hat und der ihm zu einer Wanderung rät, um sich selbst zu läutern, da er »halbiert« werde.

Diese »Halbierung«, die bereits mit dem Tod Christophers ausgeführt ist, vollzieht der Erzähler im zweiten Teil des Romans: Er umwandert einen heiligen tibetischen Berg, betritt damit chinesisches Gebiet, wird verhaftet, kommt zunächst in ein Umerziehungs-, dann in ein Arbeitslager und wird durch den dort herrschenden Hunger wirklich gleichsam halbiert. Am Ende scheint die ersehnte Katharsis leidvoll erreicht. Die maßgebliche Praxis, die Selbstkritik, fungiert im chinesischen Lager als Umerziehungsinstanz, als »Auslöschung des Egoismus« und als Mittel, den Gefangenen »Demut beizubringen«. Der Erzähler findet in dieser Situation sein letztes »Heil«; er ist nicht mehr die Instanz seiner eigenen Wünsche, sondern genügt sich nur noch darin, für etwas Ungreifbares, eine Idee bzw. einen unwirklichen Körper zu existieren: Sein gesamtes Dasein wie sein potenzieller Tod gehören allein der chinesischen Partei.

1979 thematisiert damit sowohl spirituelle wie reale Dimensionen von Selbst-Veränderung, auch im Sinne des Bildungsromans. Im direkten Gegensatz zur ökonomischen Logik des politischen Liberalismus, bei der man nur etwas geben soll, wenn man dafür auch etwas zurückbekommt, muss der Erzähler ein Opfer bringen, das keinen unmittelbaren ökonomischen Zweck erfüllt: Dieser einseitige Tausch, eine Opfergabe im religiösen Sinne, mit der nicht nur aufgrund der Topographie der Handlungsorte eine Gegeninstanz zur westlich-amerikanischen Welt installiert wird, bewirkt letztendlich eine Glücks- und Lusterfahrung, die dem Protagonisten in seinem alten Leben verwehrt geblieben ist. Auf diese Weise erzählt der Roman von der Unterwerfung eines von westlich-postmoderner Dekadenz geprägten Subjekts. Gleichzeitig werden dabei Versatzstücke der Populärkultur mit Reminiszenzen an die sogenannte ›Hohe Kunst‹ verbunden. Damit ist 1979 auch ein Roman über den Wandel von Kunst und Ästhetik unter neuen sozialen Vorzeichen, die vom Künstler letzten Endes statt hemmungslosem Konsum und Verschwendung Askese abverlangen. OLIVER RUF

Dirk Kurbjuweit

* 3. November 1962 in Wiesbaden (Deutschland)

Studium der Volkswirtschaftslehre in Köln und Besuch der Kölner
Journalistenschule; 1990–1999 Redakteur bei der Wochenzeitung *Die
Zeit*, seit 1999 beim Nachrichtenmagazin *Der Spiegel*; dort ab 2002 stell-
vertretender Leiter des Hauptstadtbüros in Berlin, dann Autor; seit
2008 alleiniger Leiter des Hauptstadtbüros.

Zweier ohne

Die 2001 erschienene Novelle erzählt eine ›Coming-of-Age‹-Ge-
schichte, die auf tragische Weise ein jähes Ende findet. Sie verknüpft
auf vielschichtige Weise die Themen Erwachsenwerden, Sexualität, Freundschaft, Identität und Tod miteinander. Johann, der die
Geschichte rückblickend erzählt, begegnet im Alter von elf Jahren
an der Schule dem gleichaltrigen Ludwig. Es entsteht eine intensive
Freundschaft, in der die Rollen eindeutig verteilt sind: Ludwig dominiert die Beziehung, während Johann den Freund bewundert und sich
meist dem Willen des anderen unterordnet. Johann verbringt viel Zeit
in Ludwigs Elternhaus (das unter einer Autobahnbrücke liegt, von der
sich regelmäßig Selbstmörder in die Tiefe stürzen), die beiden bestrei-
ten Ruderwettkämpfe im Zweier ohne Steuermann und schmieden
gemeinsame Zukunftspläne. Doch Ludwig will mehr als nur einen
Freund, sein Ideal ist eine Zwillingsbeziehung: »Wir müssen immer
das Gleiche tun, wir müssen immer das Gleiche wollen, wir müssen
immer das Gleiche denken.« Konsequenterweise sorgt er dafür, dass
beide mit der gleichen Frau ihre ersten sexuellen Erfahrungen sammeln. Als Johann sich in Ludwigs Schwester Vera verliebt, verheim-
licht er seinem Freund diese Beziehung, um die erwünschte Symbiose
nicht zu zerstören. Sie endet dann jedoch jäh, als Ludwig, gerade 18
geworden, nach bestandener Führerscheinprüfung mit Johann zu
einer Spritztour aufbricht und dabei einen Unfall verursacht. Ludwig
stirbt, Johann überlebt verletzt.

    Zweier ohne erfüllt geradezu vorbildlich zahlreiche Kriterien, die
von der Literaturwissenschaft für diese Erzählgattung formuliert
wurden: die ›unerhörte Begebenheit‹ – sie steht gleich am Anfang,

als sich eine Selbstmörderin von der Autobahnbrücke in den Garten von Ludwigs Elternhaus stürzt: »In der Nacht, als das Mädchen vom Himmel fiel, wurde Ludwig mein Freund« –, die ›mittlere Länge‹, der Erzählrahmen, der durch seine ›situative Bedingung‹ Authentizität verbürgt, sowie das dichte Netz an Symbolen und Verweisen. Das ›Abgründige‹ der Novelle, das von der Kritik mehrfach hervorgehoben wurde, resultiert vor allem aus der Erzählkonstruktion. Denn zum einen ist Johann ein höchst subjektiver, ja naiver Erzähler. Er hat zwar überlebt, ist aber auch Jahre später nicht in der Lage, die Freundschaft mit Ludwig, das eigene Verhalten und vor allem den Unfall kritisch zu reflektieren. Zum anderen erscheint Ludwig gerade dadurch, dass er nur aus Sicht Johanns geschildert wird, als eine höchst geheimnisvolle, in ihrer Unbedingtheit fast unheimliche Person.

ANDREAS WIRTHENSOHN

Kathrin Röggla

* 14. Juni 1971 in Salzburg (Österreich)

Ab 1989 Studium der Germanistik und Publizistik in Salzburg und
Berlin; 1999 Studienabbruch; ab 1992 Bücher und Kurzprosa, ab 1998
auch Hörspiele, Theaterstücke und Multimediaarbeiten; seit 2012
Mitglied der Akademie der Künste Berlin, 2015 Vizepräsidentin; lebt in
Berlin.

really ground zero. 11. september und folgendes

Das 2001 erschienene Journal gilt als eines der ersten und interessan-
testen Bücher zu 9/11. Am 11. September 2001 hatte sich die Autorin als
Stipendiatin des Deutschen Literaturfonds in New York aufgehalten.
Nach dem Terroranschlag auf das World Trade Center begann sie, für
eine Reihe von deutschsprachigen Zeitungen und Magazinen Artikel
über das Leben in New York zu schreiben.

Really ground zero setzt ein mit dem Morgen des Anschlags und
endet am 7. Oktober 2001, dem Kriegsbeginn in Afghanistan. Stilistisch
orientiert sich Röggla an zwei Traditionen der politischen Literatur,
dem ›New Journalism‹ und der Journalliteratur des 19. und frühen
20. Jh.s. Entsprechend heterogen ist ihr Schreibverfahren, mal diaris-
tisch, semi-dokumentarisch oder protokollarisch, mal sprachkritisch
verfremdend. Im Mittelpunkt stehen die Bilder der Stadt – leere
Straßenzüge, Suchanzeigen, Demonstrationen, Fernsehdebatten.
Während der ›war on terror‹ (George W. Bush) die Politik radikal ver-
einfacht und den Westen gegen den Rest der Welt in Stellung bringt,
archiviert Röggla die Vielfalt der Gegenwart und führt sie zu einem
Dokument der Gegenöffentlichkeit zusammen. Der Protest der Frie-
densaktivisten, die Trauer der Nachbarn – Röggla hört auf die Stimmen der Straße, um der ›really-Realität‹ von Ground Zero ein anderes
Gesicht zu geben. So versucht sie, abseits der ikonisch formierten
Katastrophe ein Gegenstück zur instrumentellen Bilderwelt der Mas-
senmedien zu schaffen.

In einer allegorischen Szene des Buches wird dieser Umstand besonders deutlich. Als sich Röggla aufmacht, um ›the zone‹ zu sehen,
wird ihr der Blick auf das zerstörte World Trade Centre wortwörtlich

und im übertragenen Sinn verstellt.»[D]urch all diese medienbilder müssten wir zu fuß gehen, aber das wäre ein zu weiter weg, das schafft man nicht, also bewegt man sich besser selber runter ins gebiet, um sich seiner wahrnehmung zu versichern, und was sieht man in ›the zone‹? An allen straßenecken kann man reporter […] stehen sehen«.

Die ästhetische Debatte zum 11. September befasste sich in vergleichbarer Weise mit der Frage, wie das Verhältnis von Sprache und Wirklichkeit, Fakt und Fiktion im Zeichen des Terrors zu denken ist. Die ungeheuerliche Dramaturgie und weltweite Zurschaustellung des Anschlags hatte die Menschen in ein Kino des Schreckens geschickt. Was man aus Hollywood zu kennen glaubte, wurde durch die Realität als Fernsehbild wiederholt. Terror und Kunst waren für einen kurzen Moment nicht mehr zu unterscheiden (Theweleit).

Mit einem erstaunlichen Gespür schließt Röggla daraufhin Politik und Literatur erzähltechnisch kurz. Gleich der erste Satz, »jetzt also hab ich ein leben. ein wirkliches«, setzt die für die Ich-Erzählsituation symptomatische Trennung von erzählendem und erzählten Ich unter Spannung. Das Schreiben fängt die Nähe und Distanz zwischen Darstellung und Dargestelltem poetisch ein, so dass Authentizität und Wirklichkeit zu einem Aspekt des Lebens im Text werden und umgekehrt. Die ganze Aufmerksamkeit von *really ground zero* gehört damit der gespaltenen Welt des Realen, die in der Spaltung der Ich-Erzählerin, zwischen Gut und Böse, Fakt und Fiktion, Lebensbild und Fernsehbild zum Ausdruck kommt. Dabei wird für Röggla eines deutlich: Der Anschlag ist (auch) ein Produkt der westlichen Welt, in politischer wie in ästhetischer Hinsicht. CLAAS MORGENROTH

Ernst–Wilhelm Händler

* 26. März 1953 in München (Deutschland)

Studium der Philosophie, Wissenschaftstheorie, Betriebs- und Volkswirtschaftslehre ab 1972; 1977 Diplomkaufmann; 1980 Promotion
(Volkswirtschaftslehre); veröffentlichte philosophische Texte; Kunst-
sammler; Geschäftsführender Gesellschafter eines mittelständischen
Unternehmens der Metall verarbeitenden Industrie in Cham.

Wenn ›wir‹ sterben

Der 2002 erschienene vierte Roman des Autors, *Wenn ›wir‹ sterben*, war
der bis dahin erfolgreichste und markierte den Durchbruch Ernst-Wilhelm Händlers als eigenständige Stimme eines zeitorientierten und
zeitgemäßen Erzählens in der neueren deutschen Literatur. In fast
allen Würdigungen des Buches wurde die Beobachtungsgenauigkeit
innerhalb eines traditionell von der Erzählliteratur wenig beachteten
Phänomenbereichs hervorgehoben, der Wirklichkeit deutscher Wirt-
schaftsunternehmen. Der traditionelle Realismus der ›Arbeitswelt‹
steht jedoch nicht im Mittelpunkt, vielmehr eine auch die Form des
Romans prägende Darstellung einer Psychologie der heutigen Unter-
nehmensführung, der mentalen Strategien der modernen Marktwirtschaft.

Als Teil eines mehrbändigen, vom Autor als »Grammatik der voll-
kommenen Klarheit« bezeichneten Romanprojekts sowie als fiktionale Schilderung eines exemplarischen Relitätsausschnitts der
gesellschaftlichen Wirklichkeit erinnert das Buch an die panorama-
tischen literarischen Unternehmungen der klassischen Moderne, an
Robert Musil und an Hermann Broch. Jedoch mit dem gewichtigen
Unterschied, dass Händlers Zeithintergrund eine von allen kulturellen Illusionen entkleidete Wirklichkeit bildet, eine, die auf klassische
Psychologie und Ethik vollends nicht mehr vertraut, die sich eher in
der Systemtheorie des Soziologen Niklas Luhmann oder in den Opti-
mierungsstrategien von Unternehmensberatungen wiederfindet.
Infolgedessen erlaubt auch ihre literarische Darstellung keinerlei
Rückgriffe mehr auf die Tradition eines Kontinuität und Sinn verhei-
ßenden Erzählrealismus.

Wenn ›wir‹ sterben handelt von drei Frauen, die ein mittelständisches Elektronikunternehmen leiten, erfolgreich und einvernehmlich. Erst als sich die aus Händlers zweitem Roman Fall (1997) bekannte Voigtländer GmbH Ende der 1990er Jahre in das Expansionsstreben der New Economy ziehen lässt, entfaltet die Dynamik des Konkurrenzkapitalismus seine Gewalt. Auf Drängen der Hausbank soll nicht länger die Inhaberin Charlotte, sondern deren Freundin Stine das Unternehmen lenken. Stine jedoch will sich sofort in den Besitz der Firma bringen und lockt Charlotte in eine riskante Immobilienspekulation in Ostdeutschland, die plangemäß schiefgeht. Charlotte muss an Stine verkaufen. Stine drängt sodann auch beider Vertraute Bär aus dem Unternehmen.

Vom Erfolg beflügelt, will Stine mit der Voigtländer GmbH den Weltmarkt erobern. Sie benötigt dafür einen ökonomisch stärkeren Partner, den sie in Gestalt von Milla findet. Milla vertritt den Weltmarktführer D'Wolff und lässt sich von Stine zu einem Joint Venture überreden, dessen Risiken sie zunächst unterschätzt. Aus Furcht vor dem eigenen sozialen Tod im ökonomischen Spiel entschließt sich Milla, die Partnerschaft zu beenden, indem sie Voigtländer ebenfalls durch eine Intrige in eine finanzielle Schieflage bringt. Am Ende sind alle Figuren – außer Milla – ihren marktwirtschaftlichen Tod gestorben:»Die Firma geht pleite, man findet eine Stelle als Hilfsbuchhalter. In einer anderen Stadt natürlich. So stirbt man zeitgemäß.« In diesem Fall ist die Voigtländer GmbH zwar nicht insolvent geworden, geht aber in einem Großkonzern auf.

Händler schildert seine Gestalten vor allem anhand der Äußerungsformen ihrer finanziellen und sexuellen Gier. Sämtliche Beziehungen untereinander sind durch Machtstrategien korrumpiert. Die Sucht nach einer das eigene Selbst vergrößernden Einverleibung spiegelt sich in mannigfachen Stilimitationen anderer Autoren der zeitgenössischen Literatur, etwa Rainald Goetz', Peter Handkes, Elfriede Jelineks, Gert Jonkes und Brigitte Kronauers. Man könnte sagen, der Roman ist selbst so etwas wie ein Joint Venture. Er zeigt sich von denselben gesellschaftlichen Energien geprägt und getrieben wie seine Protagonisten: Die Konkurrenz geht unter, niemand siegt, kein literarischer Tonfall setzt sich letztlich durch. Das Buch ist keine

Parabel über den Kapitalismus, auch nicht ein ästhetischer Gegen-
entwurf zur »Welt der Wirtschaft«. Sein melancholisch-tragödialer
Grundzug und seine grotesken Überzeichnungen markieren eine in
der neueren deutschen Literatur bisher nicht erprobte Mimesis sozialer Realität. In dieser distanzierten, künstlerisch wie moralisch unbe-
teiligten Haltung macht Ernst-Wilhelm Händler die ›Grammatik‹
von Marktwirtschaft – und von zeitgenössischer Literatur – sichtbar,
bringt sie zu »vollkommener Klarheit«. Das markiert auch den außerordentlichen Rang von *Wenn ›wir‹ sterben* im Romanschreiben der
Gegenwart. THOMAS E. SCHMIDT

Stephan Wackwitz

* 20. Januar 1952 in Stuttgart (Deutschland)

1972–1980 Studium der Germanistik und Geschichte in Stuttgart und München; 1980 Promotion zu Friedrich Hölderlin; ab 1986 Tätigkeit beim Goethe-Institut in diversen Funktionen, u. a. in Frankfurt a. M., Tokio, Kraków, New York und Tbilissi.

Ein unsichtbares Land. Familienroman

Das von der Kritik weitgehend begeistert aufgenommene Buch, das 2003 erschien, weist sich als ›Familienroman‹ aus und ist typisch für den Generationenroman um die Jahrtausendwende: Der Autor unternimmt eine Art Rekonstruktion seines ›Familienarchivs‹ und schafft so einen narrativen Mikrokosmos, in dem sich die ›große‹ Geschichte spiegelt. Ausgelöst wird diese Vergangenheitsbearbeitung durch eine »Pocket Kodak«, die einst Wackwitz' Vater Gustav gehörte. Nach dem Kriegsausbruch 1939 musste die Familie Südwestafrika verlassen, wo Andreas Wackwitz, der Großvater des Autors, als Pastor wirkte. Die Briten nahmen den 17-jährigen Gustav Wackwitz gefangen und konfiszierten die Kamera. Das Gerät taucht 1993 wieder auf, wobei sich der belichtete Film als nicht mehr entwicklungsfähig erweist. Dennoch wird die in den Familienbesitz zurückgelangte Kamera zu einem Sinnbild und Impuls für Stephan Wackwitz' eingehende Beschäftigung mit seiner Familiengeschichte.

Dabei insistiert er auf den erstaunlichen Zufällen, durch welche die Pfarrersfamilie Wackwitz wiederholt in geradezu unheimliche historische Zusammenhänge und also die Geschichte dieser Familie in ein »geisterhaft-bedeutungsvolles Licht« geriet: Sie lebte nach dem Genozid an den Herero in Windhuk, vor dem Holocaust bei Auschwitz und vor den Studentenprotesten in Rudi Dutschkes Heimatstadt Luckenwalde. Um über diese Konstellationen Klarheit zu erlangen, bezieht sich der Enkel primär auf die vom Großvater hinterlassenen Aufzeichnungen, die er aber ihrerseits, mittels ideologiekritischer Lektüren, als Zeugnisse »deutschnational-rassistischen Übels« lesbar macht. Gegen die apodiktische, nationalistisch verengte Perspektive des Großvaters, die ideengeschichtlich auf Johann Gottlieb Fichte zurückgeführt wird, bringt *Ein unsichtbares Land* schließlich anders gelagerte Traditions- und Wissensbestände in Stellung: Wackwitz leitet sie vom verspielt-skeptischen Friedrich Schleiermacher her und findet ihre anschlussfähigste Ausprägung im Denken Richard Rortys.

Neben der hieraus erwachsenden formalästhetischen und inhaltlichen Vielfalt, die kunstvoll gestaltet ist, erklären vielleicht zwei weitere Aspekte die große Resonanz, die der Roman fand. Erstens bezieht Wackwitz die Position eines reuigen Alt-68ers, schreibt also einen populistischen, publikumswirksamen ›Backlash-Diskurs‹ gegen die Studentenbewegung fort. Zweitens erzählt der Autor seine Familiengeschichte mit einem zugleich wertenden und versöhnlichen Gestus, aus dem unaufgelöste Ambivalenzen resultieren. So wird im Roman zwar die nazifreundliche Haltung des Großvaters kritisiert. Trotzdem versucht Wackwitz auf einer Makro-Ebene, eine positive Bindung zu diesem Verwandten zu forcieren, indem er seinen »Familienroman« explizit als »Geschichte einer Solidarität« zwischen den Generationen gestaltet.

Eine solche Herangehensweise an die Familiengeschichte ist paradigmatisch für gewisse Tendenzen in der deutschen Erinnerungskultur ungefähr seit Anfang der 2000er Jahre. Wenn Wackwitz in Bezug auf seine 68er-Phase glaubt, so etwas wie die ideologische Blindheit seines Großvaters »selber erfahren« zu haben, so verweist diese Äquivalenzbildung – gleichsam hinter dem Rücken des Autors – auf einen übergeordneten Trend zur historischen »Entdifferenzierung« (Eigler, S. 18), also in letzter Konsequenz auf ein Schwinden des Bewusstseins für die Singularität der nationalsozialistischen Verbrechen. Wackwitz' Inszenierung seiner belasteten Familiengeschichte als »Geschichte einer Solidarität« gibt außerdem einen schlagenden Beleg für Harald Welzers These ab, wonach sich im familiären Bereich längst emotionalisierende und damit euphemisierende Erinnerungsmodi unbewusst etabliert haben. JULIAN REIDY

Gertrud Leutenegger

* 7. Dezember 1948 in Schwyz/Kanton Schwyz (Schweiz)

1976–1979 Studium der Regie an der Zürcher Schauspielakademie; 1978 Regieassistentin von Jürgen Flimm am Hamburger Schauspielhaus; längere Aufenthalte in Italien, England und 1987 in Japan; freie Schriftstellerin in Zürich.

Pomona

Der 2004 erschienene Roman heißt wie die römische Göttin der Baumfrüchte, der so manch satyrhafter Feldgeist nachstellt, allen voran Priapus. Doch Pomona weiß ihren Garten zu schützen und sich darin zu bewahren vor solchen Verfolgern. Auch die Ich-Erzählerin von Gertrud Leuteneggers Roman muss sich grober Angriffe erwehren: der wüsten Beschimpfungen ihres häufig betrunkenen Mannes Orion; der, auf den der Begriff ›sternhagelvoll‹ oft genug passt, ist ein erfolgloser Architekt, der, daher sein Name, sich durchs Fernrohr ins All und die Sterne stürzt, weit weg von seiner irdischen Realität. Als sich die Erzählerin von ihm trennt, beginnt der Roman – ein Bericht an die ferne Tochter über die Vergangenheit mit ihren vielen Trennungen und Abschieden. Pomona ist vor allem ein Roman über Abschiede: große und kleine, erzwungene und selbstverständliche.

Bis zu ihrer Jugend erinnert sich die Erzählerin zurück, an die eigene Mutter, »die mir nie Herkunft, Kindheit und Sprache genommen hatte«, wie es gleich anfangs heißt. Denn sie selbst hat ihrer Tochter all dies genommen, indem sie sich von Orion trennte nach so viel erlittener Schmach. Und am Ende des Buches antwortet sie der Tochter auf deren Frage nach dem »Warum«: »weil ich, mit dir zusammen, lebendig bleiben wollte«.

Damit sind der Erzähl- und Handlungsrahmen sowie die Protagonisten aufgestellt, aber auch schon etwas vom Erzählklima dieses Buchs mitgeteilt. Denn das Erzählen Gertrud Leuteneggers in diesem Buch ist vor allem eines: Zeugnis und Medium für dieses »lebendig bleiben«, oder besser: für den Kampf um das »lebendig bleiben« gegen alle Erstarrung, allen Verlust, um eben auch die Abschiede zu überwinden. Der Roman Pomona ist Medium des Erinnerns, geschrieben als

Kräftigung gegen das Vergessen. Orion aber »besaß eine außerordentliche Kraft zum Vergessen«. Und dennoch wird auch die vollzogene Trennung von Orion noch als Verlust empfunden, das bezeugt der schmerzhafte Trennungsprozess, der das Buch durchzieht. Denn jede Trennung, auch die befreiende, reißt erst einmal ein Loch, und die Leere, die da entsteht, wird gefüllt mit dem Prozess der Erinnerungsarbeit.

Erinnert werden der Geruch der Äpfel, die im Herbst eingewintert wurden, und die Geste, mit der die Mutter, die im »schwach erleuchteten Keller vor den Apfelhurden steht, sich langsam umdreht, eine Spinnwebe aus dem schwarzen Haar streicht und mir eine Berner Rose entgegenstreckt« – und wie die Tochter in den ihr liebsten Apfel beißt. Erinnert wird der Abschied von der Mutter, die im offenen Sarg von der Tochter mit Rosen zugedeckt wird; und andere Tode – Tode, Trennungen, Abschiede grundieren die Lebenserfahrung, die die Mutter ihrer Tochter erzählend vermittelt.

Das Buch ist gebaut wie ein Rondo – es beginnt da, wo es endet – und zugleich wie ein Tryptichon der vom Trennungsprozess durchwachsenen Zeit: im Zentrum die Erzählerin, die zurückblickt auf ihre Kindheit und die ihre Erinnerungen daran weitergibt an die Tochter. Und das Erzählte geschieht auch an drei Orten: im alten Dorf der Mutter; in einem Ort im Tessin, in dem Mutter und Tochter mit Orion lebten; und in jener fernen Stadt, wo die Tochter bereits ist, in der die Zukunft ohne Orion liegt.

Lebendig sein, wie Leutenegger es in *Pomona* erzählt, ist Leben als ständiger Transformationsprozess, als Wechsel und Übergang, als Abschiednehmen und Beginnen. Aber in all der Bewegung ruht eine Kontinuität: die Offenheit für den Schmerz, der in diesem Lebensprozess auch immer vorhanden ist. Das eben meint auch eine der schönsten und zartesten Passagen in *Pomona*, als die Mutter, die der Tochter nun die Trennung von Orion, vom Vater zumuten muss, sich an eine andere Trennung erinnert: »Mit einem Mal war jener Abend wieder da, da ich dich vor dem Einschlafen nicht mehr stillte. Es war der erste Schmerz, den ich dir zufügen musste, die erste ungeheure Verzweiflung, die ich in dir auslöste, ich nahm deine kleine Hand und legte sie auf meine Wange, wie du das beim Trinken stets getan hattest. Und da mir nichts Hilfreicheres einfiel, sagte ich dir alle ersten Wörter vor, die du schon kanntest, eines nach dem anderen, die ganze Reihe, unablässig wiederholend, von vorn nach hinten, von hinten nach vorn, ein rhapsodischer Singsang, eine magische Litanei, bis du getröstet eingeschlummert warst, immer noch deine kleine Hand auf meiner Wange, und an jedem folgenden Abend bauten wir aus deiner fassungslosen Trauer die Zufluchtsstätte der ersten Wörter, bis dir daraus ein Spiel wurde und dein wachsendes Vokabular über die Welt.«

Das ist aus dem Zentrum von Gertrud Leuteneggers Poetik heraus geschrieben. Solcher Poesie der leisen Wörter, der empfindenden Sprache, entspringen alle erinnerten Geschichten in diesem Buch: die mit den härteren Abschieden, mit den Krankheiten, den Verführungen, schließlich dem Sterben. HEINZ LUDWIG ARNOLD

Terézia Mora

* 5. Februar 1971 in Sopron (Ungarn)

Aufgewachsen in Ungarn; 1990 nach der politischen Wende Studium der Hungarologie und Theaterwissenschaft in Berlin; Ausbildung an der Deutschen Film- und Fernsehakademie zur Drehbuchautorin; kurzzeitig Drehbuchdramaturgin; seit 1998 als freie Autorin tätig; wohnhaft in Berlin; Prosaschriftstellerin und Übersetzerin aus dem Ungarischen.

Alle Tage

In ihrem ersten, 2004 erschienenen Roman erzählt Terézia Mora die Geschichte von Abel Nema, einem hochbegabten Flüchtling, der sein Heimatland verlässt und sich in einer anderen, namentlich nicht näher definierten Stadt auf das Erlernen von Sprachen und das Übersetzen konzentriert. Der Protagonist leidet an einer ungewöhnlichen Form der Empfindungslosigkeit, die ihn deutlich von den anderen Figuren der Handlung unterscheidet, ihn aber gleichzeitig für sie anziehend macht. Diese Attraktivität resultiert auch aus der Fähigkeit, meist angemessen und mit fast sanfter Zurückhaltung auf die gegebenen Situationen zu reagieren. Abel Nema fungiert so als Spiegel für die Menschen seines Umfeldes, die in ihm einen Teil ihrer selbst entdecken. Mora stellt damit eine Figur in den Mittelpunkt einer komplexen, die Koordinaten von Raum und Zeit subtil verknüpfenden Erzählung, die in der Rolle des sozialen Außenseiters dennoch eine integrative Funktion besitzt. Auch die Kenntnis etlicher Sprachen ist ein Ausweis von Sozialität, von dem Wunsch, mit anderen Personen aus verschiedensten Kulturen in Verbindung zu treten. Thema des Romans ist die Heimatlosigkeit – von der Verortung der eigenen Person, von der Suche nach der Identität zwischen den Kulturen handelt das Buch.

Abel Nema kommuniziert kaum, nutzt die Kenntnis zahlreicher Sprachen nicht aus, und damit gibt er seiner sozialen Umgebung die Möglichkeit, zu Wort zu kommen, um z. B. von den Erfahrungen des Lebens in einer Großstadt zu berichten. Die Figur operiert damit als erzählerische Leerstelle innerhalb des Romans, die permanent durch den Blick der anderen Figuren mit Bedeutung gefüllt wird. Der Protagonist wird zum Kreuzungspunkt für die Darstellung der verschiedensten Lebensläufe. Hierin liegt auch der Grund für die komplexe Erzählstruktur, bei der sprunghaft, aber nicht willkürlich die zeitlichen und räumlichen Ebenen gewechselt werden. Eine Ästhetik der Hektik kennzeichnet *Alle Tage* und bietet damit ein Pendant zu der häufig als chaotisch empfundenen Wirklichkeit. Den Spuren des Protagonisten nachzugehen, ihm bei seiner Scheinehe mit Mercedes oder im Irrenhaus über die Schulter und in den Kopf zu blicken, konfrontiert den Leser mit der Frage nach der Möglichkeit einer glücklichen Existenz im ausgehenden 20. Jh.

Der Reiz des Buches liegt in der Antinomie zwischen der nur wenig artikulierenden Hauptfigur Abel Nema (mit dem Thema der Sprachlosigkeit) und den vielfältigen sprachlichen Bemühungen, die Terézia Mora in der Beschreibung des Protagonisten und seiner Lebensumstände unternimmt. Gleichzeitig geht es in *Alle Tage* um Wahrnehmung und um die Schwierigkeiten, die entstehen können, wenn der Sinnesapparat bei einem Menschen nur in eingeschränktem Maße funktioniert. Die Lektüre evoziert Fragen: Wie sind die Mittel beschaffen, mit denen wir uns der Welt nähern? Welcher Zusammenhang besteht zwischen unserer Wahrnehmung und dem sprachlichen Ausdruck des Sinneseindrucks? THOMAS COMBRINK

Arno Geiger

* 22. Juli 1968 in Bregenz (Österreich)

Kindheit in Wolfurt (Vorarlberg); Studium der Deutschen Philologie, Geschichte und Vergleichenden Literaturwissenschaft in Innsbruck und Wien, Abschluss 1993; 1986–2002 Videotechniker bei den Bregenzer Festspielen; 1996 erste Erzählung »Das Kürbisfeld« (*manuskripte* 134); 1996 und 2004 Teilnahme am Ingeborg-Bachmann-Wettbewerb; 1997 Romandebüt *Kleine Schule des Karussellfahrens*; lebt als freier Schriftsteller in Wien und Wolfurt.

Es geht uns gut

Der Familienroman ist der vierte Roman des Autors und wurde 2005 publiziert. Er stellt anhand der Geschichte der Familie Erlach über drei Generationen exemplarisch die Auflösung der traditionellen bürgerlichen Kleinfamilie in der zweiten Hälfte des 20. Jh.s dar und gilt als eines der wichtigsten Werke der österreichischen Literatur um die Jahrtausendwende.

Von den 21 Kapiteln, die jeweils mit exaktem Datum überschrieben sind, spielen 13 Kapitel im Jahr 2001 und sind Philipp Erlach gewidmet, dem Enkel und letzten Nachkommen der Familie, die anderen acht Kapitel beleuchten einzelne Tage im Leben von Philipps Vorfahren. Erzählt wird durchgängig im Präsens aus der Perspektive der Figuren, in Klammern gesetzt finden sich immer wieder Kommentare des allwissenden Erzählers, kursivierte Zeitungsmeldungen verorten das Geschehen historisch.

Philipp, Schriftsteller und mit 36 Jahren noch ledig, erbt die Villa seiner Großmutter in Wien Hietzing. Mit seiner Familie wenig verbunden, zeigt er kaum Interesse an einer Renovierung der Villa. Damit die Arbeit vorangeht, stellt ihm Johanna, seine Geliebte, zwei ukrainische Schwarzarbeiter zur Seite. Johanna, mit dem Künstler Franz verheiratet, ist der wichtigste, ja, der einzige soziale Kontakt Philipps, doch kommt es regelmäßig zu Streitereien zwischen den beiden, weil Philipp Johanna zu passiv erscheint und Johanna sich umgekehrt für Philipp trotz wiederholter Ankündigung nicht von Franz trennt. Nach einer missglückten Abschlussfeier der Renovierungen steht daher

Philipps Entschluss, die beiden Arbeiter auf ihrer Reise in die Ukraine zu begleiten.

Diese Haupthandlung rund um Philipps und Johannas scheiternde Beziehung, die die Fortführung der Familiengeschichte vorläufig verhindert, wird erweitert durch die Vorzeithandlungen der restlichen Kapitel, die schrittweise die bisherige Familiengeschichte der Erlachs offenlegen. Zu Wort kommen in diesen eingeschobenen Kapiteln Philipps Großvater Richard Sterk, erfolgreicher Verwaltungsjurist und Politiker, der im Alter an Alzheimer erkrankt, seine Frau Alma, die ihr Leben ganz der Familie widmet und großzügig die Affären ihres Mannes übersieht, sowie deren Tochter Ingrid, Philipps Mutter, die sich als junges Mädchen gegen den konservativen Vater auflehnt und später mit der Doppelbelastung als berufstätige Ärztin und Mutter kämpft, und ihr Mann Peter Erlach, Philipps Vater, der als Hitlerjunge den Kampf um Wien miterlebt und nach dem tragischen Unfalltod seiner Frau in die Rolle des alleinerziehenden Vaters der beiden Kinder Philipp und Sissi hineinwachsen muss.

Alle Figuren sind prototypische Charaktere ihrer Generation, in denen sich die gesellschaftliche Entwicklung widerspiegelt, die private Familiengeschichte ist entsprechend eng mit der (vor allem österreichischen) politischen Geschichte verwoben: Vom Anschluss Österreichs 1938 über das Kriegsende 1945, dem Staatsvertragsjahr 1955 und 1962 führt der Roman über die Kreisky-Jahre 1970, 1978 und 1982 bis ins Wendejahr 1989, wobei die Kapitelabfolge dieser zeitlichen Chronologie nicht folgt. Die erzählte Zeit des Romans umfasst einige Tage zwischen 1938 und 1989 sowie einige Tage des Jahres 2001 und entspricht exakt der Epoche zwischen den beiden letzten großen historischen Zäsuren: dem Zweiten Weltkrieg und den Anschlägen auf das World Trade Centre in New York.

Mit Es geht uns gut gelang Geiger der Durchbruch als Schriftsteller. Eine Bühnenadaption des Romans, eingerichtet von Andreas Jungwirth und Lars-Ole Walburg, wurde im Wiener Schauspielhaus in Koproduktion mit den Wiener Festwochen unter der Regie von Lars-Ole Walburg 2008 uraufgeführt. FRIEDERIKE GÖSWEINER

Daniel Kehlmann

* 13. Januar 1975 in München (Deutschland)

Sohn des Regisseurs Michael Kehlmann; 1981 Umzug mit seiner Familie nach Wien; Abitur und Studium der Philosophie und Germanistik, Abschluss mit einer Diplomarbeit über F. Schillers Theorie der Entfremdung; Beginn der schriftstellerischen Tätigkeit, 1997 Debütroman *Beerholms Vorstellung*; Rezensent und Essayist für verschiedene Zeitungen und Zeitschriften; 2003 Durchbruch mit dem Roman *Ich und Kaminski* (Übersetzung in 14 Sprachen); 2005 internationaler Erfolg mit dem Bestseller-Roman *Die Vermessung der Welt* (Übersetzung in mehr als 30 Sprachen); 2000 Poetikdozentur an der Universität Mainz, 2005 an der Fachhochschule Wiesbaden und 2006 an der Universität Göttingen.

Die Vermessung der Welt

Der 2005 erschienene historische Roman wurde innerhalb kurzer Zeit zu einem Bestseller (Übersetzung in mehr als 30 Sprachen). Es war aber nicht vorrangig der geschichtliche Stoff, der den Autor bewog, sich mit herausragenden naturwissenschaftlichen Entdeckungen im 19. Jh. zu befassen. Kehlmanns Interesse gründete sich auf die faszinierende Konstellation zweier deutscher Wissenschaftler; dabei reizte ihn, eine »Art experimentellen Roman« zu verfassen. Als Vorbilder dienten dem Autor u. a. die Romane von Thomas Pynchon, Thomas Mann und Gabriel García Márquez.

Der Roman erzählt auf amüsante, psychologisch brillant ausleuchtende und zugleich gelehrsame Weise die Lebensstationen und -leistungen zweier Berühmtheiten, deren Temperamente grundverschieden dargestellt sind: Zwischen dem höflichen, zugeknöpft wirkenden Naturforscher Alexander von Humboldt (1769–1859) und dem griesgrämigen, cholerisch agierenden Mathematiker Carl Friedrich Gauß (1777–1855) kommt ein gescheites Gespräch nur schwer in Gang. Aus dieser fiktiven Eingangssituation erwachsen im Verlauf der Doppelbiographie eine Reihe von Gegensätzen, Gemeinsamkeiten und Skurrilitäten zwischen dem Weltreisenden mit Abenteuerlust und dem Daheim-Gebliebenen mit genialen Rechenfertigkeiten.

Die »Vermessung der Welt« fungiert einerseits als poetischer Titel, der auf den vernunftgeleiteten Umgang mit der dem Menschen anvertrauten Natur hinweist, und ist andererseits eine textdominierende Metapher – die aus der Sicht des Autors stellvertretend für das ästhetische Programm im Zeitalter der Weimarer Klassik steht. Die Montage anekdotenhafter, chronologisch versetzter Episoden aus der wechselnden Perspektive beider Protagonisten strukturiert spielerisch – und zudem auf höchst verschiedenen Handlungsschauplätzen (Gauß' Göttinger Bett, Gärten von Orotava, Santa Fé de Bogotá, Berlin Stadtmitte, auf dem Orinoko, in einem kalmückischen Tempel etc.) – das Werk.

In vornehmlich indirekter Rede sind die Schilderungen der Haupthandlung gestaltet. Diese auktoriale Erzählperspektive führt zu distanzierten, spannungsreichen und burlesken Situationen. So wird unmittelbar vor Humboldts Abreise mit seinem Begleiter Aimé Bonplant in die Neue Welt der unbändige Wille zur Welterkenntnis durch Reisen und Forschen ausführlich beschrieben, aber gleichzeitig die kurze Nachricht Georg Forsters mitgeteilt, dass Kapitän Cook auf Hawaii von »höflichen Kannibalen« schlichtweg »gekocht und gegessen worden sei«. Derartige Wechselsituationen ereilen auch das Wunderkind Gauß. Nachdem er von seinem Lehrer ein Buch (»Höhere Arithmetik«) zur Lektüre erhält, reicht er es bereits tags darauf zurück. Der ungläubige Schulmeister prüft daraufhin das einwandfreie Wissen von Gauß und ist vor »Rührung« so ergriffen, dass er ihm mit dem Stock »die letzte Tracht Prügel seines Lebens« gibt. Und Jahre später, als Gauß bereits ein berühmter Mathematikprofessor ist, sitzt er nach einer beschwerlichen Reise als Zuschauer im Weimarer Hoftheater. Im Beisein von Goethe fragt er prompt, »ob das der Esel sei, der sich anmaße, Newtons Theorie des Lichts zu korrigieren«.

Die Nebenhandlungen schildern souverän die Beziehung der Gebrüder Alexander und Wilhelm von Humboldt, die sich zeitlebens in dem Wissen begegnen, sich nicht gehen lassen zu dürfen – auch daher rührt bei der Alexander-Figur die Neigung zu Steifheit, Selbstkontrolle und einem seltsam anmutenden Uniformkult. Im gestört geschilderten Vater-Sohn-Verhältnis behandelt Gauß den bereits erwachsenen Eugen solange als störrisches Grautier, bis Lebensumstände zu einer schmerzlichen Trennung führen. Und das Eheleben des Mathematikers und Astronomen fällt bereits seit dem Hochzeitstag nicht sehr glücklich aus. Bei seiner Hochzeitsrede meint Gauß, er habe nicht so etwas wie Glück und wünsche, dass von diesem »Rechenfehler« und »Irrtum« keiner etwas merke. Der verwirrten Hochzeitsgesellschaft hält seine Gattin Johanna entgegen, Gauß habe genau das Richtige gesagt.

Mit dem Ende des Romans glaubt der alte Humboldt – nach langer Forschungsreise durch Russland, bis an die Grenze Chinas gekommen, der Ehrung durch den Zaren und der Begegnung mit Aleksandr Puškin –, nun auf einem Ball in Moskau den lang ersehnten Zuspruch seines Tausende Kilometer entfernten Freundes Gauß zu vernehmen. Und Gauß denkt, in der Kuppel der Göttinger Sternwarte sitzend, an Humboldt. Die tiefe Verbundenheit und der gegenseitige Respekt führt beide Zeitgenossen im Roman zueinander und hebt damit jahrelange Missverständnisse und Misslichkeiten auf: Gauß und Humboldt sehen sich einig in ihrem Welterkundungsdrang und humanistischen Wissenschaftsethos.

Der Autor legte mit diesem Roman sein bisher gelungenstes Prosastück vor. Gegenüber seinem Roman *Ich und Kaminski* (2003) sind experimentelle Erzähltechniken weiterentwickelt worden. Genreübergreifende Mittel, wie komödiantische Wechselrede, Verwirrspiel, Montage authentischer und fiktiver Fakten, Ignorierung historischer Ereignisse, tragen zur Gestaltung spannungsreicher und amüsanter Episoden bei. So ergeben die 16 Kapitel eigenständige, in sich geschlossene Kurzerzählungen, die auch in versetzter Anordnung den meisterhaften Sprachgebrauch zeigen. Kehlmann lässt dazu in seinem Werk im Gespräch zwischen Lichtenberg und Humboldt seinen Protagonisten sagen: »Das Romanschreiben […] erscheine ihm als Königsweg, um das Flüchtige der Gegenwart für die Zukunft festzuhalten.« Insofern ist dieser Roman auf neuartige Weise zugleich ein historischer und gegenwartsorientierter Text. BURKHARD STENZEL

Martin Mosebach

* 31. Juli 1951 in Frankfurt a. M. (Deutschland)

Sohn eines Arztes und Psychotherapeuten; Jurastudium in Frankfurt
a. M. und Bonn; 1979 Zweites Staatsexamen in Frankfurt a. M.; freier
Schriftsteller ab 1980; Verfasser von Essays, Lyrik, Libretti, Dreh-
büchern, Hörspielen, Theaterstücken und Romanen; längere Aufenthalte in Italien (besonders auf Capri) und in der Türkei.

Das Beben

Der Erzähler des 2005 erschienenen Romans, ein durchaus erfolgreicher Architekt, hat sich darauf spezialisiert, weltweit historische
Gebäude zu Luxushotels umzubauen und sie dadurch für interna-
tionale Investoren zu attraktiven Anlageobjekten zu machen. Er sagt
von sich, er nimmt »an einem der wirkungsvollsten Anschläge auf die
europäische Kultur teil: an der Hotelisierung der Welt«.

Die Anfrage eines indischen Maharo, Oberhaupt des vormals sein
kleines Reich regierenden Herrscherhauses, erbittet die Planung zum
Umbau des Frauenflügels, eines Seitenflügels seines heruntergekom-
menen und verfallenen Palastes. Die nun folgende Reise in eine was-
serarme und fern aller Touristenströme liegende Gegend Rajastans
ist aber zugleich auch eine Flucht vor der sich schwierig gestaltenden
Liebesbeziehung zu Manon, der Tochter eines berühmten Architek-
tenkollegen. Am Ende wird allerdings weder das Luxushotel in San-
chor gebaut, noch finden der Erzähler und Manon wieder zueinander.

Dieser Roman bezieht seinen Reiz weniger aus der erzählten
Handlung als vielmehr daraus, dass drei große Motive, von denen
zwei für die Gegenwartsliteratur bemerkenswert unzeitgemäß
erscheinen, mit stilistischer Raffinesse und großartiger Ironie darge-
boten werden: das Heilige, das Erhabene und die Liebe.

Bei der Ankunft auf dem Flughafen von Udaipur sieht der Erzähler
zum ersten Mal eine heilige Kuh, und es schließen sich dieser Beob-
achtung tagtraumhafte Reflexionen an, in deren Verlauf sehr schnell
deutlich wird, dass hier nicht von einer Entzauberung des Heiligen
durch das Fortschrittliche und Profane berichtet wird, wie es aus der
Perspektive der Suprematie westlicher aufgeklärter Kultur zu erwar-

ten wäre, sondern dass das Heilige die Kraft hat, die Zivilisation zu entzaubern, sie gleichsam zu dekonstruieren. »Wenn ich mir vorstelle, was es für Deutschland bedeuten würde, wenn die heilige Kuh zu uns käme, welches Glück und welcher Segen ginge von allgegenwärtigen heiligen Kühen aus! [...] Ich sehe die heilige Kuh auf einer vielbefahrenen Autobahn zwischen Köln und Frankfurt liegen und eine Bild-Zeitung auffressen. Ich sehe unsere beliebtesten und deshalb hassenswertesten Fernsehgesprächsrunden, durch die gemächlich die heilige Kuh schreitet, ein Manuskript des Moderators kauend und ein halbe Stunde lang vor der Linse verweilend. Ich sehe die heilige Kuh in unseren höllenmäßigen Häuschen-Vororten, zwischen den Jägerzäunen und Garagen, große Fladen hinterlassend und den toten Asphalt mit reichen Gaben ihres heilbringenden Urins besprengend.« Die fortschrittliche Selbstverständlichkeit wird durch das Auftreten des Heiligen entzaubert und seine bloße Anwesenheit stellt die »richtige Rangfolge« wieder her.

Neben dem Heiligen ist das Erhabene das zweite große Motiv des Romans. Verkörpert wird es in der Person des Königs, dessen protokollarische Anrede im indischen Englisch von ›his highness‹ quasi zu dem auch von ihm selbst verwendeten Eigennamen »Hiseinis« wird. Dieser König aber, dessen Reich kaum mehr umfasst als die Ausdehnung seines Körpers, repräsentiert eine aus der jahrhundertealten Tradition legitimierte Erhabenheit und abstrakte Größe. In der modernen indischen Demokratie ist er ohne jede Funktion. Dennoch kann sich der Erzähler seiner überzeitlichen Dignität nicht entziehen. Dies ist eine Provokation, doch es wäre ganz falsch, darin nur einen reaktionären Spleen zu erkennen. Die ganze Erscheinung des Königs steht für das Unzeitgemäße und zugleich Überzeitliche. Und das leitmotivische Beben ist in der Vorstellung des Königs Ausdruck der Beunruhigung der Erde durch die Demokratie. In der Schilderung der königlichen Lebensform und ihrer Wirkung auf den Erzähler, der dieser überzeitlichen Legitimation nicht mit der Gewissheit westlicher Vorstellungen entgegentreten kann, ergibt sich auch eine reizvolle Parallele zu Thomas Manns Roman *Königliche Hoheit* (1909). Während Mann die Erhabenheit des Prinzen Klaus Heinrich aus seinem latenten Künstlertum begründet, denn er lebt im Bewusstsein, Erhaben-

131

heit möglichst vollkommen darzustellen, geht »Hiseinis«, der indische Kleinkönig, vollständig und ohne ironische Distanzierung in seiner Erhabenheit auf.

Die wirkliche Erschütterung, das Beben, wird dann aber durch Manon ausgelöst. Sie ist keine Widergängerin der Imma Spoelmann, deren unermesslicher Reichtum die Monarchie vor dem Untergang bewahrt. Vielmehr ist sie wie die Manon Lescaut des Abbé Prévost eine zauberhafte, überaus reizende, aber zur Treue ganz und gar unbegabte Frau. In einer Art Vatertick ist sie zudem einem greisen Künstler erotisch verbunden, in dessen aufgeblasener Redeweise und Selbstdarstellung unschwer ein höchst ironisches Doppelporträt aus Friedensreich Hundertwasser und André Heller zu erkennen ist. In Gesprächen mit ihm, dem Meister, aber auch mit dem Erzähler oder dem viril-muskulösen kahl geschorenen Dichter Ivan Schmidt lautet ihre Antwort, wann immer sie beeindruckt ist, stets »ja genau.«

Durch sie erst wird das Erhabene profaniert, und durch sie kommt es schließlich zum Untergang des Königtums. Nach der Legende entstand das Königtum einst durch ein blutiges Ritual bei der Begegnung eines Prinzen mit einer Inkarnation der Göttin Kali als schöner junger Frau aus einer niederen Kaste. Im Roman endet es, als der König Manon verfallen ist, mit seinem Schlaganfall.

THEDEL V. WALLMODEN

Dietmar Dath

* 3. April 1970 in Rheinfelden (Deutschland)

Studium der Physik und Literaturwissenschaft an der Universität
Freiburg i. Br.; ab 1990 zahlreiche journalistische Arbeiten, insbesondere 1998–2009 als Chefredakteur der Musikzeitschrift *Spex* und
2001–2007 als Feuilletonredakteur der *Frankfurter Allgemeinen Zeitung*;
ab 1995 auch als Übersetzer tätig.

Dirac

Dem 2006 erschienenen Roman liegt die Erzählung des Autors
Ein Preis (2003) zugrunde, die dem Leben des Physikers Paul Adrien
Maurice Dirac gewidmet ist. Dieser Text schildert, wie Dirac 1933 in
Begleitung seiner Mutter nach Stockholm fährt, wo er mit dem Nobelpreis geehrt wird. In *Dirac* schreibt nun der Schriftsteller David Dalek,
ein Alter ego des Autors, ein Buch über Dirac und wird dabei von
seinen Freunden beraten. Damit nimmt der Roman ein Moment von
Daths eigenem Schreiben auf, insofern sich die Handlungsverläufe
seiner Romane, so Dath in einem Interview, teilweise dem gemeinsamen Imaginieren mit Freunden verdanken, die dem Autor auch Ma-
terialien für seine Arbeit liefern. Schon der Roman *Phonon* (2001), der
auch als Schlüsselroman über Daths Arbeit beim Musikmagazin *Spex*
gelesen werden kann, behandelt solche Kooperationen erzählerisch.

 In *Dirac* sind die Freunde, die sich schon seit der Schulzeit kennen,
durch eine politische linke Orientierung verbunden, darin jedoch ver-
unsichert, auch weil die sozialistischen Staaten zusammengebrochen
sind. Sie fragen sich, wie sie leben können und sollten. Dalek versucht,
eine Antwort darauf in den Theorien und im Leben Diracs zu finden.
Dabei will er sozialistische Ideen mit Elementen der Quantentheorie
erneuern und damit der These Lenins entgegentreten, die moderne
Physik sei mit dem Sozialismus unvereinbar, weil sie nicht dialektisch
denke. Gerade die Wechsel und Übergänge, die dialektischen Wendungen der Geschichte und des Lebens aber möchte Dalek mit Hilfe
von Diracs Physik erklären.

 Diese Verbindung von sozialer Utopie und Physik wird fortan für
die zweite Phase von Daths Werk kennzeichnend, die mit *Dirac* ein-

setzt. Während Daths frühere Werke beim Leser eine breite Kenntnis der in ihnen verhandelten populärkulturellen und feuilletonistischen Diskurse voraussetzen, sollen die späteren Arbeiten marxistisch-leninistisches Gedankengut in der Verbindung mit moderner Naturwissenschaft popularisieren, wie sich in der Folge auch in *Abschaffung der Arten* (2008) und *Deutschland macht dicht* (2010) beobachten lässt.

Die literarische Drastik und ihre Nähe zu den Genres Horror und Pornographie, die der vorangehende Roman *Die salzweißen Augen. Vierzehn Briefe über Drastik und Deutlichkeit* (2005) als ästhetisches Programm formuliert hatte, findet sich hier nicht, wohl aber ein kühl nüchterner Ton, der ebenfalls dort gefordert wurde.

Dabei löst die Erzählweise die Unterscheidung zwischen den drei Handlungsebenen – Dalek in der Gegenwart, die Schulfreunde in den 1980er Jahren und Dirac in den 1930er Jahren – auf und überträgt so die von Dirac theoretisch erörterte Möglichkeit von Zeitreisen in die Literatur. Darin drückt sich auch hier die Nähe zur Science Fiction aus, die sich durch Daths gesamtes Werk zieht.

Zugleich steht diese Überblendung der Zeitebenen im größeren Zusammenhang der Auflösung der Grenzen zwischen Realität und Fiktion, die Daths Romane betreiben, indem sie eine Welten zeichnen, in denen die naturwissenschaftlichen Gesetze außer Kraft gesetzt oder auf Grundlage moderner Theorien verändert sind und die fiktionale Realität mit der faktischen Realität überblenden. Diese Auflösung hält einer bedrängenden Gegenwart das utopische Potenzial der Literatur entgegen, die uns zeigt, wie wir anders sein könnten – vernünftiger, besser, phantasievoller. BJÖRN VEDDER

Thomas Hettche

* 30. September 1964 in Treis bei Gießen (Deutschland)

Gymnasium in Gießen, 1984 Abitur; Studium der Germanistik und
Philosophie in Frankfurt a. M.; 1989 Romandebüt; 1999 Promotion
in Philosophie; Auslandsaufenthalte in Krakau, Venedig, Rom und
Los Angeles; seit 1992 freier Schriftsteller u. a. in Stuttgart, Rom und
Berlin, ab 1996 in Frankfurt a. M., seit 2005 wieder in Berlin; journalis-
tische Tätigkeiten für die *Frankfurter Allgemeine Zeitung* und die *Neue
Zürcher Zeitung*; 2002 Gastdozentur für Poetik in Mainz, 2003 in Zürich;
Romancier, Essayist und Herausgeber.

Woraus wir gemacht sind

Unter den Amerikaromanen der zeitgenössischen deutschsprachigen
Literatur nimmt dieser 2006 erschienene Text eine Ausnahmestellung
ein: Im Gewand eines Kidnappingthrillers unternimmt er eine Medi-
tation über das komplexe Verhältnis zwischen Europa und den USA
und stellt poetisch in seiner Verbindung von Action mit essayistischer
Reflexion vielleicht selbst jene glückhafte Fusion dar, von deren politi-
schem Scheitern er erzählt.

 Der 40-jährige Biograph Niklas Kalf reist ein Jahr nach den An-
schlägen vom 11. September und kurz vor Ausbruch des zweiten
Irakkriegs mit seiner schwangeren Frau Liz zum ersten Mal in die
USA. Kalf arbeitet im Auftrag von Elsa Meerkaz an einem Buch über
ihren während der Nazizeit aus Deutschland in die USA emigrierten
Ehemann, den Physiker Eugen Meerkaz, der in Kalifornien am Jet
Propulsion Laboratory forschte und 1952 bei einer Explosion ums
Leben kam. Nach drei Tagen in New York verschwindet Liz aus ihrem
Hotelzimmer auf der Upper West Side. Kurz darauf melden sich
die Entführer, eine Gruppe um den Filmproduzenten Jack Jackson,
und verlangen von Kalf Material über Versuche, die Eugen Meerkaz
Anfang der 1950er Jahre mit dem Raketenpionier John Parsons durch-
geführt habe. Kalf besitzt weder Kenntnisse über derartige Experi-
mente noch irgendwelche Aufzeichnungen, verzichtet – auf den Rat
seines undurchsichtigen und über Informationen aus dem Umfeld
der Entführer verfügenden amerikanischen Verlegers hin – jedoch

darauf, die Polizei zu verständigen. Beim Sichten der Unterlagen stößt Kalf auf einen kuriosen Kondolenzbrief an Elsa Meerkaz, der einen Poststempel aus Marfa, Texas, trägt. Auf der Suche nach möglichen Informationen über seine Frau fährt er in den nach einer Nebenfigur aus Dostoevskijs *Die Brüder Karamasow* benannten texanischen Wüstenort Marfa und lernt dort den Künstler Frank Holdt kennen, den Sohn eines während des Zweiten Weltkriegs in Marfa internierten deutschen Wehrmachtsoffiziers.

Die Nachforschungen gestalten sich zunächst fruchtlos, und eine Affäre mit Franks junger Freundin Asia ebenso wie eine Begegnung mit dem Teufel, der von Henry Fonda über Robert Duvall bis zu Robert DeNiro die Physiognomie verschiedener US-amerikanischer Leinwandheroen annimmt, lassen für Kalf seine entführte Frau und seine europäischen Lebensumstände zeitweise in den Hintergrund rücken. Entnervt von Kalfs Lethargie, schicken ihm die Kidnapper

einen Schläger auf den Hals, der Frank ersticht und den der verletzte Kalf mit letzter Kraft erdrosseln kann. Zehn Tage später taucht Daphne Abdela bei ihm auf, eine geheimnisvolle jugendliche Mörderin, die Kalf zunächst nach Palm Springs, dann nach Los Angeles fährt, wo es endlich zur Begegnung mit Elsa Meerkaz und Jack Jackson kommt. Durch einen Gewehrschuss Jacksons schwer verwundet, erhält Kalf von Asia einige Unterlagen aus Franks Nachlass, aus denen hervorgeht, dass Jackson auf der Suche nach einem Raketentreibstoff ist, dessen Formel bei der Explosion verloren ging, die zum Tod von Eugen Meerkaz führte. Elsa Meerkaz enthüllt weitere Hintergründe – Parsons und Meerkaz gehörten zu einer von Aleister Crowley kontrollierten Geheimloge auf amerikanischem Boden –, worauf es in einem alten Stummfilmpalast in Los Angeles zu einem Showdown mit Jack Jackson selbst kommt, in dessen Verlauf Kalf seine Frau und ihr mittlerweile geborenes Kind befreien kann – eine Restituierung der Kernfamilie, getreu der Hollywooddramaturgie, die *Woraus wir gemacht sind* souverän erfüllt und gleichzeitig persifliert.

»Was denkt jemand sich, der im Spiegel stets ein fremdes Gesicht sieht?« fragt Thomas Hettche und lässt seine Hauptfigur Niklas Kalf auf seiner mehrmonatigen Reise durch die USA Bilanz darüber ziehen, wie amerikanisiert ein Deutscher seiner Generation ist. Im Zentrum stehen dabei Fragen der Selbstvergewisserung des militärisch und medial doppelt von den USA bestimmten Deutschen Kalf, der in den USA alle Versprechungen der Fernsehsehnsuchtswelt seiner Kindheit eingelöst findet: »Alles, schien es ihm, wurde mit seinen englischen Bezeichnungen endlich bei seinem wirklichen Namen genannt, und die Preise in Dollar gaben allem seinen tatsächlichen Wert. Die Sirenen der Polizei und die Hupen der Autos hatten den richtigen Klang und alle Lichter die ihnen zustehenden Farben.« *Woraus wir gemacht sind* zeichnet dabei ein äußerst differenziertes Bild von den transatlantischen Wechselwirkungen, Kalfs Reise von der Ost- an die Westküste ist eine Art Therapie wie jenes »Body Mind Centering«, das Kalf in Marfa kennenlernt, also als ein Antidot zu jenem »Zerfall von innerer und äußerer Welt«, den die militärische und mediale Dominanz der USA in der deutschen Kindheit von Niklas Kalf hervorrief. Der von zahlreichen Binnenmotivketten – auffällig häufig ist von Tieren die Rede, die Geschichte des Kinos vom Stummfilm bis zur Gegenwart wird ebenso aufgerufen wie die scheinbar unabwendbare politische Eskalation, die zum zweiten Irakkrieg führt, daneben werden ausführlich Parallelen und Unterschiede zwischen dem Römischen Reich der Antike und dem modernen Imperium der USA diskutiert – durchwirkte Roman erzählt vom Preis der Pax americana und von einer spirituellen und philosophischen Reise ins Herzland des US-amerikanischen Imperiums im Moment seines drohenden Untergangs. DENIS SCHECK

THOMAS HETTCHE

Julia Franck

* 20. Februar 1970 in Berlin/Ost (Deutschland)

1991 Abitur; Studium in Berlin, zuerst Jura, dann Altamerikanistik,
Neuere deutsche Literatur, Philosophie; neben dem Studium Arbeit
als Putzfrau, Kindermädchen, Kellnerin, Hilfsschwester, Phonotypis-
tin und wissenschaftliche Hilfskraft; freie Mitarbeiterin für Radio und
Zeitungen, Regieassistentin; Aufenthalte in den USA, Mexiko, Guate-
mala und Rom; lebt mit ihren beiden Kindern in Berlin-Friedenau.

Die Mittagsfrau

Der 2007 erschienene Roman spielt innerhalb der Zeitspanne von
kurz vor dem Ersten bis kurz nach dem Zweiten Weltkrieg und
schildert die Geschichte einer Mutter, die ihr Kind verlässt. Mit den
Worten »Ich bin gleich zurück, wart hier« setzt Francks Protagonistin Helene ihren siebenjährigen Sohn Peter kurz nach dem Zweiten
Weltkrieg auf der Flucht aus Stettin auf einem Bahnsteig ab und kehrt
nicht wieder zurück. Was aus der Perspektive des Kindes, die Franck
in diesem Prolog zunächst einnimmt, als unfassbare Tat erscheint,
wird im Laufe der folgenden Schilderung der Vergangenheit als notwendige Konsequenz prägender Erlebnisse und Schicksalsschläge
deutlich. So wird Helene bereits in eine Leerstelle hineingeboren, die
ihre kurz nach der Geburt gestorbenen Brüder hinterlassen haben
und die zu füllen ihr allein wegen ihres Geschlechts unmöglich ist.
Helenes Kindheit ist daher vor allem geprägt durch mütterliche
Ablehnung in Form unberechenbarer Wutausbrüche und vernich-
tender Beschimpfungen. In der Notgemeinschaft mit ihrer neun
Jahre älteren Schwester Martha lässt sie sich auf deren Machtspiele
und sexuelle Annäherungen ein, um den Mangel an Aufmerksamkeit, Liebe und Zuwendung zu kompensieren. Während der kriegs-
bedingten Abwesenheit des Vaters Ernst Ludwig Würsich schottet
sich seine Frau Selma – aufgrund ihrer jüdischen Herkunft seit jeher
aus der Bautzener Dorfgemeinschaft ausgeschlossen – zunehmend
ab und überlässt die Töchter sich selbst. Martha beginnt eine Kran-
kenschwesternausbildung und geht eine heimliche Beziehung mit
ihrer Freundin und Kollegin Leontine ein. Helene wird nach dem

vergeblichen Versuch, die Druckerei des Vaters aufrecht zu erhalten, ebenfalls Schwesternschülerin, ist wie bereits zu Schulzeiten den anderen stets voraus und träumt von einem Medizinstudium. Als der Vater verstümmelt aus dem Krieg zurückkehrt und kurz darauf stirbt, nehmen die Schwestern Kontakt zu ihrer Tante Fanny in Berlin auf und erhalten bald eine Einladung auf unbegrenzte Zeit. Martha kann in der Hauptstadt an ihre Beziehung zu Leontine anknüpfen und wird schnell in Fannys vergnügungssüchtigen Freundeskreis integriert, Helene bleibt hingegen ausgeschlossen. Durch den Einfluss der Tante finden beide Mädchen bald Arbeit. An ihrem 19. Geburtstag lernt Helene den Philosophiestudenten Carl Wertheimer kennen, mit dem sie vier Jahre lang eine glückliche und erstmals gleichberechtigte Liebe erlebt, zusammenzieht und die Zukunft plant. Als Carl tödlich verunglückt, fällt Helene in einen apathischen Zustand, in dem sie fortan nur noch funktioniert. In dieser Situation trifft sie auf den nationalsozialistisch gesinnten Wilhelm, der so lange um sie wirbt, bis sie nachgibt, sich von ihm aufgrund ihrer zunehmend gefährlicher werdenden jüdischen Herkunft neue Papiere besorgen und fortan Alice nennen lässt, ihn heiratet und mit ihm nach Stettin zieht. Wilhelms Entdeckung in der Hochzeitsnacht, dass Helene keine Jungfrau mehr ist, veranlasst ihn zu Zornanfällen und Demütigungen, die die Ehe daraufhin prägen. Trotz ihrer Vorkehrungen wird Helene schwanger und bringt einen Sohn zur Welt. Von Wilhelm allein gelassen und finanziell auf sich gestellt, gibt Helene Peter früh in fremde Hände, um ihrer Tätigkeit als Krankenschwester nachgehen zu können.

Die Zerrissenheit zwischen der selbst nie erfahrenen und der von Peter eingeforderten Mutterliebe, die zunehmende Unfähigkeit, auf die Bedürfnisse und Fragen ihres Sohnes angemessen zu reagieren und auf natürliche Weise mit seiner Männlichkeit umzugehen, stellt Franck als äußeres und inneres Verstummen der Mutter gegenüber ihrem Kind dar, das in dem Beschluss gipfelt, Peter zu verlassen, um ihm bei seinem Onkel, dessen Adresse sie im Koffer hinterlegt, ein liebevolleres Aufwachsen zu ermöglichen. Diese Hoffnung wird schließlich im Epilog als Illusion entlarvt. An seinem 17. Geburtstag erinnert sich Peter – vor der erstmals zu Besuch angekündigten Mutter versteckt – an die von Entbehrung und Verlassenheit geprägten

JULIA FRANCK

vergangenen Jahre. Seine ambivalenten Gefühle gegenüber seiner Mutter führen emotionale Erstarrung auch abschließend noch einmal als generationenübergreifende und »vererbte« Erfahrung vor Augen.

Als »bester Roman des Jahres« wurde Die Mittagsfrau 2007 mit dem Deutschen Buchpreis ausgezeichnet, was nicht zuletzt darauf zurückzuführen ist, dass darin ein Stück Geschichte mit einem zeitlos aktuellen Thema verknüpft wird. Franck erzählt von der scheiternden Suche nach einem Bild von Weiblichkeit im Allgemeinen und von Mütterlichkeit im Besonderen und legt damit nicht nur ein detailgenau recherchiertes historisches Panorama vor, sondern trifft auch mitten in die 2007 vehement geführte Mutterschaftsdebatte.

ELISABETH HOLLERWEGER

Michael Lentz

* 15. Mai 1964 in Düren (Deutschland)

Studium der Germanistik, Geschichte und Philosophie in Aachen,
München und Siegen; 1998 Promotion über Lautdichtung nach 1945;
Saxophonist mit zahlreichen Aufritten, u.a. bei Klangperformances;
ab 2006 Präsident der Leipziger Freien Akademie der Künste und dort
Kurator der Reihe Projektionen. Poesie und Film; der Autor zahlreicher Gedichtbände und Theaterstücke, von Erzählprosa und Herausgeber sprachexperimenteller Textsammlungen lebt in Berlin.

Pazifik Exil

Im Mittelpunkt der Handlung des 2007 erschienenen Romans steht
das Exil deutscher Schriftsteller und Musiker, die während der
1940er Jahre an der Pazifikküste der USA auf das Ende der Nazi-
Herrschaft warteten. Lentz hat den biographischen Kontext gründ-
lich recherchiert, schreibt aber weder einen historischen Roman,
noch entscheidet er sich für die Form einer ›Doku-Fiktion‹, die das
zusammengetragene Material über u.a. Lion Feuchtwanger, Bertolt
Brecht, Arnold Schönberg, Franz Werfel, Heinrich, Golo und Thomas
Mann in geschmeidige Erzählepisoden transformieren würde. Das
Exil erscheint vielmehr in der Tradition eines Künstlerromans als
ein fataler Verbannungsort, der den Nimbus der Künstlerexistenz zu
zerstören droht, bis zuletzt individuelle Schwächen, Obsessionen,
Ängste und Eitelkeiten sichtbar werden und die Exilsituation, das
kalifornische »Pazifik Exil«, als Chiffre für orientierungsloses, hilfloses
Agieren dient.

    In einer Art Prolog und Epilog stellt Lentz die existenzielle Dimen-
sion des Künstlerthemas heraus, indem er auf den ans Schwarze Meer
verbannten römischen Dichter Ovid und dessen in den *Metamor-
phoseon libri* erzählte Geschichte von der Geburt der Bienen aus dem
verwesenden Leib eines Stiers anspielt. Der Sinn des Motiv-Verweises
erhellt sich für den Leser allerdings erst zuletzt: als Todesmotiv, das
das Roman-Ende bestimmt.

    Der Roman ist in drei chronologisch aufeinander folgende Teile
untergliedert. Der erste Teil zeigt zunächst eindringlich die Wirkung

der Nachricht von Hitlers Reichskanzlerschaft. Martha Feuchtwanger, beim Skilaufen im österreichischen Sankt Anton, wird Zeugin einer enthusiastischen Feier des Ereignisses. Der Entschluss, ins Exil zu gehen, ist das Resultat erzwungener Ausgrenzung. Der Erzählstil wechselt allmählich über in eine Mischung aus auktorialer Handlungsskizze und innerer, personaler Stimmführung, die in den folgenden Fluchtgeschichten dominiert. Aus den historischen Figuren werden Protagonisten einer verwickelten fiktiven Romanerzählung; nicht die biographischen Fakten stehen im Vordergrund, sondern die Konfrontation des Lesers mit jeweils individuell erlebten, ›inneren‹ Exil-Geschichten.

Eine wichtige Konsequenz dieser Erzählkonzeption ist die im zweiten Romanteil entfaltete Entmystifizierung und Entheroisierung der ins amerikanische Exil gegangenen deutschsprachigen Künstler. Vor allem Brecht, in Gedanken ständig mit sich und seinen Geliebten beschäftigt, wird regelrecht entzaubert, indem Lentz jede politische Handlungsdimension ausklammert. Charakteristisch ist eine auf den ersten Blick unterhaltsame, ja humoristische Episode, die aber auf einer subtilen Ebene Isolation, Einsamkeit und Resignation als typisches Exil-Verhalten aufdeckt: Brecht, auf dem Weg zu einer Party und unterwegs Hanns Eisler begegnend, erscheint versehentlich in Hausschuhen. »Brecht und Eisler betreten den Salon, niemand nimmt von ihnen Notiz.« Analoge Episoden mit tragikomischer Wirkung ließen sich auch für die anderen Protagonisten aufzeigen, etwa wenn Arnold Schönberg fast besessen ist von der fixen Idee, er habe einen schon von Richard Wagner benutzten Ohrensessel Thomas Mann geliehen, den dieser zum Schreiben des *Doktor Faustus* benötigt und noch nicht zurückgegeben habe.

Der dritte Teil verschärft das von physischen und psychischen Schwächen, von Alter und Krankheit bestimmten Romangeschehen, das mit einem Bericht von der Beerdigung Nelly Manns beginnt, die Selbstmord begangen hat. Das Exil erscheint als unverständliche, niederziehende Fremde. Das Todesmotiv dominiert den Romanschluss, und zwar so pointiert, dass die epische Zeitstruktur die politische Zäsur des Kriegsendes im Mai 1945 negiert und die Handlung bis in die 1950er Jahre fortläuft, bis hin zum minutiös im inneren Monolog

erzählten Tod Thomas Manns im schweizerischen Kilchberg. Dass
Lentz die Gefahr einer pathetischen Aufladung des Romanendes vermeidet, gehört zu den Stärken des Werks und wird durch eine Vielzahl
tragikomischer Brechungen realisiert, die jeden Ansatz zur erzählerischen Heroisierung von Künstlerschicksalen blockieren.

HERMANN KORTE

143

MICHAEL LENTZ

Lukas Bärfuss

* 30. Dezember 1971 in Thun (Schweiz)

1997 Abschluss der Buchhändlerlehre, 1998 Gründung der Künstler-
gruppe asa400; 2000 erste Erfolge mit einem für die Gruppe geschriebenen Stück; 2002 Prosadebüt mit der Novelle *Die toten Männer*; lebt in
Zürich; bedeutender und erfolgreicher Dramatiker und Prosaautor.

Hundert Tage

Höhepunkte des 2008 erschienenen Romans, der die Erlebnisse des
jungen Schweizer Entwicklungshelfers David Hohl in Kigali schildert,
sind der Bürgerkrieg und vor allem der Genozid durch die Hutu-Mehr-
heit an der Tutsi-Minderheit von April bis Juli 1994.

Hohls Erzählung wird durch die Fragen eines Erzählers in Gang
gesetzt, der sich bald auf das Protokollieren beschränkt. Ende Juni 1990
fliegt der Entwicklungshelfer von Brüssel nach Kigali. Am Flughafen
begegnet er Agathe, der Tochter eines ruandesischen Beamten. Gegen
ihre herablassende Behandlung durch die belgischen Zöllner schreitet
Hohl ein, wird jedoch verhaftet. Er ist seitdem von Agathe fasziniert
und hofft auf ihren Dank; sie aber belächelt ihn. Diese und andere
lehrhafte und anschauliche Szenen sollen Hohls falschen Idealismus
und sein Unverständnis gegenüber Afrika dokumentieren. Er teilt
beides mit seinen Kollegen. Hohl sagt: »Ich habe an das Gute im Menschen geglaubt, ich wollte den Menschen helfen, [...] um die Menschen
weiterzubringen. Entwicklung hieß für uns [...] die Entwicklung des
menschlichen Bewusstseins hin zur universellen Gerechtigkeit«. Im
Laufe seines vierjährigen Aufenthalts sieht Hohl jedoch immer deutlicher, dass die Bewohner Ruandas sich treu bleiben und sich nicht
entwickeln wollen, keine universelle Gerechtigkeit anstreben, sondern ihren eigenen Vorteil. Allein um den zu erlangen, lassen sie sich
Entwicklungshilfe gefallen und geben vor, den ihnen fremden Vorstellungen und Idealen der Helfer zu entsprechen.

Aber nicht nur das Ergebnis der idealistischen Bemühungen ist
ernüchternd, auch diese selbst entpuppen sich als verkleidete Eigen-
interessen. Hohl und sein Kollege Missland sehen ihre Arbeit als
Abenteuer, doch nur Missland macht keinen Hehl daraus. Besonders

die einheimischen Frauen haben es ihm angetan. Aufgrund dieser Leidenschaft rettet er seine Geliebte und ihre Familie aus den Wirren des Krieges und vollbringt damit in Hohls Augen als einziger eine gute Tat. Hohl und seine Vorgesetzten verschleiern den Eigennutz ihrer Hilfe, ihre Selbstgerechtigkeit, ihre Flucht vor eigenen Problemen. Erst Hohls Erzählung bringt dies in Form einer Beichte ans Licht.

Besonderes Gewicht hat hier sein Verhältnis zu Agathe. Er trifft sie kurz vor Ausbruch des Bürgerkrieges wieder. Sie beginnt zögerlich eine Beziehung mit ihm, d. h. sie vertreibt sich mit ihm die Zeit, weil sie auf Wunsch ihres Vaters nicht zurück nach Brüssel darf, wo sie studiert. Er hingegen begreift ihre Beziehung als »Liebe«. Als er mit den anderen Helfern evakuiert werden soll, versteckt er sich, um Agathe weiterhin treffen zu können und verschanzt sich während der »hundert Tage« des Genozids in seinem Haus. Die Hutu Agathe gibt im Laufe des Bürgerkrieges ihre Distanz zu ihrer Heimat auf und beteiligt sich aktiv am Genozid. Hohl stößt das moralisch ab. Er kann sich der erotischen Anziehung Agathes, die als Triebfeder seiner Beziehung zu ihr immer deutlicher wird, aber nicht entziehen. Indes werden die Treffen mit ihr immer seltener. Beim Einrücken der Tutsi-Rebellen in Kigali verschwindet sie. Hohl findet sie in einem Flüchtlingslager wieder, an Cholera totkrank. Ein Gefühl der Stolzes auf die Treue seiner Liebe weht ihn an, aber dann erkennt er »hinter de[m] Spiegel ihrer Augen, in dem ich immer nur mich gesehen hatte, meine Eitelkeit, Vergnügungssucht, meinen Zorn auf dieses Land [...], so etwas wie eine Seele, ein Mensch, ein Leben«. Die sterbende Agathe aber hat für diese Selbsterkenntnis kein Lob übrig. Ihr letzter Gesichtsausdruck verspottet ihn wie der erste in Brüssel. In dieser Schlüsselszene des Romans werden die umfassenden Missverständnisse deutlich, Hohls Fehleinschätzung seiner selbst und die der anderen, der Eigennutz hinter dem sozialen Engagement, die Verachtung hinter der Dankbarkeit. Damit sind politische und die philosophische Fragen berührt, die im Zentrum des Romans stehen. Politisch fragt der Roman nach der Verantwortung der westlichen Welt, namentlich der Schweizer Entwicklungshilfe, für den Konflikt. Er sieht sie darin, dass die von der ehemaligen belgischen Kolonialmacht eingeführte soziale Klassifizierung aufrechterhalten und eine repressive Diktatur unterstützt wurde. Die Entwicklungshilfe konzentrierte sich in Ruanda, weil das Land und seine Leute – eine Art afrikanische Schweiz – als angenehm galten, die umliegenden Staaten aber als unangenehm. Deshalb erhielten diese zu wenig Entwicklungshilfe und wurden zum Herd für Konflikte auch in Ruanda. Die etablierte Bürokratie und Infrastruktur machten das Ausmaß des Genozids erst möglich. Ethisch steht der Roman in einer philosophischen Tradition, die in der Eigenliebe die zentrale Motivation für Mitleid und die Hilfe am anderen sieht.

Die Rezeption lobt das politische Engagement des Romans und die poetische Kraft seiner Erzählung, moniert aber die für einen Roman zuweilen plakativen Szenen und die fehlende Tiefe der Figuren. Der Roman wurde 2009 mit dem Mara-Cassens-Preis für ein deutschsprachiges Romandebüt ausgezeichnet. BJÖRN VEDDER

Jenny Erpenbeck

* 12. März 1967 in Berlin/Ost (Deutschland)

Abitur; Buchbinderlehre; praktisches Jahr an verschiedenen Theatern; ab 1987 Studium der Theaterwissenschaften in Berlin, dann Musiktheaterregie unter Ruth Berghaus, Heiner Müller und Peter Konwitschny; 1995 Anstellung am Opernhaus Graz als Regieassistentin; später eigene Inszenierungen, z. B. 2000 Uraufführung des ersten Stückes *Katzen haben sieben Leben*; 1999 Prosa-Debüt mit *Geschichte vom alten Kind*; freiberufliche Autorin und Regisseurin in Berlin.

Heimsuchung

Dieser kurze historische Roman brachte 2008 den literarischen Durchbruch der Autorin. Zentrales, die Handlung strukturierendes Element ist ein Sommerhaus am Ufer des Brandenburgischen Scharmützelsees. In zwölf Episoden aus dem Leben je eines der wechselnden Eigentümer, Bewohner und Anrainer scheinen die Ereignisse deutscher Geschichte vom Kaiserreich bis in die Nachwendezeit auf. Die typisierten und epiphanisch verdichteten Lebensläufe alternieren dabei mit Einschüben über die jahreszeitabhängigen Verrichtungen eines Gärtners, der schon durch seine Behausung am Rand des Dorfes den Übergang von Zivilisation und Natur versinnbildlicht. Diese mythisch anmutende, außerhalb der Zeit stehende Figur – Element eines Magischen Realismus – stellt dem historischen Ereignisverlauf ein zyklisches Geschichtsbild gegenüber. Weiter relativiert wird das unbeständige Los des Menschen durch einen Prolog, der die geologische Entstehung des Scharmützelsees vor 24 000 Jahren nachzeichnet und die Versteppung des Gebietes in unbestimmter Zukunft antizipiert, sowie einen Epilog, der den Abriss des Sommerhauses in seinen bautechnischen Details schildert. Die anthropomorphisierte Natur bildet einen Gegenpol zur scheinbaren Passivität ihrer vom Schicksal heimgesuchten Bewohner.

Eröffnet wird diese lose, wiederholt von Vorausdeutungen und Rückblenden durchbrochene, chronologische Abfolge durch ein Sittengemälde dörflichen Lebens um 1900. Das Kapitel über den verwitweten Großbauern und Schulzen Wurrach sowie über seine vier

Töchter referiert in lakonischer Präzision Hochzeits- und Bestattungs-
bräuche der Zeit und steht metonymisch für die strenge formale Komposition des Gesamttextes ein. Gleich zu Beginn ist dabei der beschau-
liche Handlungsort als ein unheilvoller charakterisiert, denn das
Geschehen fokussiert auf die jüngste Tochter Klara, die in deutlichem
Rekurs auf Shakespeares Ophelia verführt wird und, dem Wahnsinn
verfallen, im See Selbstmord begeht. Zu ihrem Erbteil gehören jene
benachbarten Parzellen, die an einen Berliner Architekten aus dem
Umfeld Albert Speers und einen jüdischen Tuchfabrikanten verkauft
und 1936 mit dem Ferienhaus erstmals bebaut werden. Ihre Schicksale
und das ihrer Familien werden in der Folge anhand von atmosphäri-
schen Detailbeobachtungen, alltäglichen Verrichtungen und Erinnerungen fragmenthaft vermittelt.

Während der Sohn des Juden dem NS-Terror entkommt und
fortan mit Frau und Kindern im südafrikanischen Exil lebt, verkauft
der Vater selbst zu spät sein Grundstück an den Nachbarn und wird,
wie Erpenbeck in nüchterner, die Ereignisse drastisch kontrastieren-
der Sprache skizziert, wie die übrige Familie in den Vernichtungs-
lagern ermordet. Doch auch den Architekten holen die politischen
Ereignisse ein, wenn er, zu DDR-Zeiten durch das SED-Regime zur
Ausreise gezwungen, selbst sein Haus verlassen muss. Im sexuellen
Übergriff auf seine Frau konkretisiert sich außerdem, wie der Ein-
marsch der russischen Armee nach Kriegsende das idyllische Anwe-
sen erfasst: Die in expliziter Körperlichkeit und nacheinander aus
beiden Perspektiven geschilderte Szene changiert zwischen Vergewaltigung und Einverständnis und unterläuft so symbolisch die einfache
Zuschreibung von historischen Opfer- und Täterpositionen.

Am Ende fließt in den von dokumentarischem Material gespeis-
ten Roman auch Erpenbecks eigene Familiengeschichte ein: Die
Großeltern väterlicherseits, das DDR-Schriftstellerehepaar Hedda
Zinner und Henry Erpenbeck, besaßen ein Haus am Seeufer, in dem
auch die Enkelin ihre Ferien verbrachte.

Indem sich der Roman Schuldzuweisungen weitgehend entzieht,
steht er im Kontext einer sich von der Väterliteratur abgrenzenden
Enkelliteratur. Anders auch als die Vielzahl zeitgenössischer Genera-
tionen- und Familienromane, die sich zumeist in klassischen Erzähl-

formen der deutschen Geschichte des 20. Jh.s widmen, zitiert *Heimsuchung* die gattungstypischen Themen wie den Wechsel totalitärer Regime, Holocaust, Schulddiskurs, Mitläufertum, Flucht und Vertreibung sowie die Wende lediglich und berührt über die historische Dimension hinausweisende existentielle Fragen. Wie später in ihrem Roman *Aller Tage Abend* (2012), der für die im Alter von acht Monaten verstorbene Protagonistin fünf alternative Lebensläufe entwirft, untersucht Erpenbeck auch hier die unentrinnbare Verknüpfung der Ereignisse, die sich in *Heimsuchung* in einer an die deutsche Romantik anknüpfenden Zeichenhaftigkeit der Welt kundtun. SVENJA FRANK

149

Ursula Krechel

* 4. Dezember 1947 in Trier (Deutschland)

Studium der Theaterwissenschaft, Germanistik und Kunstgeschichte in Köln; Promotion 1972; als Journalistin und Dramaturgin tätig; seit 1972 freie Schriftstellerin.

Shanghai fern von wo

Der 2008 erschienene Roman, der auf eine Reihe von Vorarbeiten (Hörspiel, Feature) zurückgeht und über viele Jahrzehnte hinweg entstanden ist, erzählt anhand einiger Familienschicksale vom beschwerlichen Leben deutscher und österreichischer Juden in der chinesischen Emigration. Nach 1938 war die chinesische Stadt Shanghai nahezu der einzige Ort, an den die Flüchtlinge ohne Visum gelangen konnten, um dem Nazi-Terror zu entgehen. Rund 18 000 Juden hielten sich bis nach Kriegsende dort auf, in einer Stadt allerdings, in der sie nie heimisch geworden sind, und wo sie, seit Anfang 1943 und auf Veranlassung der japanischen Besatzungsbehörden, im – verschönend ›designated area‹ genannten – Ghetto leben mussten. Da ist von Buchhändlern und Uhrmachern die Rede, von einem früheren Kunsthistoriker, der mit Walter Benjamin und seiner Frau Dora einen Briefwechsel geführt hat, und einer Köchin, die nicht nur den Apfelstrudel nach China gebracht, sondern auch die ›spring roll‹ mehr oder minder zufällig erfunden hat; sie alle, Juden aus Berlin und Wien, aus Temesvar und anderswo, kommen nach Shanghai und versuchen sich einzurichten: »Ein Klein-Deutschland war entstanden mit Werkstätten, Lebensmittelläden und Cafés«. Shanghai wird beschrieben als ›melting pot‹ verschiedener Nationen, als eine zunächst noch offene, kosmopolitisch gesonnene Großstadt, als ein »Internationales Settlement«. Aber zugleich – und so äußert sich Ludwig Lazarus, die zweite Erzählstimme neben einem anonymen Erzähler des Romans – gibt es »kein Alleinsein, nicht die Kategorien Mensch und Baum, die Straße und der Fußgänger, der Verkehr und der einzelne in ihm, es gibt nur den Plural, aber man spürt als Europäer den Plural der Menschen und Dinge als einen schmerzlichen Verlust, den Verlust, ein einziger, einzigartiger Mensch gewesen zu sein«. Krechels Roman, dem die

Kritik in durchweg positiven Rezensionen bescheinigt hat, dass er klug die Waage zwischen Bericht, Dokument und Erzählung hält, wobei er die Mittel des psychologischen Realismus verwendet, geht den verschlungenen Wegen der jüdischen Emigration in Shanghai nach: von den Schwierigkeiten der Passage nach China über die sich verkomplizierende Lebenssituation während des Zweiten Weltkriegs bis in die Zeit unmittelbar nach Kriegsende. War die Situation unter der japanischen Besetzung schon schwierig genug, so ändert sich mit dem revolutionären China auch nur wenig. Im Gegenteil, ab 1948 wächst im Zusammenhang mit massiven wirtschaftlichen Problemen die Fremdenfeindlichkeit. Und die jüdischen, aber auch anderen Exilanten, darunter auch etliche Kommunisten, sind gezwungen, das Land wieder zu verlassen. Nur wohin? »Die deutschen und die österreichischen Juden hatten keinen Ort, sie schrieben Briefe in alle Welt, und wo sie Verwandte und Freunde fanden, dorthin brachen sie auf.« Es scheint, als nähmen auch nach dem Krieg die Flucht und Vertreibung kein Ende. Krechels offenes Romanende, das einige Überlebende in die DDR, andere in die Bundesrepublik entlässt, deutet darauf hin, dass die ehemaligen jüdischen Emigranten dort nicht nur nicht heimisch geworden sind, sondern darüber hinaus auch noch ihr Vertriebenenstatus umstritten ist. Krechel zitiert aus einem Protokoll der Konferenz der Obersten Wiedergutmachungsbehörden der Bundesrepublik vom 8. Mai 1951, in dem u. a. festgestellt wird, dass das »sogenannte Shanghaier Ghetto [...] keine Haftstätte« war. Lapidar und pauschal erhält deswegen auch Ludwig Lazarus von der Stadt Hannover für 37 Monate seiner ›Freiheitsberaubung‹ von der Bundesrepublik 5550 DM zugesprochen. Jetzt, heißt es gegen Ende des Romans, der auf authentisches Material aus diversen Archiven des In- und Auslands zurückgreift, wo der Krieg zu Ende ist, beginne der Papierkrieg. WERNER JUNG

Ingo Schulze

* 15. Dezember 1962 in Dresden (Deutschland)

Besuch der Polytechnischen Oberschule und der Kreuzschule in
Dresden; nach Abitur zwei Jahre Armeedienst; anschließend bis 1988
Studium der Klassischen Philologie in Jena; Examensarbeit über
Euripides; 1988–1990 Dramaturg am Landestheater in Altenburg bei
Leipzig; in der Wendezeit politisches Engagement im Rahmen des
›Neuen Forums‹; thematisiert in seinen Romanen den Systemwandel
der zerfallenen Sowjetunion und die Wendezeit in der DDR; lebt seit
1993 als freier Schriftsteller in Berlin.

Adam und Evelyn

Der 2008 erschienene Wenderoman setzt die Tradition der »Simple
Storys« fort und verzichtet auch dieses Mal auf jede Zuspitzung
politischer Dramatik. Das Jahr 1989, in dem die Ereignisse spielen, hat
jede heroisch-widerständige Dimension verloren. Schon mit seiner
Personenauswahl hat der Autor einen provozierend unpolitischen
Akzent gesetzt. Das unverheiratete Paar Adam und Evelyn lebt in der
ostdeutschen Provinz und sind gerade dabei, einen Ungarnurlaub zu
planen, als Adam einen Sündenfall begeht: Er schläft mit einer seiner
Kundinnen, die bei ihm, dem selbständigen Schneider, maßgeschnei-
derte Kleidung in Designerqualität bestellt, und wird von Evelyn
überrascht. Diese entschließt sich nun, mit ihrer Freundin Simone
und dem aus Hamburg stammenden Cousin Michael Richtung
Ungarn zu reisen, so dass Adam nichts anderes übrig bleibt, als den
anderen hinterherzufahren.

   Von diesem Punkt der Handlung an wandelt sich der Roman in
eine Road Movie-Story und erzählt den Weg seiner Protagonisten von
der DDR bis zum Plattensee. Die politischen Ereignisse in Prag und
Ungarn – der Versuch von Tausenden DDR-Bürgern, ihr Land über
die beiden Nachbarstaaten zu verlassen und in die Bundesrepublik
Deutschland einzureisen – erscheint nur als ein fernes, nicht in die
Handlung selbst einbezogenes Geschehen. Bestimmend sind dagegen
zufällige Begegnungen, kleinere Streitigkeiten und ein paar Reise-
abenteuer. So gelingt es Adam, Katja, eine Zufallsbegegnung, im Kof-

ferraum aus der DDR zu schleusen. Adam ist freilich nach wie vor nur daran interessiert, sein Verhältnis zu Evelyn wieder zu harmonisieren. Dass diese mit der Absicht spielt, die DDR zu verlassen – sie durfte nicht studieren und ihre Kellnerinnenlehre hat sie bereits aufgegeben –, entgeht ihm fast bis zum Schluss. Ausführlich wird der gemeinsame Urlaub aller Protagonisten bei einer gut bekannten ungarischen Familie am Plattensee geschildert. Danach trennen sich die Wege, nur Adam und Evelyn bleiben schließlich zusammen; sie fahren, schon nicht mehr den üblichen Grenzkontrollen ausgesetzt, nach Bayern, wo sie eine Zeitlang bei Verwandten unterkommen. Erst allmählich wird sich Adam darüber klar, dass er sich jetzt im Westen um Arbeit bemühen muss und allenfalls als Gehilfe in einer Änderungsschneiderei anfangen kann, während Evelyn nun ein Studium der Romanistik und Kunstgeschichte beginnt. Inzwischen ist sie schwanger geworden – ob von Adam oder von Michael, wird nicht geklärt.

Die Stärke des Romans liegt in seiner Figurenkonstellation: Niemand eignet sich zum Helden, niemand begeht heroische Aktionen, der Alltag erscheint banal angesichts der Berichte über Massenproteste in Leipzig und Berlin, und sogar der Mauerfall, über den die Protagonisten Berichte hören, erweist sich für keinen der Betroffenen als echte Lebenszäsur. Der Roman ist fast vollständig aus Dialogen aufgebaut; sein Erzähler bleibt völlig im Hintergrund, wertet keine Handlungsweisen und Charakterzüge, sondern bietet eine Art Filmstory an, deren tiefere Zusammenhänge die Rezipienten selbst herausfinden müssen. Nicht zu übersehen schließlich ist die ironische Bibelanspielung: Ist der Auszug aus der DDR eine Art Vertreibung aus dem Paradies, in dem alles irgendwie geordnet und überschaubar war, was nun im Westen mit Eigeninitiative und eigener Entscheidungen verbunden ist? Der Roman lässt die Antwort ebenso wie die weitere Handlung und damit den Schluss konsequenterweise offen.

HERMANN KORTE

153

Uwe Tellkamp

* 28. Oktober 1968 in Dresden (Deutschland)

Wehrdienst in der NVA; wegen ›politischer Unzuverlässigkeit‹ Verlust des Medizinstudienplatz; 1989 Inhaftierung im Zuge der Wende; Fortsetzung des Studiums in Leipzig, New York und Dresden; Arzt in einer unfallchirurgischen Klinik; freiberuflicher Schriftsteller in Dresden.

Der Turm. Geschichte aus einem versunkenen Land

Der 2008 publizierte Roman schildert das Leben einer bildungsbürgerlichen Enklave in Dresden zwischen dem Winter 1982 und dem Ende der DDR am 9. November 1989. Der Titel verweist auf das im Roman »Turm« genannte Stadtviertel ›Der Weiße Hirsch‹ am Berg über Dresden und auf die Abgeschlossenheit der Figuren vom Leben im Arbeiter- und Bauernstaat.

Als Gesellschafts- und Schlüsselroman entwirft Tellkamp ein Sittenbild der ostdeutschen Intellektuellenszene. Im Mittelpunkt stehen Christian Hoffmann, seine Eltern Richard und Anne sowie sein Onkel Meno Rhode. Um sie gruppieren sich zahlreiche Nebenfiguren. Richard ist ein angesehener Unfallchirurg und Professor der Medizin. Die als Student empfundene Begeisterung für den Staat ist ob der schlechten materiellen Versorgung und des politischen Drucks in der Klinik einer sehr kritischen Distanz gewichen. Er hat Affären mit einer Kliniksekretärin, aus der eine Tochter hervorgeht, und mit der Freundin seines Sohnes. Beide Affären zerrütten seine Ehe und das Verhältnis zu Christian. Seine Frau Anne beginnt eine Affäre mit dem Rechtsanwalt Sperber und tritt in die Oppositionsbewegung ein.

Weil Richard weiß, dass der Staat eine kritische Distanz zu ihm nicht toleriert, erzieht er seine Söhne Christian und Robert zur inneren Emigration und äußeren Anpassung. Das gelingt bei Christian nicht. Aufgewachsen in einer Umgebung, die von hervorragenden Kulturleistungen geprägt ist, strebt auch der Schüler nach Ruhm, den er als Mediziner erlangen will. Der dafür notwendige Studienplatz setzt sozialistisches Engagement voraus, das Christian vorzutäuschen versucht. Aber bereits im Wehrlager fällt er als Leser »faschistischer

Propaganda« auf. Seine Mitschüler im Internat Waldbrunn stehen ihm distanziert gegenüber. Allein mit der Klassenkameradin Reina entwickelt sich eine tiefere Beziehung. Ein weiterer enger Vertrauter ist sein Onkel Meno, der als Lektor in einem Klassikerverlag arbeitet und mit politischen und intellektuellen Größen der DDR verkehrt. Der dargestellte Literaturbetrieb ist vom Konflikt zwischen feinsinniger Bildung und schriftstellerischem Aufklärungsanspruch gegenüber ideologischer Linientreue geprägt. In seinen eigenen Werken verfolgt Meno das poetologische Programm der »Rettung der romantischen Poesie«, indem er die biologische Zelle bedichtet. Seine Aufzeichnungen bieten neben den zahlreichen Briefen eine weitere Erzählinstanz des Romans.

Im zweiten Jahr seines Wehrdienstes, 1986, ertrinkt durch Christians Schuld ein Panzerfahrer bei einem Manöverunfall. Unter Schock bringt der junge Mann seine Ablehnung des Staates gesteigert zum Ausdruck: »So was ist nur in diesem Scheißstaat möglich«, sagt er zu seinem Vorgesetzten. Christian wird zu Strafarrest im Militärgefängnis Schwedt und einer Wehrdienstverlängerung verurteilt und verliert seinen Studienplatz. Während der Haft muss er in einer Karbidfabrik bei Bitterfeld arbeiten. Die harte Arbeit bewirkt eine Veränderung bei ihm. »Etwas seltsames geschah: Der Widerstand, den Christian lange in sich gespürt hatte – gegen die Gesellschaft, den Sozialismus, wie er ihn erlebte und sah –, schwand, wich einem Gefühl des Einverstandenseins mit allem.« Im Sommer 1987 kommt er zu seiner Panzereinheit zurück, die im Jahr darauf in der Braunkohleproduktion arbeiten muss. Dem Ertrinken des Panzerfahrers korrespondiert ein Gespräch im Hause Hoffmann, das das Lebensgefühl des Einzelnen in der DDR als »Ertrinken« beschreibt. Christians stoische Arbeit in der als Inferno geschilderten Braunkohle steht für auf den Willen des Einzelnen, sein »Glück« auch gegen die widrigsten Umstände zu behaupten. Überhaupt symbolisieren zahlreiche individuelle Situationen die soziale Lage und Stimmung. Am 3. Oktober 1989 wird Christians Einheit nach Dresden beordert, um die Polizei gegen die Demonstranten zu unterstützen, unter denen sich seine Mutter befindet, die von mehreren Polizisten zusammengeschlagen wird. Dass Christian einschreitet, um ihr zu helfen, wird nicht bestraft:

Das System möchte sich menschlich zeigen und gibt ihm Sonderurlaub; er wird am 9. November entlassen.

Die Figuren in *Der Turm* pflegen Literatur, Kunst und Musik als Freiraum, in dem sich eine Individualität gegenüber dem staatlich verordneten Kollektiv bilden kann. Die Friktion zwischen dem Individualitätsstreben des Einzelnen und den Anforderungen der Gesellschaft kennzeichnet die individuellen Schicksale und fördert den Untergang des Staates. Der Roman verbindet die Tradition der Gesellschaftsromane (etwa Manns *Buddenbrooks*) und die der Bildungsromane (etwa Goethes *Wilhelm Meister*, auf dessen »Turmgesellschaft« der Titel anspielt). *Der Turm* war bei Publikum und Kritik ein außerordentlicher Erfolg. Ein Grund dafür ist – neben Tellkamps kunstvoller Prosa, die vor allem in den Beschreibungen glänzt – eine Schilderung des Alltags in der DDR, die zugleich die Analyse ihres Untergangs betreibt.　BJÖRN VEDDER

Sibylle Lewitscharoff

* 16. April 1954 in Stuttgart (Deutschland)

Studium der Religionswissenschaften an der Freien Universität Berlin; längere Studienaufenthalte in Buenos Aires und Paris; 1994 erste literarische Veröffentlichung 36 *Gerechte*; 2010 Heiner-Müller-Gastprofessur an der Freien Universität Berlin; lebt in Berlin.

Apostoloff

Mit ihrem 2009 erschienenen Roman schaffte Sibylle Lewitscharoff den Durchbruch bei einem größeren Publikum, und zum ersten Mal lassen sich bei der Franz Kafka und Jean Paul verehrenden Autorin in diesem Buch deutliche autobiographische Anklänge ausmachen: Zwei Schwestern, Töchter eines nach Stuttgart ausgewanderten Bulgaren, unternehmen mit ihrem Fremdenführer Rumen Apostoloff eine Fahrt durch das heutige postkommunistische Land des Vaters. Die eine der beiden Schwestern ist die Erzählerin des Romans. Ihr Gepäck besteht aus Erinnerungen an die Kindheit. Nach Stuttgart-Degerloch hatte es in den 1940er Jahren eine ganze Gruppe von Bulgaren verschlagen, die sich dort ein neues Leben aufbauen wollten, mit Vorliebe, wie es einmal heißt, schwäbische Blondinen geheiratet haben, oder aber im Lauf der Zeit depressiv geworden sind. Auf den Vater der beiden Schwestern trifft das auch zu: Gerade einmal 43 Jahre alt, lässt er seine Frau und Kinder im Stich und begeht Selbstmord. Die Schwestern können dem bewunderten Vater diese Flucht aus der Verantwortung nicht verzeihen.

Jahrzehnte später macht sich eine illustre Gesellschaft von Exilbulgaren um den Millionär Tabakoff, zu der auch die beiden Schwestern gehören, mit Limousinen ins Land der Vorfahren, um die Toten umzubetten und in die Heimat zurückzubringen. Die Rückfahrt dieser Umbettungsreise bildet die Gegenwart des Romans. Leichtfüßig geht es im Kopf der Erzählerin zwischen dem Degerloch der 1950er und 1960er Jahre, der Reise nach Bulgarien und den traumhaften Begegnungen mit dem Vater hin und her. Der taucht als Geist immer wieder auf, wie überhaupt der Himmel mit seinen Untoten zur Parallelwelt im literarischen Kosmos der Sibylle Lewitscharoff wird – dabei knüpft sie an ihren vorhergehenden Roman *Consummatus* von 2006 an, in dem ebenfalls ein reger Flugverkehr zwischen Diesseits und Jenseits herrschte. Lewitscharoff liebt das Spiel mit der Transzendenz und der Angelogolie, der Lehre von den Engeln. Der Chauffeur der beiden Schwestern heißt nicht ohne Grund Apostoloff: Er ist einerseits Hermes, der die Sprachen »hin- und herträgt«, andererseits ein Apostel – Nachfolger des Vaters, der den symbolträchtigen Namen Kristo trug. Apostoloff soll die beiden Schwestern bekehren, sie mit dem Vater versöhnen – nicht zuletzt soll er ihnen das Vater-Land näherbringen. Und tatsächlich lernen die beiden nicht nur das abgewirtschaftete Bulgarien, sondern während der Fahrt auch ihren Vater besser kennen. »Vaterhass und Landhass sind verquickt und werden auf vertrotzte Weise am Köcheln gehalten«, heißt es einmal. Die Erzählerin, die impulsivere, nassforschere, wütendere der beiden Schwestern, kommentiert dabei griesgrämig, was ihr begegnet und gibt gallige Kommentare zum Zustand Bulgariens ab; die andere, bedächtig und still, verliebt sich derweil klammheimlich in den gastfreundlichen Reiseführer Rumen. So ist diese ›road novel‹ eine Spurensuche gleich in mehrfacher Hinsicht: eine nach der eigenen Familiengeschichte, aber auch nach den verblassten Illusionen des Aufbruchs in einem vom real existierenden Kommunismus zugrunde gerichteten Land.

158

In Lewitscharoffs Büchern, angefangen bei *Pong* (1998) bis hin zu *Consummatus*, war immer eine große Freude am Spiel mit verschiedensten Genres, Rollenbildern, Schreibhaltungen sowie philosophischen und religiösen Inhalten zu spüren. Stets standen männliche Figuren im Mittelpunkt des Geschehens. Mit *Apostoloff* nun ist eine Distanz aufgehoben: Es scheint, als könne man als Autor seiner eigenen Familienhistorie doch nicht ganz entkommen – denn einige Elemente im Roman können mit der Biographie der Autorin zur Deckung gebracht werden. Ihre Methode in diesem Roman, der verschiedene Ebenen und verschiedenste Eindrücke in sprachlich virtuoser Weise verbindet, bestimmt Sibylle Lewitscharoff in *Apostoloff* selbst: »Die erstbeste aufgelesene Geschichte kommt dann gerade recht, ich schnappe mir das erstbeste Wort [...], es rettet mich, ich klammere mich daran und schwätze um mein Leben.« ›Um das Leben schwätzen‹ bedeutet auch:

Sich eine Identität im Sprechen anzueignen. In der Konfrontation mit der Herkunft, den Widersprüchlichkeiten und Traumata entsteht – durch die Sprache – so etwas wie eine eigene Geschichte.
ULRICH RÜDENAUER

Ilma Rakusa
* 2. Januar 1946 in Rimavská Sobota (Slowakei)

Kindheit in Budapest, Ljubljana, Triest; 1951 Umzug nach Zürich; Studium der Slawistik und Romanistik in Zürich, Paris und Leningrad, 1971 Promotion; bis 1977 Assistentin am Slawistischen Institut der Universität Zürich, danach Lehrbeauftragte und freie Autorin; Übersetzungen aus dem Russischen, Serbokroatischen und Französischen.

Mehr Meer. Erinnerungspassagen

In dem autobiographischen Buch aus dem Jahr 2009 erzählt die Autorin – die sich schon in früheren Werken (u.a. *Farbband und Randfigur*, 1994, und *Zur Sprache gehen*, 2006) mit ihrer Lebensgeschichte und den Voraussetzungen ihres Schreibens beschäftigt hat – von ihrer Kindheit und Jugend in Budapest, Ljubljana, Triest und Zürich, vom Studieren in Paris und Leningrad sowie vom Reisen, von der Begegnung mit Menschen, Orten und Landschaften, wobei dem Meer eine zentrale Bedeutung zukommt. Die »Erinnerungspassagen« sind im Wesentlichen chronologisch geordnet und zeigen ein Mädchen, dessen Leben von Beginn an durch Ortswechsel geprägt ist und das mit sechs Jahren bereits vier Sprachen spricht (Ungarisch, Slowenisch, Italienisch und Deutsch); Russisch, Französisch und weitere Sprachen kommen später dazu.

Das Unterwegssein, die wiederholte Konfrontation mit dem Neuen und zunächst Fremden, das die »Kofferkindheit« des Mädchens bestimmt, prägt dessen Weltwahrnehmung. Es entwickelt früh »eine Selbständigkeit, deren Kehrseite die Angst war«. (Sprachen-)lernend versucht das Kind, seine Welt zu stabilisieren, phantasierend beginnt es, sich »andere, innere Räume« zu erschaffen, weil die Außenwelt sich als labil und als belastend erweist. Viele Ereignisse verunsichern das Kind, z.B. der Umzug der Familie in die gegenüber dem Mediterranen so fremde Schweiz, die Geburt des Bruders, dessen Kranksein die Familie belastet und Migräneanfälle nach einem Unfall beim Schlittenfahren.

Die Erfahrung von Vereinzelung und Fremdbestimmtsein ist übermächtig. »Damit hatte ich zu leben. Wie mit den freiwilligen Entscheidungen auch. Als ich in der Lage war, sie bewußt zu treffen, sagte ich zu meinem Fremdsein ›ja‹. Lieber fremd als Fassung und Fassade. Denn fremd ist vieles«. Dieser Kerngedanke Rakusas führt dazu, dass sie schon als Kind »Weltforscherin« werden möchte, zunächst aber Innenwelten erkundet, indem sie die äußeren Grenzen, die ihr gesetzt sind, lesend überschreitet. Sie entdeckt, »meine Innenwelt ist groß. Ein Kontinent für sich.« Die Entdeckungslust kehrt sich aber bald auch nach außen: Als die Heranwachsende im Besitz des Schweizer Passes ist, beginnt sie zu reisen und zu schreiben.

Notizen und Listen, welche die erfahrene Disparatheit ordnen, hat schon das Kind geschrieben. Nach einem Wohnungswechsel der Familie innerhalb Zürichs kommt erstmals ein Gedicht dazu. In *Mehr Meer* berichtet die Autorin aber wenig vom eigenen Schreiben, sondern hier stehen das Musizieren, die Liebe zur Musik, die Wirkung katholischer Liturgie sowie die Begegnung mit Büchern und Menschen, die ihr neue Welten eröffnet haben, im Zentrum. Vor allem sind das die Welten des östlichen Europas und der angrenzenden Regionen. »Meine innere Kompaßnadel zeigt nach Osten«, schreibt Rakusa. Sie erzählt vom kleinen Glück, an das es sich zu halten gelte, und vom größeren Glück im gelegentlichen Übereinstimmen mit anderen Menschen, vom Unterwegssein in Zügen, vom Wind und vom Meer.

Ihre Prosa ist dabei einerseits analytisch genau und konkret, andererseits emphatisch und voller Poesie. *Mehr Meer* ist ein sehr persönliches Buch, dabei aber stets diskret. Rakusa nimmt ihre Leser mit auf ihre Erinnerungsreise, macht sie aber nicht zu Voyeuren ihres Lebens. Geschult durch die Arbeit an der Übersetzung und Vermittlung der großen Literaturen des Ostens und durch ihre eigene lyrische Arbeit, so die Bgründung Jury des Schweizer Buchpreises für die Auszeichnung des Buches, habe Ilma Rakusa eine Prosa von besonderer »Schönheitsempfindlichkeit« geschaffen. Die Literaturkritik lobte das Buch, nicht weniger poetisch, für seine »Beschwörungen verwehter Augenblicke« und »leuchtender Bilder vom wehen Glück« sowie für »Szenen einer großen Reise, die das Leben selbst ist« (Karl-Markus Gauß, Der Standard, 12.2.2010). AXEL RUCKABERLE

Oswald Egger

* 7. März 1963 in Lana/Südtirol (Italien)

Bis 1992 Studium der Philosophie und Literatur in Wien; Herausgeber (*edition per procura*, 1986–1995, *Der Prokurist* 1988–1998) und Veranstaltungsorganisator (Kulturtage Lana, 1986–1995); 1993 Debüt mit *Die Erde der Rede*; intermediale Kooperationen mit bildenden Künstlern und Komponisten; Publikationen von Lyrik, Prosa und Künstlerbüchern in der Tradition experimenteller Literatur; ab 2011 Professor für Sprache und Gestalt an der Muthesius Kunsthochschule, Kiel; lebt und arbeitet u.a. auf der Raketenstation Hombroich bei Neuss, wo er das Literatur-Programm koordiniert.

Die ganze Zeit

Das 2010 erschienene Monumentalwerk stellt den ambitionierten Versuch dar, metaphysische Begriffe wie ›das Ganze‹, ›die Zeit‹ und eben ›die ganze Zeit‹ in einem intermedialen Gestaltungsprozess einer poetischen Reflexion zu unterziehen. Form- wie ideengeschichtlich steht das großformatige, über 740 Seiten umfassende Buch im Schnittpunkt zahlreicher Traditionen, von den Avantgarden des 20. Jh.s über die transzendentalpoetische Romantik bis hin zu sprachkombinatorischen Praktiken der Vormoderne. Wiederkehrende Gestaltungsprinzipien und Ideen, die aus diesen Traditionen entnommen werden, sind etwa die Wortmusik, die phonetisch-etymologische Variation oder die Arbeit mit Archaismen und Neologismen. Hinzu kommen Techniken der Permutation und der Non-Linearität, die im Dienst einer Poetik des Fragments und des Provisorischen stehen. Auf konzeptioneller Ebene sind zudem die reflexive Annäherung von Mathematik und Poesie, die Mischung literarischer Gattungen sowie die Kombination von bildender und literarischer Kunst zu verzeichnen. In ihrem Zusammenspiel erzeugen diese Prinzipien und Ideen ein dezidiert offenes Kunstwerk, dessen immer wieder neu ansetzende Beschreibungs-, Argumentations- und Reflexionsversuche für konventionelle Lektürestrategien unzugänglich bleiben.

Die konstitutive Bedeutungsoffenheit von *Die ganze Zeit*, die sich schon im Fehlen jeglicher Form von rezeptionslenkendem Paratext zeigt, geht einher mit einem hohen Maß an strukturell-konzeptioneller Geschlossenheit. Wie schon bei anderen Werken – etwa bei *Prosa, Proserpina, Prosa* (2004) – hat Egger bei der Herstellung von *Die ganze Zeit* eng mit der Buchgestalterin Nina Knapitsch zusammengearbeitet. Primärer Gestaltungsbereich ist dabei die Seite, die jeweils eine in sich geschlossene Einheit bildet. Bestückt werden die Seiten mit drei verschiedenen Elementen: mit Prosatextblöcken diskursiver, deskriptiver oder narrativer Art; mit fettgedruckten, mitunter deskriptiven, mitunter sentenzhaften Vierzeilern, wie Egger sie bereits in *nihilum album* (2007) verwendet hat; sowie mit Zeichnungen, die meist abstrakt-geometrische oder organische Formen darstellen. Aus diesen Elementen ergeben sich vier Typen der Seitengestaltung: die reine Prosa-Seite, die reine Vierzeiler-Seite, die reine Zeichnungs-Seite und eine gemischte Seite, auf der alle drei, zuweilen auch nur zwei Elemente in je individueller Weise kombiniert werden. Die vier Seitentypen sind wiederum in einer bestimmten Reihenfolge angeordnet, wobei durch leere Seiten insgesamt 36 kapitelartige Abschnitte voneinander geschieden sind. Jede dieser Abschnitte weist dabei eine identische Abfolge auf: Auf 16 gemischte Seiten folgen drei reine Seiten, zuerst eine mit 32 Vierzeilern, dann eine Zeichnung, dann eine Seite Prosa, die in der Regel philosophische oder poetologische Reflexionen präsentiert. Am Auffälligsten von dieser Struktur weichen vier Abschnitte ab (9, 18, 27 und 35), bei denen die gemischten Seiten durchgängig durch Vierzeiler-Seiten ersetzt wurden, in die vereinzelt kleine Zeichnungen eingefügt sind.

Dieser mathematisch-geometrische Formalismus, der allerdings immer wieder durch Abweichungen unterlaufen wird, suggeriert auf der Makroebene eine radikale Systematizität, die auf der Mikroebene der einzelnen Prosatextblöcke, Vierzeiler und Zeichnungen programmatisch uneingelöst bleibt. Zwar kommt es immer wieder zu motivischen Wiederholungen, auch lassen sich zuweilen einzelne Elemente zueinander in Bezug setzen; insgesamt aber zerfällt das ›Ganze‹, das sich in der monumentalen gestalterischen Organisation ausdrückt, in eine Überfülle einzelner Elemente.

In dieser Spannung zwischen konzeptioneller Einheit und der Vielheit jener dispersen Elemente, die diese Einheit füllen und sprengen, konturiert sich dabei die Zeitphilosophie, die Egger in *Die ganze Zeit* entwickelt, ausgehend von Auszügen aus Augustinus' *Confessiones*, die gleichsam das Vorwort des Werks bilden. Kern dieser Zeitphilosophie ist die Unmöglichkeit, Ganzheit zu denken oder gar darzustellen. So etwas wie die ›ganze Zeit‹ auch nur näherungsweise zu begreifen, kann da nur bedeuten, Zeitfragment um Zeitfragment anzuhäufen, um in der prinzipiell unendlichen, die ›ganze Zeit‹ durchgeführten Variation sich einer unerreichbaren ›Ganzheit‹ anzunähern. Egger ersetzt mithin die undenkbare Idee einer ›ganzen Zeit‹ durch eine poetische Tätigkeit: Er ersetzt das Begreifen der ›ganzen Zeit‹ dadurch, dass er die ›ganze Zeit‹ etwas tut, nämlich der Zeit in ihrem konkreten Erscheinen poetisch nachzuspüren. In diesem Sinne sammeln sowohl die Vierzeiler als auch besonders die Prosatextblöcke einzelne Momente (darunter kleine Erzählungen und Beschreibungen von Naturszenerien), in denen jeweils Zeit vergeht und im Zuge dieses Vergehens konkret fassbar wird.

Was als übergreifende mathematische Makrostruktur rekonstruierbar ist, wird auf diese Weise realisiert in Form kleiner poetischer »Kieselstücke« oder »Sprachinseln«, die – wie es im Text heißt – »im Redefluß auftauchen« und dabei den konzeptionellen Überbau immer wieder vergessen lassen. Das mathematisch-philosophische, vor allem aber spekulative Denken verliert sich so am Ende in der Wirklichkeit des Poetischen, denn: »die ganze Zeit ist eigentlich nur eine Inkrustation bunter Steine«. PEER TRILCKE

Wolfgang Herrndorf

* 12. Juni 1965 in Hamburg (Deutschland)
† 26. August 2013 in Berlin (Deutschland)

Studium der Malerei an der Akademie der Bildenden Künste Nürnberg; Arbeit als Zeichner u. a. für die Satirezeitschrift *Titanic*; 2002 Debütroman *In Plüschgewittern*; 2010 Diagnose eines bösartigen Gehirntumors; bis zum Freitod durch Erschießen Blog *Arbeit und Struktur* als digitales Tagebuch, um seine Leser teilhaben zu lassen an seinem Leben mit der tödlichen Krankheit.

Tschick

Der Roman aus dem Jahr 2010, mit dem der Autor seinen schriftstellerischen Durchbruch erlebte, ist ein Road-Movie, eine Coming-of-Age-Story und ein Abenteuerroman. Der 14-jährige Maik Klingenberg aus Berlin-Marzahn ist frustriert. Tatjana, das Objekt seiner Zuneigung, nimmt ihn nicht wahr, er selbst sieht sich als den »größten Langweiler und Feigling«, hat in seiner Klasse keinen guten Stand. Auch in seinem familiären Umfeld häufen sich die Probleme. Seine Mutter ist alkoholkrank, sein Vater hochverschuldet, und beide sind selten zu Hause, so dass Maik einsamen Ferien in der Villa seiner Eltern entgegensieht.

Doch zu Beginn der Sommerferien taucht überraschend Tschick bei Maik auf. Der Russlanddeutsche heißt eigentlich Andrej Tschichatschow, ist neu in der Klasse und ebenso ein Außenseiter wie Maik. Häufig kommt er alkoholisiert in die Schule, zeigt aber, wenn er nüchtern ist, hervorragende Leistungen. Er überredet Maik, sich auf eine Reise zu begeben. Zu diesem Zweck hat er einen alten Lada ›geliehen‹, und schon zwei Tage später brechen sie auf in Richtung Walachei – auch wenn Maik zunächst nicht glauben mag, dass es die wirklich gibt.

Auf ihrer rasanten Reise durch den unbekannten, fremden deutschen Osten erleben sie Ungewöhnliches, Unheimliches, Spannendes und Herzergreifendes. Sie führen intensive, zum Teil skurrile Gespräche, klauen Nummernschilder und Benzin, werden von fremden Leuten zum Essen eingeladen, von einem alten Mann mit einem

Gewehr bedroht, als sie ein altes Braunkohlegebiet betreten. Auf einer Müllhalde begegnen sie Isa, mit der sie eine Zeit lang zusammen weiterreisen. Isa verlässt die beiden Jungen aber, als sie in der Weiterreise mit einem Reisebus bessere Chancen für sich sieht, ihr Ziel Prag zu erreichen. Dieser einzige etwas längere Kontakt während der Reise findet seinen Höhepunkt, als die drei vor ihrem Abschied einander versprechen, sich in 50 Jahren wiederzutreffen.

Auf der weiteren Reise verursachen die beiden Jugendlichen bei dem Versuch, über eine Böschung auf die Autobahn zu kommen, einen Unfall und landen im Krankenhaus. Von dort entkommen sie durch einen fingierten Telefonanruf bei ihrer ›Tante‹. Letztlich aber endet ihre Reise bei der Polizei und knüpft an den Beginn der Erzählung an. Sie kommen vor ein Jugendgericht, das Maik, der sich weigert, die alleinige Schuld auf Tschick zu schieben, zu Arbeitsleistungen verpflichtet. Tschick wird in ein Heim eingewiesen und darf einen Monat lang keinen Außenkontakt haben.

Maik kommt zu der Erkenntnis, dass sie bei allen Katastrophen doch in erster Linie positive Erfahrungen gemacht haben. Im Laufe der Reise verändern sich die beiden Freunde, ohne ihren jugendlichen Charme zu verlieren. Die Erfahrungen des Sommers lassen Maik reifen – ein Schritt in der Entwicklung zum Erwachsenwerden. Am Ende des Romans hat sich Maiks Welt verändert: In der Schule ist er plötzlich interessant, Isa meldet sich per Postkarte, Tschick wird er bald kontaktieren dürfen und die Familie ist zwar immer noch problematisch, aber nicht mehr mit zerstörerischen Auswirkungen auf Maik, der in diesem Sommer zu sich selbst gefunden hat.

Die Geschichte ist nicht linear erzählt, sondern beginnt auf der Polizeistation, auf der die beiden Abenteurer am Ende landen. Maik erzählt die Geschichte, in der es um Erwachsenwerden, Rollenfindung, Außenseitertum, den Umgang mit Fremdem, die Notwendigkeit von Regeleinhaltung, um Liebe und vor allem um Freundschaft geht, im Rückblick. Es gelingt Herrndorf, einen jugendlichen Tonfall zu treffen, ohne in anbiederndem Slang zu verfallen. Mit großer Lässigkeit entsteht so eine Jugendsprache, die authentisch und echt wirkt. So wird der Adoleszenzroman inzwischen – wie vorher J. D. Salingers *The Catcher in the Rye* und Ulrich Plenzdorfs *Die neuen Leiden des jungen*

W. – als Schullektüre eingesetzt. Gespickt mit Anspielungen voller Wortwitz, die aus Erwachsenenwissen heraus oftmals unglaublich komisch sind, ist *Tschick* gleichzeitig ein Roman für Erwachsene.

SUSANNE ALBRECHT

167

WOLFGANG HERRNDORF

Olga Martynova

* 26. Februar 1962 in Dudinka/Gebiet Krasnojarsk (Russland)

(auch: Ol'ga Borisovna Martynova) – Studium der russischen Sprache und Literatur in Leningrad; 1984 Mitbegründerin der Dichtergruppe und des gleichnamigen Almanachs *Kamera Chranenija* (Gepäck-aufbewahrung); 1989 erster Lyrikband; 1991 Übersiedlung mit ihrem Mann, dem Schriftsteller Oleg Jur'ev, nach Deutschland; die Lyrikerin, Prosaautorin, Übersetzerin, Literaturkritikerin und Essayistin verfasst Gedichte auf Russisch, Prosa auf Deutsch.

Sogar Papageien überleben uns

Mit ihrem Debütroman aus dem Jahr 2010 wechselte die russische Lyrikerin ihre Literatursprache und legte einen transnationalen Lie-besroman vor, der zugleich als kulturhistorischer Roman ein Porträt Russlands und der Sowjetunion im 20. Jh. zeichnet. In der Erzähl-gegenwart, dem Jahr 2006, ist die Petersburger Germanistin Marina unterwegs auf einer Vortragsreise durch Deutschland zum Thema der ›Oberiuten‹ (Oběriu: Ob-edinenie real'nogo iskusstva – Vereinigung der Realen Kunst), jener letzten Strömung der russischen Avantgarde um Daniil Charms, Aleksandr Vvedenskij und Nikolaj Zabolockij, die vor der Etablierung des Sozialistischen Realismus in den 1930er Jahren eine Poetik des Absurden entwickelte und den Unsinn als Erkenntnismittel einsetzte. Begleitet wird sie dabei von ihrem Dich-terfreund Fjodor, der als Alter-Ego der Autorin in seiner Lyrik die absurde Welt der Oberiuten fortschreibt, und von Andreas, mit dem sie seit ihrer Studienzeit in Liebe und Freundschaft verbunden ist. Die Erinnerungen an die Anfänge ihrer Beziehung, als Andreas als deutscher Austauschstudent Mitte der 1980er Jahre ein Auslands-semester in Leningrad absolvierte, bildet den zweiten Erzählstrang des Romans: Damals führte Marina ihn ein in ihren Freundeskreis von Dichtern, Künstlern und Intellektuellen, die jenseits der Normen der Sowjetunion lebten. Auch auf ihren Reisen nach Sibirien, wo sie Hippies, einem Schneemenschen und einem unverweslichen Lama begegnen, lernten sie ein anderes Russland kennen.

In das aus diesen beiden Handlungssträngen gebildete narrative

Gewebe, das in sieben größere Abschnitte gegliedert ist, werden Miniaturen über das vorrevolutionäre Russland, die Epoche des Stalinterrors, den Zweiten Weltkrieg, die Belagerung Leningrads und die Zeit bis zur Perestrojka mosaikartig eingeflochten. Aus diesen kurzen, blogartigen und oftmals szenisch-momenthaft wirkenden Erzählfragmenten – insgesamt handelt es sich um 88 Mikrokapitel – entsteht eine sehr offene Romanform, die die klassischen Erzählkategorien dekonstruiert, viele lyrische Elemente enthält und intertextuell aufgeladen ist.

Besonders auffallend ist dabei die temporale Kodierung des Textes: Die fehlende Erzählchronologie wird durch eine mehrzeilige Zeitleiste kompensiert, die zu Beginn jedes Kapitels angeführt ist und die jeweils relevanten Jahreszahlen im Fettdruck hervorhebt. Dabei wird die spezifische Erinnerungstechnik Martynovas sichtbar: Aus den Zeitschleifen, die die Geschichten prägen, resultiert eine Gleichzeitigkeit des Ungleichzeitigen, eine Präsenz des Vergangenen im Gegenwärtigen: »Ich war mitten in der Nacht wach. Wie wenn du als Kind in einem Schlafwagen (unterwegs zu einem südlichen Kurort) erwachst, der auf einmal stehen bleibt, und ungeduldig wartest, dass der Zug weiterfährt und du wieder einschläfst, als wäre dieser Halt ein Einschnitt in die Zeit, als wäre dieses stillstehende Licht einer für immer namenlosen Bahnstation, das du schräg über dir wahrnimmst, versehentlich von einer anderen in diese Welt hereingelassen worden.«

Unterstützt wird diese Verquickung der Zeitebenen durch die polyphone Qualität des Textes, die trotz streng monoperspektivischer Fokalisierung – wir hören ausschließlich die Stimme Marinas – aufgrund der zahlreichen intertextuellen Montagen entsteht: Aufgerufen werden nicht nur Textpassagen von Marinas Dichter- und Künstlerfreunden, sondern auch Zitate, Textsprengsel, Aphorismen und Anekdoten zahlreicher bekannter deutscher und russischer Autoren – neben den für Marina so wichtigen Oberiuten sind dies u.a. Lev Tolstoj, Joseph Brodsky, Friedrich Nietzsche und Thomas Bernhard.

Der im Hinblick auf seine Gattung und seine narrativen Techniken hybride Charakter des Romans zeigt sich auch in seiner sprachlichen Form. Selbst wenn in Martynovas bisherigem Œuvre eine den Gattungen folgende Sprachtrennung zu beobachten ist – ihre

Muttersprache Russisch ist die Sprache ihrer Lyrik geblieben, wohin-
gegen sie für ihre Essays und Romane in die deutsche Sprache wechselt –, wird bei aufmerksamer Lektüre ihrer Texte die transkulturelle
Mischung von Gattungen und Sprachen sichtbar: In der sehr lyrisch
gestalteten Prosa schwingen unter der deutschen Sprachoberfläche
Satzbau, Melodie und Idiomatik des Russischen mit und erzeugen
einen eigenwilligen Sound; in den klangmalerischen Gedichten ist
immer auch ein erzählerischer Duktus hörbar. Auch in *Sogar Papageien
überleben uns* wenden sich erzählende und erzählte Sprache vielfach ins
Lyrische, was sich insbesondere in den vielen präzisen und poetischen
Sprachbildern sowie in der Selbstreferenzialität des Textes äußert.
Damit wird nicht nur auf biographischer und inhaltlich-motivischer
Ebene, sondern auch im Hinblick auf narrative Strategien und Sprache
die transkulturelle Dimension sichtbar, die Martynovas Schreibweise
prägt.   EVA HAUSBACHER

Maja Haderlap

* 28. März 1961 in Bad Eisenkappel/Železna Kapla (Österreich)

1979–1989 Studium der Theaterwissenschaft und Germanistik in
Wien; 1989 Promotion; Lyrik in slowenischer, später auch in deutscher
Sprache; langjährige Redakteurin und Herausgeberin der Kärntner
slowenischen Literaturzeitschrift *mladje*; 1990–1991 freie Mitarbei-
terin des ORF Kärnten; Beschäftigungen an Theatern in Triest und
Ljubljana; 1992–2007 Chefdramaturgin am Stadttheater Klagenfurt;
Lehraufträge an der Universität Klagenfurt; Autorin von Lyrik, Prosa,
Hörspielen, Kritiken und Essays in Slowenisch und Deutsch, Übersetz-
zungen aus dem Slowenischen ins Deutsche.

Engel des Vergessens

Der 2011 veröffentlichte Roman beschreibt vor dem Hintergrund der
politischen Nachkriegsgeschichte Österreichs das Heranwachsen
eines Mädchens aus dem im zweisprachigen Teil Südkärntens gelege-
nen Talgraben Lepena, seine Studienjahre in Wien und die Rückkehr
nach Kärnten. Für ihr erstes Prosawerk schöpfte die Autorin, die zu
jenen kärntnerslowenischen Schriftstellerinnen und Schriftstellern
gehört, die eine aktive literarische Zweisprachigkeit pflegen, aus eigenen Erlebnissen und den Erzählungen ihrer Familie.

Die namenlose Ich-Erzählerin, die der ethnischen Minderheit
der Kärntner Slowenen angehört, wächst auf einem abgelegenen
Bergbauernhof nahe der österreichisch-jugoslawischen Grenze auf.
Das einfache und arbeitsame Leben wird von familiären Spannungen
und bedrückenden Erinnerungen überschattet, die vor allem in den
Schilderungen der Großmutter, einer Überlebenden des Konzentra-
tionslagers Ravensbrück, in Erscheinung treten. Diese Erzählungen
über Ermordungen und Verschleppungen während des Zweiten Weltkriegs führen das heranwachsende Mädchen in eine vergangene Welt,
in der alles anders gewesen ist. Als es begreift, dass die Menschen in
ihrer Umgebung von Ängsten und Schmerzen erfüllt sind, die sie wie
Geheimnisse hüten, beginnt es, den Ursachen nachzuspüren.

Die Zwangsgermanisierung, die Deportation von Kärntner Slowenen und die Flucht in den Wald, die zur Zeit des Nationalsozialismus

im Süden Kärntens stattgefunden hatten, wurden im Österreich der Nachkriegsjahre, das sich ganz auf seine Opferrolle konzentrierte, vehement tabuisiert. Diejenigen, die aus den Konzentrations- und Aussiedlungslagern zurückgekehrt waren, wurden mit ihrer Vergangenheitsbewältigung alleingelassen, und die Kärntner Partisanen, die den einzigen organisierten militärischen Widerstand gegen die deutsche Wehrmacht auf österreichischem Boden geleistet hatten, wurden als Landesverräter und Mörder denunziert. Indem Haderlap in ihrem Erstlingsroman vorführt, wie die Opfer individuell dazu verdammt sind, die Erinnerung an die erlittenen Gräuel nie verlieren zu können, demaskiert sie diese öffentliche kollektive Strategie des Leugnens und Vergessens. Sie verdeutlicht damit, wie weit die Vergangenheit in die Gegenwart und die Politik in Familiengeschichten hineinreicht.

Die Scham, Verzweiflung und Todessehnsucht der beiden zentralen Figuren – zunächst der Großmutter, später des Vaters – treiben die Ich-Erzählerin insgeheim dazu an, sich auf die Suche nach einem Weg aus dem »Vergangenheitskeller« zu begeben. Bei dieser Aufarbeitung kommen besonders die traumatischen Erfahrungen von Frauen ans Licht. Der Vater, einst mit zwölf Jahren der jüngste Partisan, kann nur mit Jähzorn gegen die nicht enden wollende Vergangenheit ankämpfen. Diese entfaltet im Laufe des Romans eine nicht zu bändigende Dynamik, wird zum Generaltenor, der nicht einmal vom Engel des Vergessens, der am Schluss des Buches auftritt, als die Protagonistin das KZ Ravensbrück besucht, zum Schweigen gebracht werden kann, weil er vergessen hat, die quälenden Erinnerungen zu löschen.

Anfangs ist das Geschehen aus der Erzählperspektive eines Kindes geschildert, das sich häufig über die Begebenheiten in seiner Umgebung wundert. In der zweiten Hälfte des Buches übt die erwachsen gewordene Erzählerin in essayistischen Passagen deutliche Kritik an der Haltung Österreichs zu seiner Vergangenheit. In Haderlaps Romanpoetik sickern immer wieder – insbesondere in den zurückblickend-reflexiven Einschüben – sprachliche Bilder und Motive aus ihren drei Lyrikbänden Žalik pesmi (1983, Salige Gedichte), Bajalice (1987, Wünschelruten) und Gedichte – Pesmi – Poems (1998) durch. Die Erinnerungen der Überlebenden werden mittels indirekter Rede aktualisiert. Die Distanz, die dieses Stilmittel erzeugt, wird gelegentlich durch einzelne Wörter, Wendungen und Passagen in slowenischer Sprache durchbrochen. Zudem wird durch diese Sprachwechsel klar, dass die Umgangssprache der Figuren das Slowenische ist, was auch die schwierige Einordnung des Werks innerhalb der kärntnerslowenischen Literatur bedingt: Handelt es sich doch um einen slowenischen Roman in deutscher Sprache.

Von der deutschsprachigen Literaturkritik wurde das Werk zum Großteil unter dem Aspekt der Sichtbarmachung eines marginalisierten Teils österreichischer Geschichte diskutiert. Nicht nur das Original in Deutsch, sondern ebenso die slowenische Übersetzung aus dem Jahr 2012 wurde in kürzester Zeit zum Bestseller und machte Maja Haderlap auch als Prosaautorin bekannt.   MARJETA SCHWARZ

Navid Kermani

* 27. November 1967 in Siegen (Deutschland)

Ab 1988 Studium der Orientalistik, Theaterwissenschaft und Philosophie in Köln, Kairo und Bonn; Promotion (1997) und Habilitation in Orientalistik; Mitarbeit an verschiedenen Theatern; 1994 Gründung (und bis 1997 Leitung) eines Sprach- und Kulturzentrums in Isfahan/Iran (der Heimatstadt seiner Eltern); 2000–2003 Long Term Fellow am Wissenschaftskolleg zu Berlin; 2002 literarisches Debüt mit *Das Buch der von Neil Young Getöteten*; 2006–2009 Mitglied der von der Bundesregierung ausgerichteten Islamkonferenz; ab 2007 Mitglied der Deutschen Akademie für Sprache und Dichtung; ab 2009 Mitglied der Akademie der Wissenschaften in Hamburg; 2010 Frankfurter Poetikvorlesung; 2011 Göttinger Poetikdozentur; 2014 Mainzer Poetikdozentur; freischaffender Autor von Romanen, einem Kinderbuch, von wissenschaftlichen Texten, Reisereportagen sowie von politischen Reden und Essays; lebt in Köln.

Dein Name

Der 2011 erschienene Roman stellt den bisher umfangreichsten und in ästhetischer wie ethischer Hinsicht ambitioniertesten Text des Autors dar. Auf 1229 engbedruckten Seiten wird das private wie öffentliche Leben der Navid Kermani genannten Hauptfigur von 2006 bis 2011 so präzise wie möglich erzählt. Die wichtigsten Motive der ebenfalls autofiktional angelegten Vorgängertexte Kermanis klingen an, werden nun aber auf eine auch im Blick auf die sonstige autofiktionale Gegenwartsliteratur innovative Weise verarbeitet, z. B. in der Verbindung unterschiedlichster Schreibformate, u. a. Tagebuch, Beziehungs- und Familienroman, Reisereportage, Brief- bzw. SMS-Roman und poetologische Abhandlung.

Drei Themenstränge ziehen sich durch den Text: Erstens 21 nachrufähnliche Gedenktexte, die als Keimzelle des Romans präsentiert werden und anfangs als dessen Gerüst dienen. Sie sind Menschen gewidmet, die dem Erzähler nahestanden und während der Arbeit am Romanmanuskript gestorben sind. Viele der dreiseitigen Gedenktexte, die typographisch vom ansonsten kapitellosen Text abgesetzt sind, von einem Foto des Verstorbenen eröffnet werden und sich jeder Kritik enthalten, stellen »schlicht ein Meisterstück an Menschenfreundlichkeit und Takt« (U. Wyss) dar. Auf einer zweiten Ebene erzählt der Roman seine Entstehungsgeschichte, und zwar nicht nur im Blick auf Poetik, Schreibprozess und Verhandlungen mit dem Verleger, sondern auf das ganze Leben der Autorfigur. Als dritter Erzählfaden fungiert die Biographie des iranischen Großvaters, der Mitte der 1980er Jahre in Isfahan gestorben ist und kurz vor seinem Tod eine Autobiographie verfasst hat, mit der sich der Protagonist ab 2006 mit zunehmender Ausführlichkeit beschäftigt (um nebenbei auch die wechselvolle Geschichte Irans im 20. Jh. einzuflechten). Außerdem ist *Dein Name* eng verwoben mit Kermanis Frankfurter Poetikvorlesungen *Über den Zufall. Jean Paul, Hölderlin und der Roman, den ich schreibe* von 2010, die sich als Vorrede zum Roman lesen lassen können (sie enthalten u. a. kommentierte Manuskriptpassagen des Romans, der seinerseits aus den Vorlesungen zitiert und diese kommentiert).

Ein Leitmotiv der Vorlesungen wie des Romans ist das ständige Zweifeln am Gelingen des entstehenden Textes wie des parallel dazu geführten Lebens. So bemerkt die Autorfigur erst nach einiger Zeit erstaunt, dass es in ihrem Projekt offenbar »um alles geht« – bleibt sich aber bis zum Ende unsicher, »woraus ›alles‹ besteht« und wie ›alles‹ im begrenzten Rahmen eines Textes präsentiert werden kann. Einerseits soll alles erzählt werden, was das bisweilen dramatische, bisweilen banale Leben des Protagonisten ausmacht; andererseits ist klar, dass das unmöglich ist: »Unsere Geschichten beginnen vor unserer Geburt und enden nicht mit unserem Tod. Wüßten wir sie alle zu erzählen, wäre es die Ewigkeit«. Mit Jean Paul als literaturgeschichtlichem Kronzeugen stellt der Roman deshalb mit zunehmender Entschlossenheit das Erhabene neben das Lächerliche und Alltägliche, verpflichtet sich der »Gleichzeitigkeit und Gleichgültigkeit der Wahrnehmung« und dokumentiert auch sein Scheitern und Neuansetzen. Zum Leitprinzip wird – als säkularisierte Form der Inspirationspoetik – der Zufall erklärt, der das Erzählte in eine ungeplante Ordnung bringen soll. Wichtigster literaturgeschichtlicher Bezugspunkt für die ästhetisch-metaphysischen Tendenzen ist (neben den islamischen Traditionen) die Poetik Friedrich Hölderlins.

Der in Roman und Vorlesungen entfalteten Universalpoesie entspricht das ›universelle‹ Leben der Hauptfigur, eines kosmopolitischen und umtriebigen Intellektuellen (dessen Blick weit über die Ränder der Hochkultur hinausreicht). So wie in vielen Essays Kermanis wird dabei die Heterogenität moderner Identitäten vorgeführt und verteidigt: Der Roman zeigt seinen Protagonisten in den unterschiedlichsten Rollen und Kontexten, bei öffentlichen Auftritten als Schriftsteller oder Islamwissenschaftler in Radio, Fernsehen, auf wissenschaftlichen Tagungen und der Islamkonferenz der Bundesregierung, aber ebenso differenziert als engagierten Privatmenschen, der sich um seine Kinder wie um sterbende Freunde kümmert, eine eigene Krebserkrankung zu bewältigen hat und mit seiner Ehe hadert, die am Ende des Buchs scheitert. Trotz seiner ostentativen Schamlosigkeit (man beobachtet den Protagonisten beim Beten wie beim Onanieren) wahrt der Erzähler stets Distanz zum eigenen Leben, was grammatisch schon in der weitgehend genutzten dritten Person zum Ausdruck kommt: Selbst im Individuellsten und Intimsten geht es dem Erzähler nicht um eine exhibitionistische Egomanie, sondern darum, Zeugnis abzulegen und mehr in Erfahrung zu bringen vom Menschsein im frühen 21. Jh. Eher zufällig liefert die eigene Person dafür das umfassendste Material.

In den Feuilletons wurde der Roman durchweg als beeindruckendes Experiment gewürdigt, die Lesbarkeit dieser »Textlawine« (Joseph Hanimann in: Süddeutsche Zeitung, 12.9.2011) als Ganze aber gelegentlich in Frage gestellt. Da der in hohem Maß selbstreflexive Text zahlreiche kritische Reaktionen von Erstlesern der Manuskriptfassungen wiedergibt (ohne sie immer entkräften zu wollen oder zu können), verhandelt er bereits fast alle Einwände, die von Literaturkritikern vorgebracht worden sind. TORSTEN HOFFMANN

Wolfram Lotz

* 4. Oktober 1981 in Hamburg (Deutschland)

Studium der Literatur-, Kunst- und Medienwissenschaft in Konstanz und ab 2007 Literarisches Schreiben am Deutschen Literaturinstitut Leipzig; Autor von Theaterstücken, Hörspielen, Lyrik und Prosa.

Einige Nachrichten an das All

Den sieben Szenen dieses Theaterstücks, das am 24. Februar 2011 am Nationaltheater Weimar uraufgeführt und im gleichen Jahr publiziert wurde, ist ein Motto vorangestellt: »Wir befinden uns in einer Explosion, ihr Ficker«. Diese Vulgäransprache an den Leser beziehungsweise an den Zuschauer trifft den Kern des Dramas. Denn der Verweis auf eine Explosion benennt das poetologische Prinzip: Dieses Stück hat weder einen Handlungskern noch ein Sinnzentrum. Der Struktur einer Explosion gemäß kennt es keinerlei systematische Ordnung, es spielt vielmehr in genau jenem Moment der Zersetzung, in dem Ordnung in Chaos übergeht. Dieser Logik folgend, trägt es Spuren der verschwindenden Ordnung wie Verweise auf ein entstehendes, chaotisches Neues.

Damit verlässt dieses Stück die schiere Dekonstruktionslogik. Es verlässt bzw. zerstört nicht nur die herkömmlichen Formen der Dramatik, sondern lässt daraus auch etwas Eigenes, Neuartiges entstehen, ohne vorzugeben, dieses Neue bereits auf den Begriff bringen zu können und entsprechend im Griff zu haben. Von hier aus erklärt sich auch der Titel: *Einige Nachrichten an das All* sind Nachrichten in eine Sphäre, die nicht antwortet, sich der Kommunikation entzieht. Es sind vielmehr Botschaften an eine Zukunft, die sich »in einer Explosion« ankündigt, in der »wir« uns »befinden«. Das ›Wir‹ meint dabei sowohl die virtuelle Gemeinschaft der Lesenden wie die reale der Zuschauer einer Theatervorstellung als auch die Gesamtheit der gegenwärtigen Menschheit. Diese Menschheit als »Ficker« zu bezeichnen, markiert vor allem die Differenz zum »Zeugen«: Mit »ficken« ist am Geschlechtsakt das Mechanische und Momenthafte betont, nicht die Zeugung von Zukunft.

In diesem Sinne spielt das Stück in einer reinen Gegenwart.

Folglich sind die Sinn- und Formelemente parallelisiert – jegliche Hierarchie ist aufgelöst. Weder hat dieses Stück Haupt- oder Nebenfiguren, noch dient die Form einem Inhalt oder umgekehrt. Bereits die Szenentitel wie »Das Loch, das der Hund buddelt«, »Eine Astronomie des Entsetzens« oder »Komm, großer Wind« verweisen auf das Fehlen einer chronologischen, erzählerischen und dramaturgischen Ordnung. Das erlaubt den Einsatz verschiedenster sprachlicher Mittel, vom Vers über das Wortspiel bis zur Phantasiesprache. Formal findet dies seine Entsprechung in Fußnoten, die nichts erklären, sondern ein Paralleldrama entfalten.

Die Abwesenheit von Ordnung ist dabei nicht als Mangel gekennzeichnet, sondern als Möglichkeit zum literarischen Experiment. Entsprechend sind auch die Figuren von den Zwängen psychologischer Plausibilität befreit. So tritt hier ein »Leiter des Fortgangs« auf, der gerade nicht leitet, sondern Anlässe zu Handlungssprüngen und Assoziationen liefert. Er moderiert eine Unterhaltungsshow, in der »Leute aus Medien und Historie« Nachrichten an das All senden. Die Nachrichten sind Auskünfte, »damit man dort erfährt, was uns Menschen bewegt«, sie lauten u.a. »Mama«, »Bums« und »Unterhaltung«, sind also entkontextualisierte und damit sinnbefreite Nicht-Nachrichten.

Lum und Purl Schweitzke, zwei weitere Figuren, wirken wie Wiedergänger aus Samuel Becketts *Warten auf Godot*, mit dem Unterschied, dass sie nicht mehr warten und nichts mehr erwarten. Sie handeln nicht, sondern werden zu Objekten des Geschehens.

Einige Nachrichten an das All koppelt damit poetologische an existenzielle Fragen – das Drama ist ein Spiel von der Dramatik des Daseins, das seine eigenen Spielregeln schafft, anstatt sich an vorgegebene Regelwerke zu halten. Die Figuren changieren dabei ständig zwischen Ironie und Ernst, Spiel und Wirklichkeit, weil alles gleich wichtig und gleich richtig ist. Ihre Aufgabe ist es damit nicht, Sinn zu verhandeln, sondern zu demonstrieren, wie er entsteht: ungeplant, hinter dem Rücken der Subjekte. Das Theater wird so von der Verpflichtung zur Sinnproduktion befreit wie der Mensch als (vergeblicher) Sinnsucher porträtiert. DIRK PILZ

Eugen Ruge

* 24. Juni 1954 in Soswa/Nord-Ural (Russland)

Sohn des DDR-Historikers Wolfgang Ruge, der nach Sibirien deportiert worden war; 1958 Übersiedlung mit den Eltern in die DDR; Studium der Mathematik in Ost-Berlin; wissenschaftlicher Mitarbeiter in einem geophysikalischen Forschungsinstitut der DDR; ab 1985 freischaffender Autor; Drehbuchautor für die DEFA-Dokumentarfilmstudios; Theater- und Hörspielautor; Übersetzer von Čechov; zeitweise Gastprofessur an der Universität der Künste Berlin; lebt in Berlin und auf Rügen.

In Zeiten des abnehmenden Lichts

Der stark autobiografisch inspirierte Gesellschaftsroman erschien 2011 und war ein Überraschungserfolg des bis dahin wenig bekannten Schriftstellers. Dargestellt werden Einblicke in das Leben von sieben Angehörigen aus vier Generationen einer deutschen Familie über einen Zeitraum von annähernd 50 Jahren, die auf das Engste verknüpft sind mit der Geschichte der DDR von ihrer Gründung bis zur beginnenden Auflösung im Jahr 1989. Die Handlung des Romans ist in drei Zeitebenen strukturiert, auf denen alternierend und multiperspektivisch aus der jeweiligen Sicht der verschiedenen Figuren erzählt wird.

Auf der ersten Zeitebene ist der 90. Geburtstag des Großvaters Wilhelm Powileit, am 1. Oktober 1989, angesiedelt, der den zentralen zeitlichen Drehpunkt des Romans bildet. Zur Geburtstagsfeier treffen ein letztes Mal die Familie und Repräsentanten der führenden gesellschaftlichen Schichten der DDR zusammen, doch die Auflösung dieses Staates wirft bereits symbolträchtig ihren Schatten voraus. Wilhelm repräsentiert das stalinistische Erbe und damit die totalitäre Grundierung des sozialistischen Staates – er bleibt uneinsichtig bis zu seinem Tod am Abend dieses Tages. Ironischer-, aber auch bezeichnenderweise wird er von seiner Frau Charlotte (geb. Umnitzer) umgebracht. Dass sie sich, obgleich ebenfalls zur Nomenklatur gehörig, nach 60 Jahren Ehe zu dieser Tat entschließt, spiegelt dramatisch die Brüchigkeit der gesellschaftlichen Struktur der DDR wider.

Eine zweite Zeitebene bilden Momentaufnahmen aus der Familiengeschichte der Umnitzers von 1952 bis 1995. Diese Bilder aus dem Alltag vermitteln aber nicht nur Privates, sondern aus ihnen entsteht in der Gesamtschau zugleich, nahezu beiläufig, ein Panorama der DDR-Geschichte, das durch Themen wie politische Richtungskämpfe in der Kommunistischen Partei, Stasi, Mauerbau, Mangelwirtschaft, Kalter Krieg gebildet wird. Zugleich werden glaubhafte Einblicke in die Psyche der Protagonisten gewährt. Beinahe alle sind geprägt von Verletzungen und Enttäuschungen, die sie durch sowohl familiäre als auch gesellschaftliche Gewalt bzw. staatliche Repression erfahren haben.

Die dritte Zeitebene bildet das Jahr 2001, auf der allein der Hauptprotagonist der Romans, Alexander (Sascha) Umnitzer, zu Wort kommt. Nach einer bedrohlichen gesundheitlichen Diagnose begibt er sich auf eine Reise nach Mexiko und schließt damit den erzählerischen Kreis, denn aus dem Exil in Mexiko waren Anfang der 1950er Jahre seine Großeltern nach Ostdeutschland zurückgekehrt.

Zu diesem Zeitpunkt sind die Großeltern und die Mutter Alexanders bereits tot, seine Ehe ist gescheitert, der Vater, einst »Hofhistoriker« der DDR, dement. Die DDR ist lange aufgelöst und mit dem Anschlag auf das World Trade Center ist ein neues historisches Konfrontationsparadigma entstanden: Der alte Ost-West-Antagonismus zwischen Kommunismus/Sozialismus und Kapitalismus ist von dem neuen globalen Konflikt der Bedrohung durch den internationalen Terrorismus abgelöst worden. Der Roman beschreibt insofern nicht nur den Untergang einer Familie und eines Staates, sondern zugleich auch das Scheitern des Versuches, ein geschichtsphilosophisches System, den real existierenden Sozialismus, gesellschaftlich zu etablieren.

Diese Zusammenschau von Zeitgeschichte und historischem Paradigmenwechsel mit der geschickt poetisierten Alltagsgeschichte einer Familie hat dem Roman nahezu einhelligen Beifall der Kritik eingebracht. Dazu mag beigetragen haben, dass Ruges Werk nicht nur in der wirkmächtigen Tradition des wieder auflebenden Gesellschafts- und Familienromans zu verorten ist, sondern dass er gleichermaßen einen beachtenswerten Beitrag zur literarischen Erinnerungskultur im Kontext der deutsch-deutschen Geschichte geliefert hat.

DIRK ENGELHARDT

Teresa Präauer

* 28. Februar 1979 in Linz (Österreich)

Kindheit und Jugend in Schörfling am Attersee, Graz-Puntigam und St. Johann im Pongau; 1997–2003 Studium der Deutschen Philologie an der Universität Salzburg und der Humboldt-Universität Berlin sowie Malerei am Mozarteum Salzburg; ab 2003 in Wien, 2004–2005 Postgraduate-Studium an der Akademie der bildenden Künste Wien; ab 2007 freischaffende Künstlerin und Schriftstellerin; 2009 Bildserie *Taubenbriefe von Stummen an anderer Vögel Küken*; 2010 Illustrationen zu Wolf Haas' Bilderbuch *Die Gans im Gegenteil*.

Für den Herrscher aus Übersee

Der 2012 erschienene Prosatext, mit dem Präauer, die zuvor vor allem durch bildnerische Arbeiten hervorgetreten war, als Roman-Schriftstellerin debütierte, schildert in seinem Hauptteil den sommerlichen Aufenthalt zweier kleiner Kinder bei ihren Großeltern auf dem Land. Der Roman besteht aus drei parallelen Erzählsträngen, die am Ende miteinander verknüpft werden und auf vielfältige Weise das Motiv des Fliegens variieren. Die Schilderungen erfolgen chronologisch, im Präsens und aus unterschiedlicher Erzählperspektive. Die Übergänge sind jeweils durch ein Stichwort motiviert, das im folgenden Absatz aufgenommen wird.

   Im Hauptteil schildert ein kleiner Ich-Erzähler, was er und sein jüngerer Bruder – das Geschlecht des größeren Kindes bleibt unbestimmt – auf dem großelterlichen Bauernhof erleben, während die Eltern auf Weltreise sind. Erzählt wird, wie die Kinder sich um die Vögel der Großeltern kümmern und mit Hilfe selbstgebastelter Apparate, angeleitet vom strengen Großvater, Flugversuche unternehmen, bei denen der Erzähler schließlich eine Bauchlandung macht und sich verletzt. Am Schluss kehren die Eltern zurück.

   Eingeschoben ist die Geschichte des Großvaters als junger Mann, die teils in der Ich-, teils in der Er-Form erzählt wird: wie der Großvater als Flieger im Krieg einer japanischen Pilotin zu Hilfe kommt, die mit ihrem Flugzeug abgestürzt ist, wie die jungen Leute sich ineinander verlieben und wie die Japanerin, bevor der Großvater mit ihr in seine

Heimat zurückfliegen kann, unversehens verschwunden ist. Bei seiner Rückkunft wirbt der Großvater erfolgreich um die Großmutter.

Auch der dritte Erzählstrang – die Geschichte einer Fliegerin, die mit ihrem »bohnenförmigen Fluggerät, unten drei Räder, hinten ein Propeller, oben ein weißer Schirm« eine Gänseschar ins Winterquartier begleitet – wechselt zwischen erster und dritter Person. Die Frau widmet sich ganz der Arbeit mit den Vögeln. Sie hat die Tiere selbst aufgezogen, ihnen das Fliegen beigebracht und hofft, dass sie zu Paaren zusammenfinden. Ihr Flug, den sie zur Nacht immer unterbricht, wird von den Menschen mit neugierigem Interesse verfolgt. Schließlich trifft sie in einer Vogelschutzstation ein, wo die Vögel beringt werden, bevor sie sie beim »Winterquartiergeber« abliefert. Präauer hatte sich bereits in früheren Buchveröffentlichungen mit dem Vogel-Motiv beschäftigt.

Der Roman ist ein Konstrukt aus verschiedenen Genres, intertextuellen und intermedialen Bezügen. Er vereinigt Züge der realistischen Heimatliteratur (der Großvater schlachtet das Lieblingshuhn der Kinder, denn:»Man muss sich trennen können von dem, was man liebt«), des Erziehungsromans (der Großvater als Mentor, der die Kinder mit Lebensweisheiten und Klugheitsregeln traktiert, wobei er die »Weltthese« entwickelt, dass das Leben von den vier ›Zugkräften‹ »Glück, Liebe, Zweifel und Kampf« bestimmt werde) und der für Kinder geschriebenen Kindergeschichte (mit Anspielungen z. B. auf S. Lagerlöfs Nils Holgerssons underbara resa genom Sverige). Der konstruktive Charakter zeigt sich auch im Übergang von der Bild- zur Wirklichkeitsbeschreibung, denn die Erzählvorlage, mit der der Roman beginnt, ist eine Postkarte mit dem Bild der Fliegerin, die das Kind in der Hand hält, sowie in der Erzählstimme des kindlichen Protagonisten, in die sich immer wieder die Stimme eines Erwachsenen einmischt, so dass beim Leser Zweifel an der Authentizität des Sprechers geweckt werden, etwa wenn es, beim Anblick der beziehungsreichen Postkarten, die die Eltern ihren Kindern aus der Fremde schicken und die den Text gewissermaßen ›rahmen‹, mit metatextuellem Nebensinn heißt:»wir müssen uns selbst zusammenreimen, was das alles miteinander zu tun hat«. Auch den ›hochfliegenden‹, skurrilen Erzählungen des Großvaters ist nicht völlig zu trauen, auf den im Übrigen der Buchtitel zurückgeht. Der lautet genauso wie die Adresse auf dem Etikett der Brombeermarmelade, die der Großvater für den Export herstellt.

Das komplexe, kunstvoll komponierte Werk, das sich auch als eine Allegorie auf die Kunst lesen lässt, erhielt von Presse und Publikum viel Beifall.   PETER LANGEMEYER

183

TERESA PRÄAUER

Clemens J. Setz

* 15. November 1982 in Graz (Österreich)

2001–2009 Studium der Germanistik und Mathematik, ohne Abschluss; ab 2001 zahlreiche Veröffentlichungen in Zeitschriften und Anthologien; ab 2005 (Gründungs-)Mitglied des Autorenkollektivs Die Plattform; 2007 Debütroman *Söhne und Planeten*; lebt als freier Schriftsteller und Übersetzer in Graz.

Indigo

Das Bauprinzip des 2012 erschienenen Romans beruht auf einer gewissen Beiläufigkeit, denn es geht nicht nur um die sogenannten Indigo-Kinder, sondern auch um Flucht, Lebensaussteiger, Tierversuche, ausgeklügelte Tunnelsysteme und um die Elefantendame Topsy, die auf einem elektrischen Stuhl hingerichtet wurde. In dieser anspruchsvollen, achronologisch erzählten Metafiktion, deren Hauptanliegen nicht sofort zu erkennen ist, lassen sich zwei Romanebenen unterscheiden: eine Gegenwarts- und eine Zukunftsebene, die jedoch durch diverse Rückblenden und eingefügte Krankenakten, Exkurse, Briefe oder Fragmente fiktiver und tatsächlicher Publikationen unterbrochen werden.

Im ersten Erzählstrang tritt der junge Mathematiklehrer Clemens Setz – der Hauptprotagonist trägt Namen und Züge des Autors, wodurch die Grenze zwischen Autor, Erzähler und Figur verwischt wird – sein Referendariat in der steirischen Internatsschule Helianau an. In dieser Sondererziehungsanstalt leben Kinder, die an dem (fiktiven) rätselhaften Indigo-Syndrom leiden, dessen Ursprung ungeklärt bleibt. Mit eingestreuten Verweisen, Fotos oder historischem Material wird das Auftreten dieser Krankheit belegt und darauf hingewiesen, dass diese Seuche uralt ist. Der Romantitel »Indigo« ist eine Anspielung auf den von Nancy Ann Tappe geprägten Begriff. Die Synästhetin nahm bei gewissen Kindern eine indigofarbene Aura wahr, was jedoch kein wissenschaftlich gesicherter Befund ist. In der Esoterik-Szene wurden den Indigo-Kindern besondere spirituelle Fähigkeiten zugeschrieben. In Setz' Roman haben die Kinder zwar eine außergewöhnliche Aura, andererseits müssen sie abgeschottet sein von der

Außenwelt, ihren Familien und auch voneinander, weil sie somatische Symptome wie Schwindel, heftige Übelkeit, Ekzem oder Migräne bei ihren Mitmenschen auslösen.

Der Mathematiklehrer wird auf seltsame Geschehnisse in der Schule aufmerksam wie z. B. »Zonenspiele« oder »Relokationen«, zu denen sich aber niemand äußern will. Ab und zu wird eines der Kinder, in ein seltsames Kostüm gekleidet, von Unbekannten abgeholt, um danach spurlos zu verschwinden. Der Lehrer beginnt, Recherchen darüber anzustellen, und publiziert in *National Geographic* einen Beitrag unter dem Titel »In der Zone«, in dem er einen Indigo-Fall aus dem fiktiven südsteirischen Ort Gillingen schildert. Mit seinen Nachforschungen kommt er allerdings nicht weiter und wird letztendlich nach einem rätselhaften Vorfall aus dem Schuldienst entlassen.

Im Zentrum der zweiten Romanebene, die im Jahr 2021 spielt, steht der Er-Erzähler Robert Tätzel. Der junge Mann, ein »Dingo«, war auch ein Indigo-Kind; die Symptome sind aber abgeklungen. Robert ist, genauso wie seine Freundin, medikamentös eingestellt, wird aber von bizarren Albträumen heimgesucht und neigt dazu, seine Aggression durch andere Handlungen (z. B. einen Regenschirm in Einzelteile zu zerlegen) zu mindern. Der Protagonist erfährt von dem aufsehenerregenden Strafprozess seines ehemaligen Mathematiklehrers, der in Verdacht geraten ist, einen Tierquäler enthäutet und ihn auf diese Weise langsam zu Tode gebracht zu haben. Obwohl der Angeklagte freigesprochen wurde, glaubt Robert nicht an seine Unschuld.

Clemens Setz betreibt in *Indigo* sprachlich versiert ein gekonntes Jongleurspiel mit verschiedenen Perspektiven und Erzählebenen. Die unheimliche, schicksalhafte Krankheit, die im Mittelpunkt des surrealen Montageromans steht, wird vom Autor gekonnt als Metapher der modernen Gesellschaft inszeniert, einer Gesellschaft, die sich gegen Sonderlinge jeglicher Art dezidiert durchsetzt und diese ausgrenzt. Somit skizziert der Roman ein äußerst pessimistisches Bild der modernen Zivilisation. MARTA WIMMER

CLEMENS J. SETZ

Anne Weber

* 13. November 1964 in Offenbach (Deutschland)

1983 Abitur; 1983 Umzug nach Paris und Studium der französischen
Literatur und Komparatistik an der Sorbonne; 1989–1996 Tätigkeit
bei verschiedenen französischen Verlagen; ab 1998 Veröffentlichung
eigener Werke; Übersetzungen von Texten deutscher Gegenwarts-
autoren ins Französische sowie von Texten französischer Autoren ins
Deutsche.

Tal der Herrlichkeiten

Der 2012 erschienene Roman ist in drei Teile gegliedert. Im Zentrum
steht die von einem Erzähler geschilderte Liebesgeschichte, deren
Phasen sich mit ›Annäherung‹ – ›Verschmelzung‹ – ›Getrenntsein‹
überschreiben ließen und in jeweils unterschiedliche räumliche
Umgebungen eingebettet sind.

Ausgangspunkt bildet im ersten Teil ein einsamer Küstenort in der
Bretagne, in dem der männliche Protagonist, vom Erzähler kurzerhand
»Sperber« genannt, ein ereignisloses und von vielfältigen Verlusten
geprägtes Dasein fristet: »Bis auf das Leben und seine zähe Konstitu-
tion hatte er so ziemlich alles, was man verlieren kann, verloren: Arbeit,
Haus, Frau, Kind, Sparbücher, Haar.« Die vergeblich gewordene bzw.
gebliebene Suche nach einem wie auch immer gearteten Sinn äußert
sich in diversen zwanghaften Ticks, die als letzte Strategien zur Exis-
tenzbewältigung sichtbar werden. Der unvermittelte Kuss auf offener
Straße durch eine Fremde durchbricht Sperbers festgefahrene Strukturen und stürzt ihn in ein Wechselbad der Gefühle zwischen unbän-
diger Wut und neu geweckter Sehnsucht. Bleibt die unbekannte Frau
für Sperber zunächst eine reine Projektionsfläche, wechselt der Erzähler sowohl zwischen Außen- und Innenbetrachtungen als auch bei der
Fokussierung seiner Figuren. So rückt er im achten und neunten Kapitel die als »Luchs« bezeichnete weibliche Protagonistin ins Zentrum.
Auf ganz andere Art als Sperber ist auch sie gezeichnet durch seelische
und körperliche Narben der Vergangenheit, die den spontanen Kuss
zwar noch nicht erklären, aber bereits einen Faden zwischen den Figuren spinnen, die zunächst nur umeinander zu kreisen scheinen.

Im zweiten Teil reist Sperber Luchs schließlich nach Paris nach, wo die bewusst gesuchte und als schicksalhaft inszenierte Wiederbegegnung stattfindet. Anne Webers Intention, »von der Schönheit der Liebe [zu] erzählen, von den ungeheuren Kräften, die sie verleiht« (Gespräch mit Petra Gropp), manifestiert sich in authentischen Gefühlsbeschreibungen und nicht zuletzt in den Szenen, in denen sie die Sexualität ihrer beiden Protagonisten bildreich, plastisch und in einer Synthese von emotionaler und erotischer Spannung darstellt. Ähnlich wie zuvor Sperber in Anbetracht eines ejakulierenden Hundes wird nun der Leser in die Situation des Voyeurs versetzt und vor die Frage gestellt »War das nicht ein natürlicher Vorgang, und dazu noch ein lustvoller?«.

Glück und Zukunftshoffnung sind nur von kurzer Dauer. Bereits am dritten Tag des Zusammenseins stirbt Luchs bei einem Unfall auf der Flucht vor einem Unbekannten, der ihr gefolgt ist. An dieser Stelle wendet der Erzähler, der in einer Wir-Perspektive den Leser mit einschließt, den Blick ab und spart Details von Luchs' Tod aus. Das Moment des männlichen Übergriffs, das zuvor bereits mehrfach angedeutet wird (Entführung von Luchs im Kindesalter, Luchs' Bedrängung auf der Tanzfläche einer Bar in der Bretagne, Sperbers Umgang mit der Dorfbewohnerin Heather), findet hier noch eine dramatische Zuspitzung und relativiert darüber hinaus Sperbers Verzweiflung des ersten Teils, »in dem ungeheuerlichen Heuhaufen der Lebenden jemanden für immer verloren zu haben«.

Der Endgültigkeit des Todes zum Trotz versucht Sperber im dritten Teil erneut, Luchs zu folgen und sie aus dem Reich der Toten in das der Lebenden zurückzuholen. In der literarischen Ästhetisierung des Totenreiches, das hierbei den räumlichen Rahmen bildet, verbindet Weber die existentiellen Themen Liebe und Tod und macht damit »das Jenseits erzählbar« (I. Mangold, in: Die Zeit, 4.10.2012). Dass Sperber nach vergeblichen Anstrengungen lediglich mit einer Ahnung davon, »was Leben bedeutet und Tod« auf sich selbst und an seinen räumlichen Ausgangspunkt zurückgeworfen wird, schließt den Kreis der Erzählung und rückt das Geschehen in die Sphären eines Traums, dessen Bedeutung erst nach dem Erwachen zu entschlüsseln ist. Dies findet auf der Darstellungsebene durch das dichte Netz an

ANNE WEBER

Intertextualitätsbezügen und Vorausdeutungen eine Entsprechung. Elemente aus tradierten Mythen wie die Sirenen in Homers *Odysseia* oder Vergils Orpheus und Eurydike werden dabei ebenso symbolisch aufgeladen wie die Texte des Dichters Max Jacob, der in allen drei Teilen als wiederkehrender Wegweiser fungiert. Wenn die Autorin also den Protagonisten sinnieren lässt, in jedem Leben seien »Zeichen verstreut, die erst im Rückblick [...] ihre Bedeutung offenbaren«, so ist dies nicht nur als Hinweis auf die Prädestinationsgläubigkeit der Hauptfigur zu lesen, sondern letztlich auch auf die Konzeption und Rezeption der gesamten Geschichte zu übertragen. Der Roman ist geprägt von einer Stringenz, die sich in der Erzähldramaturgie, Charaktergestaltung und Metaphorik gleichermaßen niederschlägt und stellt damit eine konsequente Fortsetzung, aber auch Weiterentwicklung des literarischen Experiments dar, das Webers Werke immer wieder aufs Neue auszeichnet. ELISABETH HOLLERWEGER

Norbert Gstrein

* 3. Juni 1961 in Mils/Tirol (Österreich)

Studium der Mathematik in Innsbruck und Stanford; 1988 Dissertation *Zur Logik der Fragen*; 1988 Debüt mit der Erzählung *Einer*, die der österreichischen ›Anti-Heimatliteratur‹ zugerechnet wird; 1999 erster politisch-historischer Roman *Die englischen Jahre*; Autor zahlreicher Romane und kritischer Essays wie *Wem gehört eine Geschichte?* (2004); lebt als freier Autor in Hamburg.

Eine Ahnung vom Anfang

Der 2013 erschienene Roman geht den Entstehungsbedingungen von religiösem Fanatismus und Terrorismus nach. Allerdings distanziert sich *Eine Ahnung vom Anfang* deutlich von dem auf islamistischen Fundamentalismus fokussierten Diskurs der Gegenwart, steht im Zentrum des Romans doch ein gläubiger Katholik aus der österreichischen Provinz, der sich zunehmend radikalisiert.

Initialmoment des Erzählens ist das in der Zeitung abgedruckte Fahndungsbild eines Mannes, der am Bahnhof der Stadt eine Bombe platziert hat, zusammen mit der biblischen Warnung »Kehret um!«. Der Deutschlehrer Anton, der Ich-Erzähler, glaubt auf dem Bild seinen ehemaligen Schüler Daniel zu erkennen. Ausgehend von diesem Verdacht befragt er seine Erinnerungen nach Anzeichen einer beginnenden Radikalisierung Daniels. So fiel dieser schon in der Schulzeit durch einen Zeitungsartikel auf, in dem er eine wörtliche Auslegung der Bibel vertrat und vom christlichen Gott als einem »Kriegsgott« sprach. Für den fanatischen Renaissance-Mönch Savonarola konnte er sich ebenso begeistern wie für die Endzeitpredigten eines amerikanischen Reverends, der zeitweilig in der Stadt lebte.

Diese ›Ahnungen vom Anfang‹, denen Anton nachgeht, sind allerdings auch Ahnungen der eigenen Schuld: Könnte es doch auch sein, dass gerade jener Sommer, den er selbst gemeinsam mit Daniel in seiner abgeschiedenen Mühle am Fluss verbrachte, den jungen Mann entscheidend prägte. Besondere Bedeutung schreibt er den Büchern zu, die er Daniel damals zu lesen gab und die – so der Erzähler – über das Potenzial verfügen, »einen für einen normalen Alltag untauglich zu machen«. In der Tat verbindet die im Roman genannten Texte ihre Absage an die Welt: Sie entwerfen Szenarien des politischen Terrors (Albert Camus: *Les justes*) oder des Rückzugs aus der Zivilisation in die Natur (Henry David Thoreau: *Walden. Or Life in the Woods*). Daniels »Sehnsucht nach Reinheit«, die mit der Aggression gegenüber einer als ›unrein‹ empfundenen Welt einhergeht, entspringt also nicht nur der Religion, sondern ebenso der Literatur. Problematisch erscheinen dabei weniger deren eigentliche Inhalte, sondern die Rezeption Daniels, der in religiösen und literarischen Texten Ideale ausmacht, die er in die Realität umzusetzen versucht.

Die eingangs aufgeworfene Frage, ob tatsächlich Daniel die Bombe legte, verliert im Verlauf des Romans an Bedeutung. Stattdessen rückt der Erzähler selbst in den Vordergrund: Sein Erzählen erweist sich als unzuverlässig, ist widersprüchlich und von undurchsichtigen Motiven getragen. Zudem scheint der Erzähler seinem ›Erzählobjekt‹ immer ähnlicher zu werden: Am Ende bricht er selbst mit der bürgerlichen Welt, kündigt seine Stelle, um in seiner einsamen Mühle zu lesen und zu schreiben. Der vom Polizeiinspektor spaßhaft geäußerte Verdacht, vielleicht habe nicht Daniel, sondern Anton die Bombe gelegt, gewinnt vor diesem Hintergrund an Plausibilität.

Wie in den früheren Romanen Gstreins geht es auch in *Eine Ahnung vom Anfang* um das Verhältnis von Wirklichkeit und Fiktion: Während *Das Handwerk des Tötens* (2003) oder *Die ganze Wahrheit* (2010) die Frage nach dem ethisch ›richtigen‹ Schreiben über die Realität verhandeln, steht hier der umgekehrte Prozess im Mittelpunkt: *Eine Ahnung vom Anfang* ist ein Buch über Bücher und die Gefahren des Lesens. Es zeigt, wie der Versuch, die Ideale der Imagination in die Wirklichkeit zu übersetzen, in Gewalt und Terror münden kann. Damit handelt es sich auch bei diesem Roman von Norbert Gstrein um einen ethischen und zugleich hoch politischen Text. MARIE GUNREBEN

Eva Menasse

* 11. Mai 1970 in Wien (Österreich)

Studium der Germanistik und Geschichte; Journalistin (u.a. Profil,
Frankfurter Allgemeine); ab 1997 erste Buchpublikationen vor allem
als Sachbuchautorin; 2005 Romandebüt mit *Vienna*; ab 2003 in Berlin
lebend; die Halbschwester von Robert Menasse ist verheiratet mit
dem Schriftsteller Michael Kumpfmüller.

Quasikristalle

Der 2013 erschienene Roman will die Facetten einer Frau darstellen,
ohne vorzugeben, es ließe sich noch allwissend auf die Tiefen und
Untiefen eines Menschenlebens blicken. Xane Molin heißt diese
Person, die über ein halbes Jahrzehnt begleitet und aus dreizehn
unterschiedlichen Perspektiven beleuchtet wird. Mal spricht Xane
selbst, mal erleben die Leser sie aus dem Blickwinkel einer Freundin
oder ihres Vermieters. Mal sehen wir einen Mann leiden, der mit Xane
als Chefin nicht zurechtkommt; mal rückt sie ganz nah an den Leser
heran, mal huscht sie wie ein Schatten über die Seiten.

Ihren Anfang nimmt Xanes Geschichte in der Pubertät. Zusammen mit ihren Freundinnen Judith und Claudia sowie ihrer Schwester
Salome erlebt sie einen heißen Sommer. Man verliebt sich, nimmt
Drogen und wundert sich über die Erwachsenen, die so tun, als würden sie eine gefestigte Existenz führen. Die Leichtigkeit endet jäh,
als die biedere Claudia an einem Gehirnschlag stirbt – das »Ende der
Kindheit« ist besiegelt.

Xane ist keine Frau, mit der gut Kirschen essen ist. Sie ist hoch
intelligent, aufbrausend, ungerecht, ehrgeizig und von einer Unbe-
rechenbarkeit, die sie auch als Großmutter nicht ablegen wird. Von
»jüdischem Selbsthass« und von »österreichischem Selbsthass« getrieben, flieht Xane alsbald aus Wien, um sich im – so scheint es zumindest – so viel offenere Berlin freizuschwimmen. Sie entpuppt sich als
aufbegehrende »jüdische Intellektuelle«, die nicht nur einem Mann
den Kopf verdreht, sich als Filmkünstlerin und »Expertin für alternative Werbung« rasch einen Namen macht und eine kleine Agentur
leitet. Als sie vom Femme fatale-Dasein genug hat, heiratet sie den

deutlich älteren Mor Braun, der aus einer früheren Beziehung zwei Mädchen mit in die Ehe bringt.

An Turbulenzen mangelt es nicht, und Menasse gibt sich bewusst keine Mühe, die Diskrepanzen zu harmonisieren und daraus einen leicht konsumierbaren Frauenroman zu machen. Xane Molin bleibt bis zuletzt, als sie darüber nachdenkt, ins ungeliebte Österreich zurückzukehren, eine sperrige Figur, eine »Drama-Queen«, die mit sich selbst nicht ins Reine kommt – auch nicht an der Seite eines jungen Pianisten, mit dem sie nach dem Tod ihres Mannes eine Beziehung eingeht. Es ist die Zerrissenheit eines modernen Frauenlebens, die sich in den Kapiteln ausbreitet. Von beruflichem Aufstieg ist die Rede, von der Mühsal, mit Mors Töchtern klarzukommen, und vom Wunsch, selbst schwanger zu werden – ein Wunsch, der erst auf Umwegen durch eine In-vitro-Fertilisation erfüllt wird. Die dem Leser vertraute und zugleich so fremde Xane versucht den Spagat zwischen Karriere und (Patchwork-)Familie, und natürlich ist ihr Leben von Zweifeln daran durchzogen, ob sie die Prioritäten richtig gesetzt hat. Xanes latente Wut ist Ausdruck eines zeittypischen Verdrusses, nicht allem und jedem gerecht werden zu können.

Der Lebensweg dieser nicht auf einen Nenner zu bringenden Frau ist in einen konkreten gesellschaftlichen Kontext eingebettet. Die Arbeitswelt einer alternativen Werbeagentur, die Aufstiegschancen von »bemannten Frauen«, die Nachwirkungen des Holocausts, die Prozesse in Den Haag gegen Kriegsverbrecher – Menasse weitet die Thematik aus, mit einigem Risiko, wie etwa im zweiten Kapitel, das in Auschwitz spielt. Als Studentin ist Xane dort Teil einer Gruppe, die keinen »Betroffenheitstourismus« betreiben will. Umgehend lässt sie sich mit dem Reiseleiter ein, der bei ihr eine »halbjüdische Doppelhelix« diagnostiziert, ein »schwer auflösbares Geflecht aus Angst, Schmerz über unklare Zugehörigkeit, ironischer Distanzierung und Selbstüberschätzung«. So ist klar, dass alles Verworrene, das Xanes Vita ausmacht, nicht ohne den Holocaust zu denken ist.

Der der Naturwissenschaft entliehene Romantitel verweist auf die Entdeckung, »dass es nicht nur Kristalle mit klar symmetrischer, sondern auch mit scheinbar ungeordneter Struktur« gebe – was wiederum den Weg der Protagonistin Xane spiegeln soll. RAINER MORITZ

Patrick Roth

* 25. Juni 1953 in Freiburg i. Br. (Deutschland)

Humanistisches Gymnasium in Karlsruhe, 1971 Abitur, anschließend
Aufenthalt in Paris; ab 1974 Studium der Germanistik, Anglistik und
Romanistik in Freiburg i. Br., 1975 Studium der Anglistik und Film-
wissenschaften an der University of Southern California, Los Angeles;
Daueraufenthalt in den USA, dort Studium der Filmproduktion,
1982–1984 Schauspielerausbildung; 2001 Poetikvorlesung an der
Universität Frankfurt a. M., 2005 Poetikdozentur an der Universität
Heidelberg; Autor von Romanen, Hörspielen und Theaterstücken;
Filmemacher.

Sunrise. Das Buch Joseph

In einer biblisch getönten, poetischen Sprache erzählt der 2012 erschienene Roman die fiktive Geschichte des Joseph von Nazareth, über
dessen Leben die Quellen wenig mitteilen. Insbesondere das Mat-
thäusevangelium der *Bibel* zeichnet ihn als betrogenen Mann, dem
Gott in Träumen befiehlt, dem Kind der Maria Schutz zu gewähren.
Die narrativen Leerstellen in der Überlieferung werden von *Sunrise*
gefüllt, ein bildgewaltiges Epos mit einer versartig rhythmisierten
Prosa, die geschaffen ist, das Heilige in Sprache zu fassen. So entsteht
ein Bild Josephs von Nazareth, das als moderne Fassung des christlichen Mythos gelesen werden kann.

Drei »Bücher des Abstiegs« schildern, wie der Mann der Maria in
ein Drama hineingezogen wird, das am tiefsten Punkt der Hoffnungslosigkeit in die gegenläufige Dynamik des Aufgangs umschlägt, die in
drei »Büchern des Aufstiegs« vergegenwärtigt wird. Das erste Buch,
»Der Träger«, zeigt den Zimmermann Joseph im Jahr 7 v. Chr., der
einen geheimnisvollen ägyptischen Sklaven aus den Händen eines
Aufsehers befreit. Das Szenario im Garten einer römischen Villa bildet
den Auftakt zu einem Wandlungsdrama, das sich über vier Bücher
hinweg (»Die Pilger«, »Das Opfer«, »Der Tote«, »Die Räuber«) zu einer
abenteuerlichen, dreiunddreißigjährigen Odyssee ausfaltet, die im
sechsten Buch »Das Grab« ans Ziel kommt, Jerusalem im Jahr 30,
wenige Tage vor der Kreuzigung.

Der Handlungsbogen ist als ›peregrinatio‹ (Wanderschaft) angelegt, bei der die Topographie des Heiligen Landes mit seiner Mythologie verschmilzt. Die äußeren Wegstationen knüpfen an biblische
Erzählungen an, die sich an jenen Orten zutrugen, beispielsweise an
Bet-El der berühmte Traum von der Himmelsleiter, der Joseph in der
Nacht seiner Flucht vor Esau widerfuhr. In der äußeren Reise spiegelt
sich der Individuationsweg des Helden als Auseinandersetzung mit
dem Göttlichen. Sichtbar wird dieser innere Dialog in archetypischen
Träumen und Visionen, die eine zusätzliche Bedeutungsschicht eröffnen.

Die dramatische Verknüpfung der Handlung kumuliert im dritten Buch im göttlichen Befehl, den geliebten Sohn – wie einst Abra-
ham den Isaak – zu opfern. Joseph widersetzt sich und wird in einen
Abgrund des Leidens geworfen. Seinen Namen sieht er aus dem Buch
des Lebens gelöscht, die Familie ist ihm fortan ebenso verloren wie es
ihm die Stimme verschlagen hat durch den Horror, den Sohn schlach-
ten zu müssen. Als lebendiger Toter irrt er umher, bis er im vierten
Buch einer Räuberbande in die Hände fällt, in deren Dienst er das
Rauben, Brandschatzen und Morden lernt.

Die Initiation in die Welt des Bösen als der anderen, dunklen Seite
des Lebens präfiguriert Josephs finale Begegnung mit dem »Gott des
Entsetzens« als der letzten Station seiner ›Nachtmeerfahrt‹: In der
Tiefe eines mit Seilen und Strängen durchzogenen Meeres schaut er
ein Ungeheuer, das in seiner Kammer das Blut aller je Geopferten und
Gerichteten saugt und zugleich vergießt. Der Blick des qualgebunde-
nen Gottes lässt Joseph erblinden. Die Blutmeervision besiegelt sein
geheimes Bündnis mit Gott, das ihm bereits ein Traum prophezeit
hatte.

Das sechste Buch zeigt Joseph 28 Jahre nach diesen Ereignissen
als Arbeiter am Felsengrab des Joseph von Arimathäa in Jerusalem.
Während die Grabstätte in Sichtweite des Golgatha-Hügels entsteht
und die ägyptische Magd Neith parallel dazu ein Grabtuch webt,
beginnt Joseph, der jungen Frau Bruchstücke seines Lebens zu erzählen. Webend schafft sie einen ›Text‹, den sie vierzig Jahre später, im
Jahr 70 n. Chr., zwei jungen Judenchristen im untergehenden Jerusalem erzählt. Sie fassen dann den mündlichen Bericht über das Leben

und Wirken des Joseph in Schrift. In Neiths Tuch aber und in das von Joseph errichtete Grab wird der Gekreuzigte gelegt, dessen Mission Joseph mit seinem leidgeprüften Leben ermöglicht hat. Prolog und Rahmenhandlung verstärken die Anmutung des »Buchs Joseph« als Apokryphon, als verborgenes Evangelium, das im Versteck überdauerte, um zweitausend Jahre später Zeugnis vom Leben und Wirken des »Herrn des Herrn« abzulegen.

In der Vergegenwärtigung zentraler christlicher Bilder und Mythen und der Grundproblematik des Gottesbildes im Wandel schließt *Sunrise* an die *Christus Trilogie* (1998) an, geht jedoch in der emotionalen Tiefe und Wucht der Dramatisierung weit darüber hinaus. Die zahlreichen Bezüge zu Kernerzählungen des AT bis hin zur ägyptischen und griechisch-römischen Mythologie, ebenso wie der Reichtum eingeflochtener antiker Textsorten erweisen *Sunrise* als einen Höhepunkt intertextuellen Erzählens, der die überlieferten Vorlagen dem eigenen Erzähl- und Sinnzusammenhang anverwandelt und für die Gegenwart neu erschließt. MICHAELA KOPP-MARX

Judith Hermann

* 15. Mai 1970 in Berlin (Deutschland)

Studium der Germanistik und Philosophie an der Freien Universität Berlin (abgebrochen); Journalistenschule in Berlin, Abschluss 1994; Zeitungspraktikum in New York, erste Publikationen in den USA; Arbeit als freie Journalistin beim Deutschlandradio in Berlin; 1998 mit großem Erfolg erster Prosaband *Sommerhaus, später*; lebt mit ihrem Sohn in Berlin.

Aller Liebe Anfang

In ihrem ersten, nach drei Erzählbänden 2014 erschienenen Roman stellt die Autorin eine 37-jährige Frau vor, Stella. Sie arbeitet als sorgsame und verständnisvolle Krankenpflegerin, führt eine glücklich-harmonische Ehe mit Jason, der Häuser baut und beruflich oft unterwegs ist. Sie haben eine vierjährige Tochter, Ava, und wohnen in einem schönen eigenen Haus mit Garten am Rand der Stadt.

Doch das Familienglück wird unverhofft durch einen fremden Mann, Mister Pfister, erschüttert, der in derselben Straße wohnt und Stella durch Klingeln an ihrer Haustür und durch Botschaften in ihrem Briefkasten massiv belästigt und verstört. Judith Hermann beschränkt sich hierbei jedoch nicht auf das kriminelle Delikt des Stalking und reduziert ihre Protagonistin auch nicht auf die Opferrolle. Vielmehr figuriert sie in Mister Pfister (dessen seltsamer Name, wie die Autorin erklärt hat, auf eine Comicfigur verweise und dadurch Distanz zur Figur herstelle) eine Bedrohung, die in eine ›Lücke‹ von Stellas Leben eindringt. Tatsächlich sorgt der Schrecken bereitende Einbruch des Fremden in das vermeintlich friedlich-harmonische Leben Stellas für beunruhigende Reflexionen über ihre generelle existenzielle Situation. Stella vergleicht die Lebensziele, die sie zusammen mit ihrer jetzt weit entfernt wohnenden Freundin Clara entworfen hatte, mit ihrem gegenwärtigen und zukünftigen Leben an der Seite des besonnenen und sie beruhigenden Jason. Bewusst wird ihr hierbei, dass die gegenwärtige scheinbar ›heile Welt‹ von ihr und Jason von vornherein auf eine begrenzte Zeit angelegt gewesen war, und nun bald einer gravierenden Veränderung, eines Wohnortwechsels als äußerliches Zeichen, bedarf.

Durch Imaginationen Stellas und durch die Berichte eines Nachbarn über das Leben von Mister Pfister gibt Judith Hermann auch Einblicke in die Obsessionen des Stalkers, der zwanghaft die Kommunikation mit Stella sucht und in dieser Besessenheit Züge einer wahnhaften, von inneren Projektionen bestimmten Liebe offenbart – und damit auf den Titel des Romans verweist. Zur Lebensveränderung Stellas kommt es am Ende des Romans, nachdem Mister Pfister versucht hat, in das Haus Stellas und Jasons einzubrechen, und von Jason brachial niedergeschlagen worden ist. Als Stella sich zum Schluss, »viel später«, an einem anderen Ort, »wie aus weiter Ferne« an die Zeit im idyllischen Haus am Stadtrand erinnert, »empfindet [sie] keine Sehnsucht« mehr nach dieser Art Leben. Im Bewusstsein, »immer wieder gehen« zu können, gelangt sie zu der Erkenntnis: »Veränderung ist kein Verrat.«

Grundlegende Existenzerfahrung und wesentlicher Charakterzug der Figuren Judith Hermanns ist die von Sehnsucht getriebene Rastlosigkeit. Während die jungen Protagonistinnen und Protagonisten auf der unentwegten Suche nach einem zukunftsichernden Lebensglück lediglich Glücksmomente erfahren und Entscheidungen ausweichen, um sich alle Existenzmöglichkeiten zu bewahren, erkennen die älteren, die sich sozial eingerichtet haben, familiär und beruflich – äußerlich betrachtet – ›angekommen‹ sind, wie brüchig und vorläufig ihr scheinbar sicheres, geregeltes Leben in Wahrheit ist.

Die offenen Existenzfragen und die unaufhörliche Lebenssuche, wie die der Romanprotagonistin Stella, manifestieren sich in der Form des Erzählens. So zeichnet sich auch *Aller Liebe Anfang* durch einen kargen, lakonischen, detailgenauen und zugleich von Leerstellen geprägten poetischen Erzählstil aus, für den Judith Hermann seit ihrem Debütband gerühmt wurde. HARTMUT VOLLMER

Rebekka Kricheldorf

* 9. Oktober 1974 in Freiburg i. Br. (Deutschland)

1994 Abitur an der Waldorfschule in Freiburg; 1995–1997 Studium der Romanistik an der Humboldt-Universität Berlin; 1998–2002 Studium ›Szenisches Schreiben‹ an der Universität der Künste Berlin; freiberufliche Dramatikerin; 2004 Hausautorin am Nationaltheater Mannheim; 2009–2011 Dramaturgin und Hausautorin am Theaterhaus Jena; Autorin vor allem von Auftragswerken.

Homo Empathicus

Das Drama ist eine Auftragsarbeit, die von der Autorin für das Deutsche Theater in Göttingen verfasst und im Oktober 2014 dort uraufgeführt wurde. Es spielt in einer weder zeitlich noch geographisch genauer bestimmten Zukunft und hat dystopische Szenarien wie George Orwells negative Utopie 1984 zum Vorbild. Gezeigt wird eine Gesellschaft, in der sich jegliche Unterscheidungsmerkmale entweder in Auflösung befinden oder bereits vollständig verlorengegangen sind: Geschlecht, Alter, Religion oder sexuelle Orientierung wurden aus der Öffentlichkeit ins Private verbannt und das damit verbundene Vokabular durch neutrale Begriffe ersetzt. Die bereinigte Sprache erinnert in ihrer Funktion stark an Orwells »Neusprech«, das auch hier zur Kontrolle der Bevölkerung instrumentalisiert wird. Gleichzeitig bringt die Abschaffung jeglicher Hierarchien und Unterscheidungen eine neue Offenheit im Umgang mit Körperfunktionen und Sexualität mit sich. Zudem unterliegen Ernährung und Gesinnung strengen Kontrollen durch die Allgemeinheit, und auch das Paradigma ehelicher Monogamie ist freieren Beziehungskonstrukten gewichen. Alle diese Umformungen der Gesellschaft münden in einen Zustand absoluter Konfliktfreiheit durch absolute Gleichheit.

Da sämtliche Figuren des Stücks in gleichem Maß bedeutungsvoll sind, fehlt ein eindeutig auszumachender Hauptprotagonist. »Das Studierende« Chris fühlt sich in der empathischen Gesellschaft nicht länger wohl, da es sich selbst als hässlich empfindet und durch die sprachlichen Restriktionen nicht einmal in der Lage ist, dies auszudrücken. Dies ist der erste Riss in der perfekt anmutenden Fassade, und sukzessive offenbaren sich – auch bei den übrigen Figuren – die lange unterdrückten Probleme.

Das Auftauchen eines scheinbar aus der Vergangenheit stammenden Liebespaares namens Adam und Eva bringt diese Konflikte an die Oberfläche. Dies beiden »Wilden« erschüttern die Mitmenschen durch ihre Gewaltbereitschaft, Sexualität und ihr kapitalistisches Denken. Mit exzessivem Alkoholgenuss, Fleischkonsum und unflätiger Ausdrucksweise ist Adam ein faszinierender wie erschreckender Gegenpol für die friedlich-genormten Bürger. Ebenso Eva, die leicht bekleidet ihre Weiblichkeit offensiv zur Schau stellt und so das eigentlich private Geschlecht in die öffentliche Sphäre trägt, was für empörte Irritation sorgt. Der völlig respektlose Umgang dieser beiden Menschen untereinander und ihr teilweise handgreiflicher Beziehungsstreit sind für die neue Gesellschaft fremd und beängstigend. Hilflos und verwirrt wohnen sie dem Geschehen bei. Die Auseinandersetzung der beiden lässt die Leidenschaftslosigkeit und Künstlichkeit der Mitmenschen offenbar werden.

Doch ein gesellschaftlicher Wandel bleibt aus, denn Adam und Eva entpuppen sich als Akteure eines öffentlichen Lehrstücks, das die Übel und Makel vor dem großen Diktat der allumfassenden Empathie aufzeigt. Sowohl Chris als auch seine Mitmenschen fügen sich erneut unter die Lehren des Gesellschaftsreformators Professor Möhringer und verharren in Stagnation. Das Individuum wird der Allgemeinheit untergeordnet und verbirgt sich selbst ein weiteres Mal unter der Maske empathischer Gleichförmigkeit.

Die Autorin erweitert das Feld der Gesellschaftsdystopien um neue interessante Facetten, indem sie aktuellere Themen wie die Genderdebatte aufgreift und – ebenso wie Orwell zu seiner Zeit – in extrapolierter Form ad absurdum führt, um aufzuzeigen, dass ein erzwungener Frieden inkompatibel mit der menschlichen Natur ist.

RASHID BEN DHIAB

REBEKKA KRICHELDORF

Lutz Seiler

* 8. Juni 1963 in Culmitzsch/Thüringen (Deutschland)

Lehre als Baufacharbeiter; Arbeit als Zimmermann und Maurer;
Wehrdienst in der Nationalen Volksarmee; Studium der Germanistik
in Halle/Saale; 1994–1997 Mitherausgeber der Literaturzeitschrift
moosbrand; 1995 erster Gedichtband; seit 1997 Leiter des Literaturpro-
gramms im Peter- Huchel-Haus in Wilhelmshorst, 2003 Los Angeles-
Aufenthalt (Villa-Aurora).

Kruso

Der 2014 erschienene Roman des zuvor ausschließlich mit Gedichten und Erzählungen hervorgetretenen Autors besteht aus zwei Teilen. Der Hauptteil schildert eine Männerfreundschaft in den letzten
Monaten vor dem Mauerfall auf der Ostseeinsel Hiddensee. Der
Epilog, der zwischen 1993 und 2013 spielt, berichtet von einer archi-
valischen Spurensuche nach auf der Flucht über die Ostsee Verschollenen.

Der Unfalltod seiner Freundin hat Ed (eigentlich Edgar Bendler)
in eine tiefe Krise gestürzt. Er bricht das Studium der Germanistik
ab und flieht nach Hiddensee, wo man »das Land verlassen [hatte],
ohne die Grenze zu überschreiten«. In der Gastwirtschaft »Zum
Klausner« findet er eine Anstellung im Abwasch. Alexander Kruso-
witsch, genannt Kruso, wird sein Mentor und Freund. Die beiden
jungen Männer verbindet nicht nur die Liebe zur modernen Poesie
und besonders zu Georg Trakl, sondern auch die Trauer um geliebte
Menschen. Kruso, Sohn eines sowjetischen Generals, hat erleben
müssen, wie seine Mutter, eine wolgadeutsche Seiltänzerin, tödlich
verunglückt und später, wie seine Schwester Sonja im Meer verschwindet.

Kruso hat eine Mission: Er will die »Schiffbrüchigen«, die »Aus-
steiger, Abenteurer, Antragssteller«, die die Sehnsucht nach einem
anderen Leben auf die Insel treibt, davon überzeugen, dass Freiheit
weder in der Flucht, noch im unbeschränkten Konsum gefunden wird,
sondern im ›innersten Ich‹. Zu dieser Erkenntnis soll ein dreitägiger
Initiationsritus führen, zu dem eine Speisung mit Abfällen und eine

Waschung im Abwasch gehört und die Ed, dessen Zimmer zur Ein-
quartierung der »Schwarzschläfer« dient, wechselnde Bettbekannt-
schaften verschafft.

Als die Grenze zwischen Ungarn und Österreich geöffnet wird,
zerbricht die Gemeinschaft des »Klausner«, von der einer nach dem
anderen in den Westen verschwindet. Allein Kruso und Ed bleiben
da, doch kommt es zwischen ihnen zu Spannungen. Kruso fühlt
sich verraten, als er erfährt, dass der Freund mit seinem Stiefvater
(bei dem er nach dem Tod der Mutter aufgewachsen ist) über ihn
gesprochen hat. Bei einem gewaltsamen Zusammenstoß der beiden
Männer wird Kruso schwer verletzt. Sein Vater, der General, transpor-
tiert ihn mit einem Panzerkreuzer ab. Als Letzter verlässt auch Ed das
Refugium.

Der »Epilog« spielt in der Nachwendezeit und wechselt die Erzählperspektive. Ed, der 1993 von Krusos Tod erfährt, erzählt in der Ich-
Form von dem erfolglosen Bemühen, den letzten Willen des Freundes
zu erfüllen: das Schicksal der verschwundenen Schwester aufzuklären.
Zugleich spiegelt der Bericht die dokumentarischen Recherchen, die
Seiler selbst in Dänemark vorgenommen hat, um die Erinnerung an
die ertrunkenen Flüchtlinge wachzuhalten.

Der Roman, der einen verfremdenden Blick auf die deutsche
Wende wirft und mit Themen und Motiven des Abenteuerromans
(z. B. D. Defoes *Robinson Crusoe*), des Bildungs- bzw. Entwicklungsromans (z. B. U. Plenzdorfs *Die neuen Leiden des jungen W.*) und des
Zeit- bzw. Gesellschaftsromans (z. B. U. Tellkamps *Der Turm*, E. Ruges
In Zeiten des abnehmenden Lichts) spielt, reflektiert ein mehrfaches Scheitern, auf dessen Sinngebung er jedoch verzichtet. Die wichtigsten
Varianten sind: das Scheitern einer Männerfreundschaft, des sozialistischen Gesellschaftsexperiments und der Hoffnung auf eine men-
schenwürdige Alternative zum Staatssozialismus ebenso wie zum
Kapitalismus. Auch Eds Suche nach Sonja scheitert.

Das Buch stieß bei der Literaturkritik auf große Zustimmung. Bewundert wurden u.a. die sinnlichen, Ekelgefühle evozierenden Schilderungen beim Abwasch, der bilderreichen Stil (etwa die nautischen
Metaphern), die spannungsteigernden Prolepsen und der unvermittelte Übergang zwischen Realität und Traum (wie Eds Gespräche mit

dem Fuchs). Zur Faszination haben aber auch die Aussparungstechnik (was geschah z. B. zwischen 1989 und 1993?) und die zahlreichen literarischen Zitate und Anspielungen beigetragen, beispielsweise auf J. Conrad und W. Hilbig, die den Lesern einen weiten Assoziationsraum eröffnen. PETER LANGEMEYER

Saša Stanišić

* 7. März 1978 in Višegrad (Bosnien-Herzegowina)

Ab 1992 in Deutschland, 1997–2004 Studium an der Universität Heidelberg, danach am Deutschen Literaturinstitut Leipzig; Autor von Romanen, Erzählungen und Essays.

Vor dem Fest

Bei dem zweiten, 2014 erschienenen Buch des Autors handelt es sich um einen in der Uckermark angesiedelten, europäisch konnotierten Dorfroman, während das Debüt *Wie der Soldat das Grammofon repariert* (2006) von einer Kindheit in Jugoslawien, Flucht vor dem Krieg nach Deutschland und der Aneignung eines neuen Kulturkreises gehandelt hatte. – In *Vor dem Fest* steht das fiktive uckermärkische Dorf Fürstenfelde vor seiner alljährlichen Feier. In der Nacht vor dem sogenannten Annenfest sind die Türen des Archivs und Heimatmuseums aufgebrochen worden, was die Konsequenz hat, dass sich nachts Figuren aus der jahrhundertealten Vergangenheit des Dorfes unter die Protagonisten mischen und auf diese Weise die alten Geschichten, Märchen und Mythen wiederbelebt werden. Aus dieser Grundkonstellation des Romans erwächst eine Stimmenvielfalt, welche die Alltagssprache der Gegenwart ebenso lebendig werden lässt wie Erzählweisen in der Dorfchronik, deren Einträge bis zurück auf das 16. Jh. datiert sind. Wesenszüge der gegenwärtigen Bewohner des Dorfes finden sich in Figuren der Vergangenheit wieder; Gegenstände aus Mythen und Erzählungen tauchen im Verlauf des Romans in der Gegenwart auf. So wird eine Durchlässigkeit der Jahrzehnte in der Nacht vor dem Annenfest deutlich.

Das Zentrum des Romans bildet der über Jahrhunderte bestehende Dorfalltag, der sich im wechselhaften Weltgeschehen zu behaupten sucht. Die Auswirkungen internationaler und regionaler Entwicklungen – wie der Umbruch von einem Gesellschaftssystem zum anderen, Arbeitslosigkeit, Landflucht und Überalterung – schwingen dabei stets mit. Der Roman erzählt gegen die Entvölkerung des Dorfes an, indem er mit einer Vielzahl von Geschichten, Fabeln und Anekdoten Leben in eine Region hinein pumpt, die sich in einem allmählichen Niedergang befindet. Vor allem aber hält er mit einem erzählerischen ›Wir‹ die gemeinschaftliche Stimme der Bewohner hoch: »Wir sind traurig. Wir haben keinen Fährmann mehr. Der Fährmann ist tot. Zwei Seen, kein Fährmann«, beginnt der Roman im Chor und nimmt in seinem Verlauf die Perspektiven mehrerer Mitglieder der Dorfgemeinschaft ein: etwa die von Dietmar Dietz, einem ehemaligen Postboten, der als Rentner Hühner züchtet, von der Archivarin Schwermuth, die die Chronik der Stadt in Leitz-Ordnern fortführt oder von Ulli, der seine Garage zu einer rudimentären Kneipe umgewidmet hat. Auch Tiere und die das Dorf umschließende Landschaft schließt das erzählerische »Wir« mit ein. Gleichzeitig bleibt es der beobachtende Kommentator aller Ereignisse. So kann die Erzählstimme mit den Figuren des Romans sympathisieren, ohne sich die Resignation, die über dem Dorf liegt, selbst anzueignen oder die Figuren zu einem dörflichen Reigen verklärend zusammenzufassen.

Trotz des engen regionalen Bezugs ist das Dorfleben im Nordosten Deutschlands nicht der ausschließliche Kern des Romans. Einige der in den Roman eingeflossenen Überlieferungen haben ihren Ursprung u.a. in England; Fabelfiguren und Märchenmotive sind in ganz Europa beheimatet; andere wiederum sind eine Erfindung des Autors – alle mit der Maßgabe, dass sie in der Uckermark ebenso gut wie etwa in Bosnien zu finden sein könnten. Diese Aneignung und Überlagerung unterschiedlicher Texte, Erzähltraditionen und Motive wird in einer Passage auch in ihrem palimpsest-artigen Schriftbild sichtbar und setzt sich über den Roman hinaus fort: Auf seiner Homepage www.fuerstenfelde.de veröffentlichte der Autor während seiner Recherche Fotos und Berichte aus dem nicht-fiktiven Ort Fürstenwerder, sowie Texte, die nicht in das Romanmanuskript aufgenommen wurden.

Vor dem Fest ist ein universeller Heimatroman, der regionale Geschichten und lokale Begebenheiten durch Weiterdichten und neu Erfinden gleichsam archiviert und so gegen das Verschwinden des dörflichen, noch nicht globalisierten Europas anerzählt. Gerade durch ihre örtliche Verwurzelung sind die Romanfiguren Archetypen für Bewohner ländlicher Gegenden auch jenseits der Uckermark. In seiner Vielschichtigkeit schafft der Roman eine grenzübergreifende literarische Perspektive auf das Dorf im 21. Jh. CATHARINA KOLLER

Jan Wagner

* 18. Oktober 1971 in Hamburg (Deutschland)

Studium der Anglistik in Hamburg, Berlin und Dublin; Debüt mit dem
Gedichtband *Probebohrung im Himmel*, 2001; 1995–2003 zusammen mit
Thomas Girst Herausgeber der Loseblattsammlung *Die Aussenseite des
Elements*; 2003 und 2008 zusammen mit Björn Kuhligk Herausgeber
der Anthologien *Lyrik von jetzt*; Lyriker, Übersetzer u. a. von S. Armitage,
M. Hamburger, T. Hughes, C. Simic, M. Sweeney und J. Tate, Literatur-
kritiker und Autor von Essays zur Poesie, u. a. *Die Sandale des Propheten*,
2006.

Regentonnenvariationen

Der 2014 erschienene sechste Gedichtband machte den Autor zu
einem der meistgelesenen und meistdiskutierten deutschsprachigen
Lyriker nicht nur seiner Generation. Das programmatische »selbstporträt mit bienenschwarm« am Ende des letzten der fünf Kapitel zeigt
den Dichter als Imker: ganz und gar bedeckt von den Bienen, die ihn
kleiden und schützen und die sein Profil erkennen lassen, indem sie
ihn zugleich unsichtbar machen; so wird er »wirklich sichtbar erst mit
dem verschwinden«. Tatsächlich sind Wagners Gedichte ›subjektiv‹
nur im Spiel mit Subjektivitäts-Fiktionen, und sie konstituieren sich
im Umgang mit fremdem Material, das sie übernehmen und dem sie in
der Weise der Übernahme doch ganz individuelle Konturen geben.

Wo das lyrische Ich von Freunden oder Verwandten spricht,
darunter Figuren, die in mehreren Bänden wiederkehren, oder in
Gedichten wie »im brunnen« Kindheitserlebnisse schildert, handelt es
sich um literarische Fiktionen, die weniger auf Erlebtes verweisen als
vielmehr auf literarische und philosophische Texte und Topoi (wie im
Brunnen-Gedicht auf Platons Höhlengleichnis). Die wechselnden
Rollen des Ich hatte Wagner bereits in den Autorschaftsfiktionen des
vorangegangenen Bandes *Die Eulenhasser in den Hallenhäusern* (2012) par-
odistisch zum Thema gemacht.

Das vorrangige Interesse der *Regentonnenvariationen* gilt der Alltags-
welt, Gebrauchsgegenständen (»nagel«, »versuch über zäune«), Pflan-
zen (»morchel«, »schlehen«) und immer wieder Tieren (»ein pferd«,

»grottenolm«, »dachshund«), und zwar als einer Sprachwelt: Weil es die gewohnte Sprache ist, die mit ihren Konventionen die Wahrnehmung der Dinge erlöschen lässt, kann diese Wahrnehmung durch neue, die Gewöhnung verfremdend unterbrechende Schreibweisen wiederbelebt werden. Wagners Poetik stellt sich damit in die Tradition der frühen Moderne, vom Russischen Formalismus mit Viktor Šklovskijs Begriff der poetischen Verfremdung bis zu Ezra Pound, auf dessen Imperativ »Make it new!« er sich in einem Essay ausdrücklich beruft. Wenn Wagner zugleich die nur scheinbar widersprechende Forderung Robert Frosts zitiert, das Gedicht solle seinen Lesern nichts Neues zeigen, sondern das, was sie schon kennen, dann bestimmt er es als eine wesentliche Aufgabe der Poesie, die umgebende Welt wieder emphatisch »zu sehen und nicht lediglich wiederzuerkennen« (Šklovskij).

Andererseits verzichtet Wagner demonstrativ auf jeden avantgardistischen Gestus, sondern gewinnt neue Ausdrucksformen aus einem spielerischen, überaus variationsfähigen Umgang mit der Tradition. Schon von seinen ersten Gedichten an hat Wagner sich nicht nur mit klassischen Formen wie dem Sonett oder der Ode, der Bluesstrophe und dem Haiku beschäftigt, sondern auch mit selteneren und schwierigeren Gedichtmaßen wie der Sestine oder der Villanelle, die er nicht ›klassizistisch‹ wiederholt, sondern in virtuosen Variationen durchspielt – so, wenn im Gedicht »Giersch«, das den Band eröffnet, das Lautmaterial dieses Pflanzennamens die Sätze und die Sonettform ebenso überwuchert, wie es die Pflanze selbst mit dem geschilderten Garten tut. Die Semantik des etymologischen Zusammenhangs mit »Gier« und »Begehren« übersetzt sich in die Bewegung der Wörter und Verse.

Ähnlich verfährt Wagners Poesie mit dem Reim. Aus der angelsächsischen Poesie, mit der er sich als Kritiker und Übersetzer umfangreich beschäftigt hat, übernimmt er Techniken der Halb- und Parareime sowie solche, in denen nicht die Vokale, sondern die Konsonanzen übereinstimmen. Den Begriff der »slant rhymes« übersetzt er selbst als »Reim in Schräglage«. So reimt Wagner in *Regentonnenvariationen* etwa »Kohle« auf »Koala«, »giersch« auf »garage« und »geräusch«, »gestank« auf »gastank« oder, ermöglicht durch ein Enjambement,

»prärie« auf »bayri-«; diverse Binnenreime und Assonanzen kommt hinzu. Im derart verfremdenden Kontext lassen sich dann auch traditionelle Reime wie »baum« auf »traum« überraschend erneuern.

Dieser experimentelle Grundzug, den Gedichttitel wie »versuch über servietten« oder »versuch über silberdisteln« explizit benennen und der die Leser zum entdeckenden Mitspielen einladen soll, schließt die Metaphorik mit ein, deren variierende Entfaltung einen wesentlichen Teil der Gedichte ausmacht. So findet der »versuch über mücken« immer neue metaphorische Übertragungsmöglichkeiten (und damit auch Anschauungsformen) für den Tanz des Mückenschwarms. In der Bewegung der Bilder, die ihrerseits zu tanzen beginnen, tritt mit den Analogisierungen zu Schriftzeichen wieder das Moment der sprachlichen und erkenntnistheoretischen Selbstreflexion hervor, die im Verweis auf das summende Selbstgespräch des Schwarms ihrerseits reflektiert wird: »als hätten sich alle buchstaben / auf einmal aus der zeitung gelöst«, tanzen die Mücken als »winzige sphinxenleiber« und »dürftige musen, dürre / pegasusse […] / geschaffen aus dem letzten faden / von rauch, wenn die kerze erlischt«, als seien sie »schatten, / die man aus einer anderen welt / in die unsere wirft«: »der stein von rosetta, ohne den stein«. Wie im »selbstporträt mit bienenschwarm« zielt auch hier die Dynamik der Metaphern über die sprachlich erfassbare Welt hinaus »ins Unbekannte, Unerhörte, Neuartige, wohin jedes gelungene Gedicht zielt, schon immer zielte« (so in einem Essay). Die hier wie in den meisten Texten aus konkreten Alltagsanblicken abgeleiteten Reflexionen werden in Gedichten über Gemälde (»nach canaletto«) auch unmittelbar auf Kunstwerke bezogen. Dabei verlieren sie nie die Spielfreude und den Witz, der sie bei aller artistischen Ambition zu einer unterhaltsamen und vergnüglichen Lektüre macht.

Regentonnenvariationen wurde in der Literaturkritik wie bei Lesern zu einem der größten Erfolge in der Geschichte der neueren deutschen Lyrik. 2015 erhielt der Band als erster Gedichtband den Leipziger Buchpreis und stand daraufhin, auch dies als erster Gedichtband, wochenlang auf den Bestsellerlisten – eine ungewöhnliche Ehre für eine Poesie, die an sich selbst und ihre Leser höchste Ansprüche stellt. HEINRICH DETERING

JAN WAGNER

Gedruckt auf chlorfrei gebleichtem, säurefreiem und alterungs-
beständigem Papier

Bibliografische Information der Deutschen Nationalbibliothek
Die Deutsche Nationalbibliothek verzeichnet diese Publikation
in der Deutschen Nationalbibliografie; detaillierte bibliografische
Daten sind im Internet über http://dnb.d-nb.de abrufbar.

ISBN 978-3-476-04062-6

© 2016 J.B. Metzler Verlag GmbH
In Lizenz der Kindler Verlag GmbH
www.metzlerverlag.de
info@metzlerverlag.de

Gestaltung: Finken & Bumiller, Stuttgart
(Umschlagfoto: photocase.com / misterQM)
Satz: Dörlemann Satz, Lemförde
Druck und Bindung: Kösel, Krugzell

Printed in Germany